同济博士论丛
TONGJI Dissertation Series
总主编 伍 江 副总主编 雷星晖

尹 裴 王洪伟 著

基于LDA主题模型和领域本体的
中文产品评论细粒度情感分析

Fine-Grained Sentiment Analysis of Product Reviews in Chinese
Based on LDA Topic Model and Domain Ontology

同济大学出版社
TONGJI UNIVERSITY PRESS

内 容 提 要

本书结合设计科学和计量经济两种研究范式，对"中文产品评论细粒度情感分析"进行了系统的研究，从而实现对产品评论的挖掘与应用。在计算机科学层面上，以设计科学研究方法论为指导，按照"模型设计→模型实现→模型评价"的研究路线，设计细粒度情感分析算法；在经济学层面上，建立基于多属性离散选择的产品销量模型，以此分析产品评论对商家销量的影响。

本书适合经济管理专业人员及高校师生参考使用。

图书在版编目(CIP)数据

基于 LDA 主题模型和领域本体的中文产品评论细粒度情感分析 / 尹裴，王洪伟著. —上海：同济大学出版社，2018.10

（同济博士论丛 / 伍江总主编）

ISBN 978-7-5608-7985-7

Ⅰ. ①基… Ⅱ. ①尹… ②王… Ⅲ. ①中文—产品质量—质量评价—统计分析 Ⅳ. ①F279.23

中国版本图书馆 CIP 数据核字(2018)第 153660 号

基于 LDA 主题模型和领域本体的中文产品评论细粒度情感分析

尹 裴 王洪伟 著

出 品 人 华春荣 责任编辑 熊磊丽 卢元姗

责任校对 徐春莲 封面设计 陈益平

出版发行 同济大学出版社 www.tongjipress.com.cn

（地址：上海市四平路 1239 号 邮编：200092 电话：021-65985622）

经　　销 全国各地新华书店

排版制作 南京展望文化发展有限公司

印　　刷 浙江广育爱多印务有限公司

开　　本 787 mm×1092 mm 1/16

印　　张 13.5

字　　数 270 000

版　　次 2018 年 10 月第 1 版 2018 年 10 月第 1 次印刷

书　　号 ISBN 978-7-5608-7985-7

定　　价 72.00 元

“同济博士论丛”编写领导小组

总 序

在同济大学110周年华诞之际，喜闻“同济博士论丛”将正式出版发行，倍感欣慰。记得在100周年校庆时，我曾以《百年同济，大学对社会的承诺》为题作了演讲，如今看到付梓的“同济博士论丛”，我想这就是大学对社会承诺的一种体现。这110部学术著作不仅包含了同济大学近10年100多位优秀博士研究生的学术科研成果，也展现了同济大学围绕国家战略开展学科建设、发展自我特色，向建设世界一流大学的目标迈出的坚实步伐。

坐落于东海之滨的同济大学，历经110年历史风云，承古续今、汇聚东西，秉持“与祖国同行、以科教济世”的理念，发扬自强不息、追求卓越的精神，在复兴中华的征程中同舟共济、砥砺前行，谱写了一幅幅辉煌壮美的篇章。创校至今，同济大学培养了数十万工作在祖国各条战线上的人才，包括人们常提到的贝时璋、李国豪、裘法祖、吴孟超等一批著名教授。正是这些专家学者培养了一代又一代的博士研究生，薪火相传，将同济大学的科学研究和学科建设一步步推向高峰。

大学有其社会责任，她的社会责任就是融入国家的创新体系之中，成为国家创新战略的实践者。党的十八大以来，以习近平同志为核心的党中央高度重视科技创新，对实施创新驱动发展战略作出一系列重大决策部署。党的十八届五中全会把创新发展作为五大发展理念之首，强调创新是引领发展的第一动力，要求充分发挥科技创新在全面创新中的引领作用。要把创新驱动发展作为国家的优先战略，以科技创新为核心带动全面创新，以体制机制改革激发创新活力，以高效率的创新体系支撑高水平的创新型国家建设。作为人才培养和科技创新的重要平台，大学是国家创新体系的重要组成部分。同济大学理当围绕国家战略目标的实现，作出更大的贡献。

大学的根本任务是培养人才，同济大学走出了一条特色鲜明的道路。无论是本科教育、研究生教育，还是这些年摸索总结出的导师制、人才培养特区，“卓越人才培养”的做法取得了很好的成绩。聚焦创新驱动转型发展战略，同济大学推进科研管理体系改革和重大科研基地平台建设。以贯穿人才培养全过程的一流创新创业教育助力创新驱动发展战略，实现创新创业教育的全覆盖，培养具有一流创新力、组织力和行动力的卓越人才。“同济博士论丛”的出版不仅是对同济大学人才培养成果的集中展示，更将进一步推动同济大学围绕国家战略开展学科建设、发展自我特色、明确大学定位、培养创新人才。

面对新形势、新任务、新挑战，我们必须增强忧患意识，扎根中国大地，朝着建设世界一流大学的目标，深化改革，勠力前行！

万　钢

2017 年 5 月

论丛前言

承古续今，汇聚东西，百年同济秉持"与祖国同行、以科教济世"的理念，注重人才培养、科学研究、社会服务、文化传承创新和国际合作交流，自强不息，追求卓越。特别是近20年来，同济大学坚持把论文写在祖国的大地上，各学科都培养了一大批博士优秀人才，发表了数以千计的学术研究论文。这些论文不但反映了同济大学培养人才能力和学术研究的水平，而且也促进了学科的发展和国家的建设。多年来，我一直希望能有机会将我们同济大学的优秀博士论文集中整理，分类出版，让更多的读者获得分享。值此同济大学110周年校庆之际，在学校的支持下，"同济博士论丛"得以顺利出版。

"同济博士论丛"的出版组织工作启动于2016年9月，计划在同济大学110周年校庆之际出版110部同济大学的优秀博士论文。我们在数千篇博士论文中，聚焦于2005—2016年十多年间的优秀博士学位论文430余篇，经各院系征询，导师和博士积极响应并同意，遴选出近170篇，涵盖了同济的大部分学科：土木工程、城乡规划学（含建筑、风景园林）、海洋科学、交通运输工程、车辆工程、环境科学与工程、数学、材料工程、测绘科学与工程、机械工程、计算机科学与技术、医学、工程管理、哲学等。作为"同济博士论丛"出版工程的开端，在校庆之际首批集中出版110余部，其余也将陆续出版。

博士学位论文是反映博士研究生培养质量的重要方面。同济大学一直将立德树人作为根本任务，把培养高素质人才摆在首位，认真探索全面提高博士研究生质量的有效途径和机制。因此，"同济博士论丛"的出版集中展示同济大学博士研究生培养与科研成果，体现对同济大学学术文化的传承。

“同济博士论丛”作为重要的科研文献资源，系统、全面、具体地反映了同济大学各学科专业前沿领域的科研成果和发展状况。它的出版是扩大传播同济科研成果和学术影响力的重要途径。博士论文的研究对象中不少是“国家自然科学基金”等科研基金资助的项目，具有明确的创新性和学术性，具有极高的学术价值，对我国的经济、文化、社会发展具有一定的理论和实践指导意义。

“同济博士论丛”的出版，将会调动同济广大科研人员的积极性，促进多学科学术交流、加速人才的发掘和人才的成长，有助于提高同济在国内外的竞争力，为实现同济大学扎根中国大地，建设世界一流大学的目标愿景做好基础性工作。

虽然同济已经发展成为一所特色鲜明、具有国际影响力的综合性、研究型大学，但与世界一流大学之间仍然存在着一定差距。“同济博士论丛”所反映的学术水平需要不断提高，同时在很短的时间内编辑出版 110 余部著作，必然存在一些不足之处，恳请广大学者，特别是有关专家提出批评，为提高同济人才培养质量和同济的学科建设提供宝贵意见。

最后感谢研究生院、出版社以及各院系的协作与支持。希望“同济博士论丛”能持续出版，并借助新媒体以电子书、知识库等多种方式呈现，以期成为展现同济学术成果、服务社会的一个可持续的出版品牌。为继续扎根中国大地，培育卓越英才，建设世界一流大学服务。

伍　江

2017 年 5 月

前 言

随着社交网络与在线商城的不断融合，越来越多的网络用户在线发表产品评论，由此引发的电子口碑已不容小觑。产品评论能够显著地影响消费者的购买决策，进而影响商家的销量。然而，面对互联网上海量的产品评论，商家碍于分析手段的薄弱，没能有效地识别评论中的用户观点，无法根据用户反馈及时改进产品和调整价格，也就无法利用评论提升自己的销售业绩。因此，如何快速而有效地对大规模文本进行观点挖掘已成为人们关注的焦点，情感分析应运而生。

用户的情感表露错综复杂，通常在肯定产品某一特征的同时又批评其他特征。如果将评论视为原子对象，就无法有效地挖掘包含在评论中的用户反馈信息。因此，利用细粒度情感分析，识别产品评论的关键元素及其表达的用户情感，才是分析产品评论与商家销售业绩关系的关键。

随着自然语言处理技术的不断发展与成熟，细粒度情感分析已成为国内外研究的一个热点，但是，现有研究还存在一定的不足。例如，中文语境下细粒度情感分析的查全率和查准率不高，评价对象与评价观点的联合识别不足，情感强度计算的方法缺乏，产品评论与商家销量关系的理论研究不足，等等。

针对以上这些问题，本书结合设计科学和计量经济两种研究范式，对“中文产品评论的细粒度情感分析”进行了系统研究，从而实现对产品评论的挖掘与应用。在计算机科学层面上，以设计科学研究方法论为指导，按照“模型设计→模型实现→模型评价”的研究路线，设计细粒度情感分析算法；在经济学层面上，建立基于多属性离散选择的产品销量模型，以此分析产品评论对商家销量的影响。

研究内容包括以下三个部分。

1. 中文产品评论的“产品特征-用户观点对”识别

本书的第3章从统计自然语言处理的角度出发，构建面向产品评论的LDA主题模型，基于贝叶斯概率模拟产品评论的生成过程，并且通过不同主题下的词语聚类识别特征词与观点词。本书的第4章从语义分析的角度出发，构建面向产品评论的领域本体，通过将产品评论映射到领域本体的概念空间，抽取特征词与观点词之间的潜在语义关系，并且识别因主语缺失而产生的隐式特征词。

此外，本书还建立了涵盖手机、数码相机和笔记本电脑三类产品的实验语料库，并且对训练语料和测试语料进行了人工标注。一方面，该实验语料库可用于构建评论挖掘模型；另一方面，也可用于验证本书提出算法的有效性。

2. “产品特征-用户观点对”的情感分析

特征观点对的情感分析包括：情感强度计算和情感极性分类。基本思路是：先计算特征观点对的情感强度，再确定情感强度的临界值，最后判断特征观点对的情感极性。

本书的第5章基于上下文的语义计算提出了特征观点对情感分析方法。该方法将特征观点对视作产品评论中的基本情感评价单元，并且考虑了上下文语境对观点词情感强度与极性的影响。先采用语义关联度算法计算观点词的情感强度，再利用词语距离衡量特征词对观点词的影响系数，最后将二者结合起来共同计算特征观点对的情感强度。此外，本书还将特征观点对情感分析的结果应用到产品的对比评测中，初步探讨产品评论细粒度情感分析的商业价值。

3. 细粒度情感分析的应用

本书的第6章以细粒度情感分析为基础，采用计量经济学方法，对产品评论与商家销量的关系进行了实证研究。首先,以描述消费者购买决策的多属性离散选择为理论基础,建立产品评论对销量的计量模型;然后,以产品评论的细粒度情感分析结果为样本数据,对模型进行回归分析,并且通过面板数据的固定效应模型和工具变量法处理内生性问题;最后,根据回归分析的结果,分析产品评论中的不同产品属性及其正、负面评价对销量的影响。

本书的主要创新点包括以下一些方面。

1. 构建面向产品评论的LDA主题模型与领域本体,识别产品评论中的“产品特征-用户观点对”

现有的特征观点对识别方法大多依赖于人为构建的外部资源(例如人工定义的语法规则库和人为构建的词典等),并且根据产品特征与用户观点在语料中出现的位置、共现性或者语法规则等浅层的字面含义,识别二者的搭配关系。人工干预程度高,局限于特定的研究领域,还未能深入挖掘产品特征与用户观点之间的潜在语义关系。针对已有研究的不足,本书先利用LDA主题模型的学习性,模拟产品评论的生成过程;再利用领域本体定义特定领域的概念以及概念之间的抽象关系,匹配产品特征及其对应的用户观点。从而提高了特征观点对识别的查准率和查全率,具有较好的领域可移植性,并且还得以识别因主语缺失而产生的隐式特征词。

2. 以“产品特征-用户观点对”为基本情感评价单元,量化产品评论表达的用户情感

现有研究方法大多依赖于大量人工标注的语料,根据词语的共现性或者句法模式,判断用户观点的强度与极性,未考虑上下文语境对情感的影响。针对已有研究的不足,本书将产品特征与用户观点视作一个整体,计算特征观点对的情感强度与情感极性。从而量化了上下文语境对观点词情感强度与极性的影响,以及计算与判断产品评论中口语观点词的情感强度和极性。

3. 以产品评论的细粒度情感分析为基础,建立产品评论与商家销量关系的计量经济模型

现有实证研究大多仍然借助于问卷调查，或者利用简单的数值统计以及粗粒度情感分析等方式获得样本数据，以此分析产品评论对销量的影响，却未考虑包含在评论中更详细、更具体的用户反馈信息。因此，基于多属性离散选择理论，本书以产品评论的细粒度情感分析结果为主要解释变量，建立产品评论与销量关系的计量模型。从而量化了不同产品属性的正、负面评价对销量的贡献，为商家实施口碑营销提供管理建议。

本书丰富了中文语境下情感分析的研究体系，提高了中文产品评论细粒度情感分析的性能，促进了产品评论口碑效应理论的发展，可以对海量产品评论的增值管理提供有益的借鉴价值。

本研究由以下基金项目资助：国家自然科学基金青年项目(71601119)，国家自然科学基金面上项目(71771177)，教育部人文社会科学研究一般项目(16YJCZH138)，上海市教育发展基金会和上海市教育委员会“晨光计划”(16CG53)，上海高校青年教师培养资助计划(ZZslg16019)。

目 录

第1章 绪论

1.1 研究背景

1.1.1 在线产品评论影响消费者的购买决策

随着以微博和微信为代表的新型信息发布方式的不断涌现，以及移动互联网和移动计算等一系列新技术的兴起，互联网迎来了高速发展的时代。根据CNNIC第33次《中国互联网络发展状况统计报告》，截至2013年12月，中国网民规模达6.18亿，全年共计新增网民5 358万人。互联网普及率为45.8%，较2012年底提升了3.7个百分点。由此带来的是，网络购物的规模也以前所未有的速度增长。2013年，中国网络购物用户规模达到3.02亿人，使用率达到48.9%，相比2012年，增长了6.0个百分点。

由于社交网络与在线商城的不断融合，越来越多的网络用户在线发表产品评论，表达自己的观点，分享购物的经验。随之而来的是，各种点评网站(如大众点评网、豆瓣网)如雨后春笋，层出不穷。在线产品评论的数量不断增长，点评的水准也深受网民的认可。

产品评论是消费者根据自己对产品的使用情况，从使用者的角度来描述产品属性和评价产品性能，反映了用户对产品各方面的看法。与商家的促销信息相比，产品评论具有独立性、非商业性，因此深得用户信赖。与此同时，由于缺少线下体验，更多的用户倾向于先看评论，后做决策。

产品评论引发的电子口碑已不容小觑。德勤咨询(Deloitte)的调查显示，有67%的网民会浏览产品评论，其中82%认为产品评论影响了他们的购买决策。根据美国DoubleClick.com进行的一项针对美国服装业、电脑硬件设备业、运动与健身产品行业及旅游业网络客户的研究，发现在这些行业中都有近一半以上的消费者在制定购买决策之前，会收集有关产品的介绍以及其他消费者对产品的评价等信息，其中电子商务网站提供的产品评论对消费者的购买决策具有重要的影响。另据CNNIC《2013年中国网络购物市场研究报告》，对于所有年龄段的消费者而言，在购买陌生产品时主要考虑的所有因素中，用户评价都是最为显著的购买决策影响因素（图1-1）。其中，用户评价对于80后和90后消费者的影响尤为明显。同时，对于80后和90后消费者而言，在购买熟悉产品时主要考虑的所有因素中，用户评价仍然占据主要的地位（图1-2）。

1.1.2 情感分析技术可以挖掘产品评论中的用户观点

产品评论已经成为沟通消费者与商家的重要渠道，其口碑效应能够显著地影响消费者的购买决策，进而影响商家的销售业绩。然而，面对海量的产品评论，大多数商家缺乏足够的意识去挖掘其中的价值，对这些评论只是简单存储，定期清理，或者偶尔依靠人工去查询。显然，这种方式效率低，实时性差，浪费了用户的"肺腑之言"。少数商家即便意识到产品评论的潜在价值，但碍于分析手段的薄弱，无法快速而有效地对大规模文本进行观点挖掘。

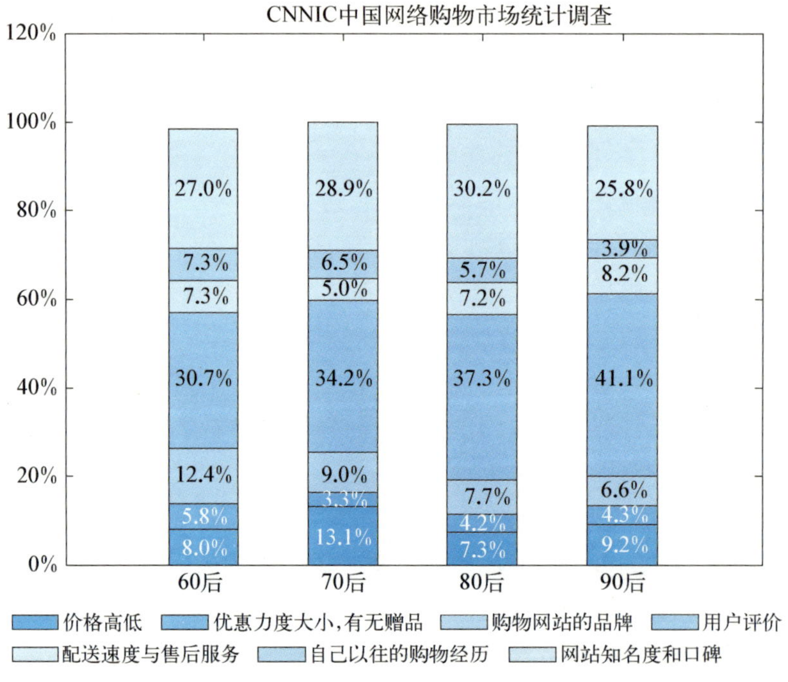

图1-1　2013年不同年龄网络购物用户购买不熟悉的产品时主要考虑因素

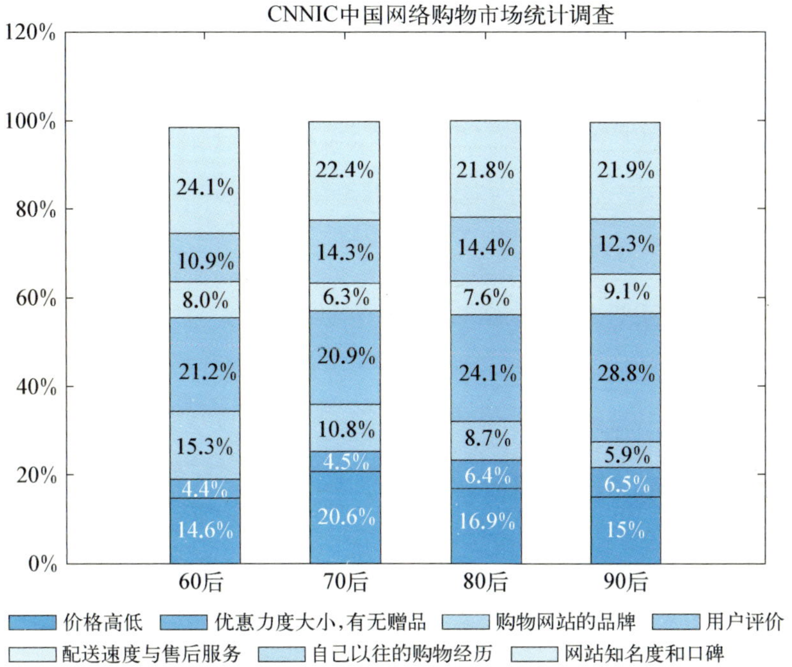

图1-2 2013年不同年龄网络购物用户购买熟悉的产品时主要考虑因素

因此，评论挖掘成为理论界和实践界关注的焦点。学者们纷纷研究产品评论的自动挖掘问题，并且进一步分析其潜在的商业价值。作为文本挖掘和自然语言处理领域的一个热门话题，情感分析已经引起越来越多研究者的重视。

所谓产品评论的“情感分析”，就是利用文本挖掘技术，对产品评论进行自动挖掘，旨在识别用户的情感倾向是“高兴”还是“不满”，或者判断用户的观点是“赞同”还是“反对”。按照分析对象的不同粒度，情感分析被分为粗粒度情感分析和细粒度情感分析。其中，粗粒度情感分析是将整篇产品评论作为对象进行情感强度计算与极性分类，而细粒度情感分析则是将产品评论中的各个产品属性及其对应的评价观点视作基本的情感评价单元，进行抽取以及情感分析。

近几年来，学者们分别从统计自然语言处理和语义分析两个角度出发，对产品评论的情感分析展开研究，并且取得了一定的成果。目前，已经产生一些情感分析应用系统，例如，Dave K在2003年研发的Review Seer是世界上第一个情感分析工具，也是第一个对产品评论进行情感极性分类的系统[1]。

Gamon M 等在 2005 开发的 Pulse 系统可自动挖掘网络用户对汽车评价的褒贬态度及其强弱程度[2]。Liu B 等在 2005 年开发的 Opinion Observer 系统可以对不同产品属性的优缺点进行统计，并采用可视化方式对产品属性的综合质量进行比较[3]。

1.1.3 细粒度情感分析有助于揭示产品评论对商家销量的影响机理

用户情感的表露错综复杂，发表的评论不一定只表达一种情感，通常有褒有贬，即在肯定产品某些方面的同时又批评其他方面。如果将评论视为原子对象，就无法有效地挖掘包含在评论中的用户反馈信息。因此，多维度、细粒度地识别产品评论的关键元素，才是分析产品评论与商家业绩关系的关键。与粗粒度情感分析相比，细粒度情感分析是将对产品评论整体的情感分析细化到对产品属性及其评价观点的识别与情感分析，所以能够挖掘出更加具体、更有实用价值的情感信息。

为了有效地获取产品评论对产品各个属性的评价观点，并且进一步挖掘其潜在的应用价值，需要结合设计科学和计量经济两种研究范式，对“产品评论的细粒度情感分析”展开系统的研究。一方面，设计细粒度情感分析算法，识别产品评论中的评价对象及其评价观点；另一方面，采用计量经济学方法，对产品评论的各个特征(如评价对象、评价观点、评价星级和评价数量等)与产品销量的关系进行建模，分析产品评论中不同产品属性的正面评价负面评价对销量的影响。

目前，还未见系统地从计算机科学与经济学相结合的角度进行产品评论挖掘和应用的研究报告。因此，本文以中文产品评论为研究对象，从统计自然语言处理和语义分析两个情感分析的研究角度出发，提出细粒度情感分析方法。在此基础上，以评论中的不同产品属性及其正、负面评价为目标自变量，建立评论与销量关系的计量模型，最终揭示产品评论对商家销量的影响机理。

1.2 研究意义

1. 本书丰富了中文语境下情感分析的研究体系

细粒度情感分析是情感分析领域的重要分支。在研究方法上，本书将现有情感分析的两类方法相结合，先从统计自然语言处理的角度出发，识别产品评论中的特征词与观点词;再从语义分析的角度出发,将特征词与观点词进行配对。在研究对象上,针对中文语言的特点,提出面向中文产品评论的细粒度情感分析方法,有效地处理口语化严重、语法不规范和主语缺失等问题。本书是对情感分析领域的有益补充。

2. 本书促进了产品评论口碑效应理论的发展

随着情感分析技术的逐步完善,已有学者从情感分析的角度,进行产品评论口碑效应的研究。研究证明了产品评论对销量具有显著的影响。然而,现有研究主要利用产品评论的数值信息(如星级评分、评论数量和评论长度等),分析评论对销量的影响,却鲜有挖掘产品评论的文本信息,忽略了包含在评论中更具体、更详细的用户反馈意见。针对这一不足,本书通过细粒度情感分析算法,挖掘中文产品评论的评价对象及其评价观点,并且以此为基础对产品销量进行回归分析,量化产品评论的口碑效应及其对商家销量的影响路径。

1.3 研究内容

1.3.1 研究问题

1. 中文产品评论的产品特征与评价观点识别

产品特征是用于描述产品各个属性的词语,如屏幕、外观和价格等。评价观点是表达用户情感的、用于评价特征词的词语。

现有特征词与观点词识别的研究大多依赖于人为构建的外部资源,例如人为定义的候选种子词集、规则库、情感词典以及大量人工标记的语料等。这些方法的人工干预程度较高,领域可移植性不强,特征词与观点词识别的查准率和查全率也不高。

此外,中文产品评论主要具有以下特点:口语化严重,语法不规范,主语缺失,多以逗号断句等[4]。例如以一条手机评论为例:“这款机子很垃圾,又贵又不好用,还经常死机。”其中,“机子”和“垃圾”都是口语化用语,无法从标准词典中获取;此外,评论句中还存在主语缺失的问题,即省略了“贵”、“不好用”和“死机”等评价观点对应的评价对象,分别是“价格”、“使用”和“系统”。

对于中文语境下口语化文本中非规范语言现象的研究和处理,是目前中文自然语言处理面临的一个难点。因此,如何从中文产品评论中有效地提取产品特征与评价观点,尤其是对口语化词语和缺失的主语进行识别,是中文产品评论细粒度情感分析必须解决的一个问题。

2. 中文产品评论的产品特征与评价观点配对

已有文献将产品特征与评价观点的组合当作产品评论的基本情感评价单元[22,58]，其中特征词是情感评价的对象，观点词是情感的承载者，表现了评论者的情感。因此，匹配特征词与观点词是细粒度情感分析的一项重要任务，起到承上启下的作用，其查准率和查全率对于整个研究至关重要。

根据中文产品评论的特点，不规范的语法可能导致特征词与观点词之间的距离较远，不容易根据邻近原则判断二者的关系。此外，用户在表达情感时还经常省略其评价对象。这些都使得特征词与观点词之间的语义关系模糊，造成二者配对的困难。

现有研究方法大多根据特征词和观点词在语料中出现的位置、共现性或者语法规则等浅层的字面含义，识别二者的搭配关系，未能深入挖掘它们之间的潜在语义关系。同时，针对口语化严重和语法不规范的中文产品评论，特征词与观点词配对的查准率还有待提高。

因此，如何量化特征词与观点词之间的语义关系，进而将二者进行准确的配对是中文产品评论细粒度情感分析中的一个难点。

3. 中文产品评论"特征观点对"的情感分析

特征观点对情感分析包括了情感强度计算和情感极性分类两个方面，其中情感强度表示情感的强弱程度，情感极性表示用户的褒贬态度。

在产品评论中，上下文语境对观点词的情感强度和情感极性具有一定的影响。一方面，一些观点词的情感极性会随着评价对象的不同而发生逆转。例如，手机评论中的观点词"大"，在与特征词"容积"搭配时表达正面情感，而在与特征词"杂音"搭配时，则表达负面情感。因此，需要以特征观点对为对象，进行情感分析。另一方面，与观点词邻近的修饰词(如否定词、双重否定词和程度副词等)对观点词的情感也起到一定的作用，其中否定词改变观点词的情感极性，程度副词增强或者减弱观点词的情感强度。

现有相关研究的不足主要是未能考虑上下文语境对观点词情感强度与情感极性的限制与调节作用，以及无法计算与判断产品评论中一些口语化词语和流行新词的情感强度与极性。

因此，如何识别与衡量上下文语境对观点词情感的影响，提高特征观点对情感分析的准确率，是中文产品评论细粒度情感分析面临的又一个问题。

4. 建立产品评论对销量影响的计量经济模型

现有相关研究将产品评论作为自变量，建立其对销量影响的计量经济模型。然而，这些方法大多着眼于产品评论的数值信息（如星级评分和评论数量等），或者通过粗粒度情感分析判断产品评论的整体情感极性，却鲜有挖掘产品评论的文本信息，识别与判断用户对产品各个方面的情感。

此外，还有部分研究仍然采用调查问卷的方式收集样本数据。其局限性在于问卷数量有限，问卷的问题设计不一定合理，得到的答案不一定准确，调查对象不一定具有代表性与典型性等，从而影响样本数据的质量。

因此，如何将产品评论中的评论对象及其对应的评价观点，代入产品评论对商家销量影响的计量模型，也是本书的一个难点问题。

1.3.2 研究目的

针对现有研究中存在的问题，本书提出面向中文产品评论的细粒度情感分析方法，并且基于此对产品评论与商家销量的关系进行实证研究。研究目标主要包括以下几个方面。

（1）提高中文产品评论的特征词与观点词识别能力。本书从统计自然语言处理的角度出发，提出改进的方法，以减少人工干预成分，提高特征词与观点词识别的查准率和查全率，增强算法在不同产品之间的可移植性，并且适用于口语化严重和语法不规范的中文产品评论。

（2）改进中文产品评论的特征词与观点词配对方法。本书从语义分析的角度出发，提出改进的方法，以挖掘特征词与观点词之间的潜在语义关系，从而避免因语法不规范而造成的词语相距较远、语义关系模糊等问题，并且识别口语化词语以及因主语缺失所产生的隐式特征词。

（3）增强中文产品评论的特征观点对情感分析能力。本书从上下文语境分析的角度出发，将特征词与观点词视作一个整体，提出面向特征观点对的情感分析方法，以处理观点词的情感随着不同特征词而变化的情况，以及计算与判断产品评论中一些口语观点词的情感强度和情感极性。

（4）进一步研究产品评论对产品销量的影响机理。本书以产品评论的细粒度情感分析结果为目标自变量，建立评论与销量关系的计量模型，以此量化不同产品属性的正、负面评价对销量的贡献，从而揭示产品评论的口碑效应对产品销量的影响路径。

1.3.3 研究方法

本书涉及管理学、统计学、经济学和计算机科学等多个学科，具有多学科交叉的特性。拟采用多学科的不同理论、模型和技术手段。主要的研究方法包括以下几个方面。

(1) Web 数据挖掘技术

包括信息采集技术和信息检索评价方法。利用信息采集技术，通过网页爬虫程序分析网页的 HTML 代码，获取网页内的超级链接信息，实现自动连续地分析链接、抓取文本文件、整理和保存数据。使用信息检索领域标准的评价准则：准确率(Precision)、召回率(Recall)和调和评价值(F-score)对实验结果进行评估。

(2) 统计自然语言处理技术

包括半监督学习、聚类、观点挖掘、语义计算、语料预处理和语料库技术。利用基于半监督学习的主题模型，模拟产品评论的贝叶斯生成过程，将语义相近的词语进行聚类，提取评论的潜在主题。利用 k-均值聚类方法合并特征观点对，以便于细粒度情感分析结果的统计。利用语义计算方法自动构建领域本体，以及挖掘特征词和观点词之间的语义关系，提高二者配对的准确性。利用互信息与文本相似度计算等方法进行观点挖掘与情感分析。对语料进行预处理，即中文文本自动分词与词性标注。利用语料库技术收集、整理和存储实验所需的训练语料和测试语料。

(3) 计量经济方法

采用多元回归分析的统计检验方法探讨产品评论对销量的影响。包括不确定条件下的多属性离散选择模型、面板数据模型、固定效应估计法、工具变量与两阶段最小二乘法、检验方法等。

1.4 研究思路与结构安排

1.4.1 基本概念的界定

在开始研究之前，有必要对本书涉及的基本概念进行界定和说明。根据研究的需要，对基本概念的定义如表 1-1 所列。

表 1-1 基本概念的定义

基本概念	定义
细粒度情感分析	将产品评论中的评价对象和评价观点视作基本的情感评价单元进行抽取，并且在此基础上进行情感强度计算和情感极性分类
评论片段	以逗号“，”划分产品评论，是 LDA 主题模型的学习单元
产品属性	产品评论中的评价对象，是产品实际具有的各个方面，如价格、屏幕和功能等
情感极性	评论者在产品评论中表达的褒贬态度，分为正面情感(即肯定的态度)和负面情感(即否定的态度)两类
特征词	在评论中描述产品属性的词语，被分为显式特征和隐式特征[1]
显式特征	直接出现在评论中的产品特征。例如手机评论：“小巧，美观，颜色漂亮”，其中“颜色”为显式特征
隐式特征	未出现在评论中，但是可由上下文隐含地指示的产品特征。例如手机评论：“小巧，美观，颜色漂亮”，其中“小巧”与“美观”指示未出现的特征词“外观”，所以“外观”为隐式特征
观点词	表达用户情感的、用于评价特征词的词语。为了便于识别隐式特征，本书还将评价观点分为特征指示观点和通用观点
特征指示观点	只用于评价有限的特征词，对隐式特征有指示作用，如“便宜”通常用于指示“价格”
通用观点	可用于评价所有特征词，如“不错”可用于形容所有产品特征
特征观点对	由相互关联的特征词和观点词组成的二元组：(特征词，观点词)，是产品评论中的基本情感评价单元
情感种子词	已确定情感极性的词语，并且情感极性不会随上下文变化，是少量人工选择的种子词语
产品评论的文本信息	通过细粒度情感分析，从产品评论中挖掘出的不同产品属性以及其对应的正、负面评价
产品评论的数值信息	除文本信息以外的、与产品评论相关的信息，包括评论的星级评分、评论数量、评论长度、有用评论的数量等

1.4.2 研究的逻辑思路

本书结合设计科学与计量经济两种研究范式，按照“模型设计→模型实现→模型评价”的研究思路，对“中文产品评论的细粒度情感分析”进行了系统的研究。在此基础上，建立产品销量的计量模型，分析产品评论的口碑效应，并且量化其对商家销量的影响。

具体来说，首先通过网络爬虫程序从互联网上自动下载产品的相关评论，然后利用细粒度情感分析技术挖掘产品评论中的特征观点对，并且对其进行情感分析，最后将细粒度情感分析的结果代入产品销量的计量模型，通过回归分析揭示产品评论对销量的影响机理。具体而言，包括以下四部分。

(1) 特征词与观点词的识别

从统计自然语言处理的角度出发，提出基于 LDA(Latent Dirichlet Allocation)主题模型的特征词与观点词识别算法。该方法首先构建面向产品评论的 LDA 主题模型；然后以评论片段为单位，通过词语聚类，提取片段中表达的情感和评价的产品属性；最后依据以词语为向量的概率分布矩阵，识别产品评论的特征词与观点词。

(2) 特征词与观点词的配对

从语义分析的角度出发，提出基于领域本体的特征词与观点词配对算法。该方法首先以半结构化的产品参数说明为素材，以语义计算为手段，从产品评论中提取领域概念和概念之间的语义关系，并且基于此构建面向产品评论的领域本体；然后通过将产品评论映射到领域本体的概念空间，识别特征词与观点词之间的潜在语义关系；最后匹配特征词及其对应的观点词，并且识别隐式特征词。

(3) 特征观点对的情感分析

从上下文语义分析的角度出发，提出面向特征观点对的情感分析方法。该方法首先对观点词和观点修饰词的情感强度模糊性进行分析，并且从情感词典中提取少量的情感种子词、否定词、双重否定词和程度副词；然后，分析上下文语境对观点词情感强度与情感极性的影响，并且利用语义计算方法量化特征观点对的情感强度；最后确定情感强度的临界值，以此判断特征观点对的情感极性。

(4) 产品评论对商家销量的影响

从实证研究的角度出发，采用计量经济学方法，以产品评论的细粒度情感分析为主要解释变量，构建产品评论对销量影响的计量经济模型。通过多元回归分析，量化产品评论与商家销量之间的关系，尤其是不同产品属性的正、负面评价对销量的影响程度与方向。通过经济学角度的研究，不仅为商家利用产品评论的正、负面口碑提供管理建议，还丰富了产品评论价值发现的研究体系。

基本的研究框架如图 1-3 所示。

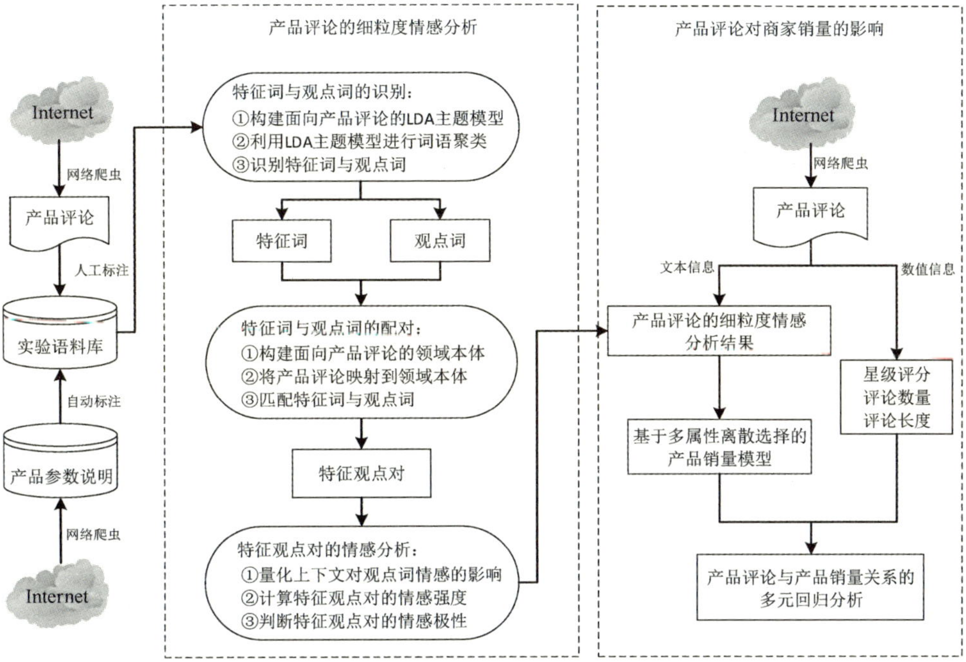

图 1－3　本书的研究框架图

1.4.3　研究的组织结构

全书共七章，第 1 章为绪论，第 7 章为全文总结与研究展望，第 2 章到第 6 章为论文的主要部分。其中，第 2 章为相关研究综述，第 3 章到第 5 章分步骤介绍了中文产品评论的细粒度情感分析方法，第 6 章是细粒度情感分析的应用。本书的章节之间相互联系，构成一个较为完整的研究体系。

第 1 章，绪论

首先介绍本书的研究背景，分析研究意义，据此提出本书拟解决的问题；然后介绍本书的研究内容和研究思路，以及论书的组织结构；最后介绍本书的主要研究工作和成果，以及研究的创新之处。

第 2 章，研究综述

对于本书涉及的相关领域的研究工作进行了综述。主要包括产品评论的特征词识别、观点词识别、特征词与观点词配对、特征观点对的情感强度计算与情感极性分类、产品评论对销量影响等方面。在对研究现状进行总结的基础上，指出现有研究的不足，从而为本书的必要性和重要性提供理论支持。

第 3 章，基于 LDA 主题模型的特征词与观点词识别

针对现有特征词与观点词识别研究中的不足，借鉴统计自然语言处理方法，提出基于 LDA 主题模型的方法。首先，介绍标准 LDA 主题模型的基本原理，并基于此提出改进的 SA - LDA (Senti-Attribute Latent Dirichlet Allocation)主题模型；然后，以评论片段为单位，通过词语聚类提取片段表达的情感和评价的产品属性；接着，利用 SA - LDA 主题模型生成“情感-属性对”在词语向量空间上的概率分布矩阵，从而识别产品评论中的特征词和观点词；最后，构建涵盖手机、数码相机和笔记本电脑三类产品的实验语料库，并且以现有相关研究中的代表性方法为基线方法，通过对比实验，检验本文提出的特征词与观点词识别算法的有效性。

第 4 章，基于领域本体的特征词与观点词配对

在第 3 章的基础上，对已经识别的特征词与观点词进行配对。针对现有特征词与观点词配对的不足，从语义分析的角度出发，提出基于领域本体的方法。首先，依据半结构化的产品参数说明初始化领域本体，设计语义计算方法量化领域概念之间的关系，利用已经识别的特征词与观点词，自动构建面向产品评论的领域本体；然后，通过将评论中的特征词和观点词映射到领域本体的概念空间，识别特征词与观点词之间的语义关系，并且进一步识别隐式特征词；最后，使用第 3 章建立的实验语料库，以现有相关研究中的代表性方法为基线方法，通过对比实验，验证本书提出的特征词与观点词配对算法的有效性。

第 5 章，面向“特征观点对”的情感分析

在第 4 章的基础上，对已经识别的特征观点对进行情感强度计算和情感极性分类。针对现有情感分析方法的不足，从考虑上下文语境的角度出发，提出基于上下文语义计算的情感分析方法。首先，对观点词和观点修饰词的情感强度模糊性进行分析，并且从情感词典中提取情感种子词、否定词、双重否定词和程度副词；然后，分析上下文语境对观点词情感强度与极性的影响，通过语义计算方法量化特征观点对的情感强度；接着，确定情感强度的临界值，以此进行情感极性分类；最后，使用第 3 章建立的实验语料库，以现有相关研究中的代表性方法为基线方法，通过对比实验，检验本书提出的情感分析方法的有效性。

第 6 章，细粒度情感分析的应用——产品评论对商家销量的影响

针对现有相关研究的不足，以产品评论的细粒度情感分析为基础，分析产品评论的文本信息(即评价对象及其评价观点)为消费者购买决策带来的边际效

用，并且以此研究产品评论对商家销量的影响。首先，以描述消费者购买决策的多属性离散选择模型为理论基础，建立产品评论对销量影响的计量模型；然后，以产品评论的细粒度情感分析结果为样本数据，对模型进行回归分析，并且通过面板数据的固定效应模型和工具变量法处理内生性问题；最后，根据回归分析的结果，分析产品评论中的不同产品属性及其正、负面评价对销量的影响，并且基于此为商家利用产品评论的正、负面口碑提供管理建议。

实证研究的结果表明产品评论的文本信息显著地影响产品销量。相对于产品评论的数值信息（如星级评分和评论数量），评论中对于不同产品属性的正、负面评价能够更好地解释和衡量产品评论的口碑效应。

第 7 章，研究总结与展望

对全书的研究成果进行全面的总结，并且指出研究的不足以供今后改进。在此基础上，还对今后情感分析领域的研究内容和实际应用进行了展望。

本书各章节的关系如图 1－4 所示。

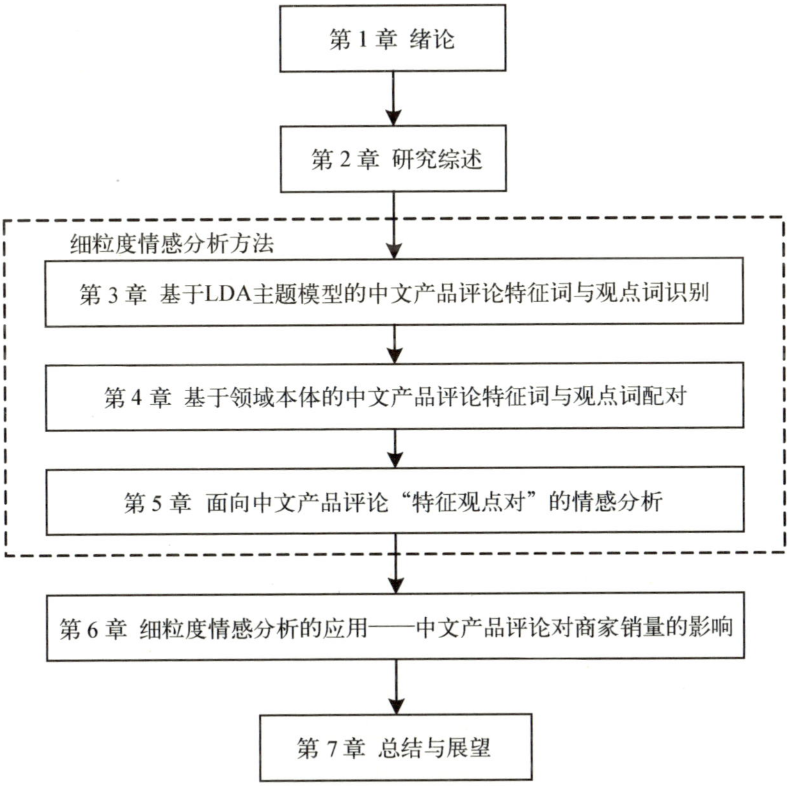

图 1－4 本书的结构体系

1.5 研究的创新点

本书从统计自然语言处理和语义分析两个角度出发，构建面向产品评论的 LDA 主题模型和领域本体，以提高中文产品评论细粒度情感分析的能力。在此基础上，采用计量经济方法，以细粒度情感分析的结果为目标自变量，建立产品销量的计量模型，以此量化产品评论的口碑效应对商家销量的影响。本书的创新之处包括以下几点。

(1) 构建面向产品评论的 LDA 主题模型，识别产品评论中的产品特征与用户观点

现有产品特征与用户观点的识别方法大多依赖于人为构建的外部资源（例如人工定义的语法规则库和人为构建的词典等），人工干预程度高，并且局限于特定的研究领域。针对现有研究的不足，本书从统计自然语言处理的角度出发，利用 LDA 主题模型的可学习性，自动模拟产品评论的生成过程。从而提高了产品特征与用户观点识别的查准率和查全率，并且具有较好的领域可移植性。

(2) 构建面向产品评论的领域本体，匹配产品特征及其对应的用户观点

现有研究方法大多根据产品特征与用户观点在语料中出现的位置、共现性或者语法规则等浅层的字面含义，识别二者的搭配关系，未能深入挖掘它们之间的潜在语义关系。针对现有研究的不足，本书从语义分析的角度出发，通过自动构建领域本体，抽取特定领域的概念以及概念之间的抽象关系，以此匹配产品特征及其对应的用户观点。从而避免了因语法不规范而造成的词语相距较远、语义关系模糊等问题，并且能够识别因主语缺失而产生的隐式特征词。

(3) 以“特征观点对”为基本情感评价单元，量化产品评论表达的用户情感

现有研究方法大多依赖大量人工标注的语料，根据词语的共现性或者句法模式，判断用户观点的强度与极性，未考虑上下文语境对情感的影响。针对现有研究的不足，本书将产品特征与用户观点视作一个整体，计算特征观点对的情感强度与情感极性。从而量化了上下文语境对观点词情感强度与极性的影响，以及计算与判断产品评论中口语观点词的情感强度和极性。

(4) 以产品评论的细粒度情感分析为基础，建立产品评论与商家销量关系的计量经济模型

现有实证研究大多仍然借助问卷调查，或者利用简单的数值统计以及粗粒

度情感分析等方式获得样本数据，以此分析产品评论对销量的影响，却未考虑包含在评论中更详细、更具体的用户反馈信息。因此，基于多属性离散选择理论，本书以产品评论的细粒度情感分析结果为主要解释变量，建立产品评论与销量关系的计量模型。从而量化了不同产品属性的正、负面评价对销量的贡献，为商家实施口碑营销提供管理建议。

第2章 研究综述

2.1 特征词的识别

2.1.1 相关研究概述

特征词是在评论中描述产品属性的词语，可以分为显式特征和隐式特征[5]。其中，显式特征是直接出现在评论中，并且描述产品组成、功能及其性能的词语，而隐式特征则是未出现在评论中，但是由上下文隐含地指示的特征词。例如，在手机评论“小巧，美观，颜色漂亮”中，“小巧”与“美观”指示未出现的特征词“外观”，所以“外观”为隐式特征，“颜色”为显式特征。

对于特征词的识别，最初的研究是通过人工定义产品特征的分层模型，从评论中识别特征词。这种方法的缺点是人工构造产品特征模型的工作量巨大，并且不同产品之间的移植性较差。此外，产品的特征词是动态变化的，新的特征词往往会随着新产品的面世而出现。因此，自动地识别特征词是目前研究的主流课题。

特征词的识别方法大致可以分为基于统计自然语言处理的方法和基于语义分析的方法。

2.1.2 基于统计自然语言处理的方法

基于统计自然语言处理的方法将特征词限定在名词或名词短语的范围内，使用词频、关联规则等统计方法提取高频特征词，或者采用条件随机场(Conditional Random Fields，CRFs)和隐马尔科夫模型(Hidden Markov Mode，HMM)等概率统计模型，以监督学习或者半监督学习的方式对产品评论进行序列标注，以此识别特征词。

基于词频的算法先将评论中出现的高频名词和名词性短语当作候选特征词，再利用一些启发式规则消除噪声，以此识别特征词。

Hu 和 Liu[6] 根据特征词在评论中出现的高频率性，首先使用关联规则挖掘评论中的高频名词和高频名词短语作为候选特征词，然后使用名词剪枝算法消除噪声，最终生成特征词集合。

Blair-Goldensohn 等[8] 提出了一个针对餐馆和酒店的评论挖掘系统。该系统设计了一个基于字符串的特征词动态抽取器，并且用于抽取评论中出现的高频名词和名词短语。

Gamon 等人[9] 提出了一种半监督的机器学习方法，以句子为对象，采用 TFIDF（Term Frequency Invert Document Frequency）、最大期望值（Expectation Maximization, EM）和基于熵的聚类算法，将人工定义的产品评论关键词与同句中的相关词语进行聚类，以此识别特征词。

基于词频的方法通常得到较多与产品无关的特征词，遗漏与产品相关的低频特征词。因此，部分学者尝试通过基于概率统计模型的监督学习方法识别特征词。

Zhang 等[10] 采用基于监督学习的条件随机场（Conditional Random Fields, CRFs）模型，将领域词典的知识以及词语的词性代入模型中进行训练，最后通过机器学习生成特征词。

徐冰等人[11] 也使用基于监督学习的条件随机场模型，将浅层语法特征、位置特征、词性特征等统计信息代入模型中，以此识别特征词。实验结果取得了较高的调和评价值。

Liu 等人[3] 提出一种基于监督学习的标签序列规则（Label Sequential Rule, LSR）识别特征词。该方法首先对语料进行词性标注，并人工选择特征种子词；然后以词性三元组（Tri-grams）为单位，训练和识别特征词出现的规则模式；最后利用训练后的规则去发现新的特征词。

基于监督学习的方法涉及大量的人工干预，导致领域可移植性不强。因此，另有部分学者通过大规模的语料统计，使用基于半监督学习的方法来识别特征词。例如，Xu 等[13] 在小规模人工标注的电子产品领域语料上，使用条件随机场模型识别特征词，并且优化候选特征词的选择过程，以此提高特征词识别的准确率。Yi 等人[14] 根据名词短语的组成和位置特点，采用相似性测试（Likelihood Test）的方法来识别特征词。

基于半监督学习的方法需要人工选择候选特征词，其领域可移植性仍然有待提高。因此，还有一些研究者提出基于 LDA 主题模型的方法，把产品的各个属性当作不同的主题，根据 LDA 主题模型将语义相近的特征词进行聚类，其结果可以用来解释特征词与特定主题的隶属程度。这类方法大多都假设评论是由一个集合的主题按一定的比例混合而成，而集合中的每个主题则被表示成在词语表上的概率分布。

Titov 和 McDonald[15-16] 认为标准的 LDA 主题模型并不适合用来提取细粒度的特征词。所以他们提出了一个多粒度潜在狄利克雷分配（Multi-Grain Latent Dirichlet Allocation，MG - LDA）模型，将主题分为全局主题（Global Topic）和局部主题（Local Topic）。该方法不仅可以利用全局主题发现评论中涉及的产品属性，而且还可以利用局部主题发现隶属于特定属性的特征词。

这一主题模型以文档为单位挖掘评论中的潜在主题，提取的结果较为笼统，可能一个主题包含多个产品属性。所以一些学者将主题模型从文档层面细化到句子层面[17-18]，假设评论中的每个句子都对应一个产品属性。Brody[17] 以及 Jo 和 Oh[18] 在句子层面上应用了标准的 LDA 主题模型，把每一个句子作为一个单独的文档来处理，从评论中抽取更为具体的产品属性，利用词语在产品属性下的聚类识别特征词。

2.1.3 基于语义分析的方法

基于语义分析的方法是通过一系列语言分析与预处理工作识别特征词。具体来说，先对语料进行词性标注与句法分析，然后根据预先制定的词序列规则、词性规则以及语法和句法规则等识别特征词。此外，还有一部分研究采用领域本体抽取特征词之间的语义关系，并且基于此进行隐式特征词的识别。

Xu 等[19] 先根据语法结构和词语修辞规则人工定义了一定数量的模板，再将产品评论句与模板相匹配，识别中心特征词，最后按照语法规则对中心词进行扩展，寻找更多的特征词。然而，这一方法依赖大量的人工工作，通用性不强。

Yi 等[20] 首先设置三条具有层层递进关系的词性规则模板，分别为 BNP（Base Noun Phrase）、dBNP（Definite Base Noun Phrases）、bBNP（Beginning Definite Base Noun Phrases），然后利用该模板从一个给定大小的窗口中提取名词短语作为候选特征词，最后使用信息检索算法来识别特征词。

以上研究方法的准确率较高，但是只考虑了词性的信息，并且使用的规则比较简单，对复杂长句的识别性能较差。因此，一些研究者采用较为复杂的句法依存规则识别特征词。

赵妍妍等人[21-22]提出基于句法分析的方法。首先对评论进行文本预处理，然后进行句法依存规则分析，并且从中抽取高频候选特征词，最后使用剪枝算法过滤掉噪声词，从而识别特征词。

Popescu 和 Etzioni[7]先采用点互信息(Point Mutual Information，PMI)方法计算候选特征词的置信分数，再将高频的候选词识别为特征词。在此基础上，Etzioni 等人[23]设计了 KnowItAll 系统，先对评论进行文本预处理，然后通过使用一组与领域无关的模板生成候选特征词，最后利用点互信息方法识别特征词。

Thelen 和 Riloff[24]提出 Basilisk 算法，首先通过预先定义的语义种子词构建面向特定领域的语义词典，然后根据词语间的语义关系人为制定语义模板，最后基于模板识别特征词。

顾正甲和姚天昉[25]提出基于浅层句法分析的特征词识别算法。在哈尔滨工业大学的语言技术平台(LTP)对语料进行句法分析的基础上，利用 SBV 极性传递法，并且引入指代消解、ATT 链算法和互信息法对语料中的评价对象进行抽取。该方法的复杂度较低，但是对句法分析结果的依赖度较大。

除了以上对显式特征的识别方法外，还有一些学者致力于研究如何识别隐式特征词。他们将隐式特征词的识别当作共指消解问题来研究。也就是说，人们为了避免重复，习惯用代词、称谓和缩略语来指代未出现在文中的实体词。

Yang 和 Su[26]通过语义分析，利用指示代词和先行词识别隐式特征词。首先利用模板获取指示代词和先行词之间的语义关系，然后在维基百科上自动挖掘模板，并且对模板进行评分，最后利用模板获得待消解的共指实体对的语义特征。

郎君等人[27]利用多种背景语义知识，构建基于二元分类的共指消解框架。他们首先分别在 WordNet 和维基百科上提取背景知识，然后利用句子中的浅层语义关系、常见文本模式以及待消解词上下文的文本特征，处理共指消解问题。

2.2　观点词的识别

2.2.1　相关研究概述

观点词是表达用户情感的、用于评价特征词的词语。例如，在手机评论“小巧，美观，颜色漂亮”中，“小巧”、“美观”和“漂亮”都是观点词。在细粒度情感分析中，正确识别观点词是进行情感强度计算和情感极性分类的前提[28]。

类似于对特征词识别方法的分类，观点词识别的方法大致可以分为基于统计自然语言处理的方法和基于情感词典的方法。

2.2.2 基于统计自然语言处理的方法

基于统计自然语言处理的方法通常将观点词限定在形容词的范围内。先对大量评论语料进行文本预处理，再标记出一部分种子观点词，最后利用词语之间的共现模式识别更多的观点词。

Xia 等人[29]将形容词作为观点词，首先对评论语料进行人工标注，然后选择观点种子词，最后利用点互信息法识别新的观点词。实验结果表明该方法识别观点词的准确率达到 90%以上。

Wiebe[30]人工标注种子词语，并且计算候选词语与种子词语在评论中的分布位置上的相似性，以此为基础识别观点词。该方法能够在大规模语料集上有效地识别形容词性的观点词。

以上两种方法都仅将形容词当作观点词，但是在实际的评论中，除了形容词之外，还存在名词及其短语作为观点词的情况。为了能够识别多种词性的观点词，Riloff 和 Wiebe[31]提出了一种自助扩展（Bootstrapping）的学习方法。首先利用主观性词典将评论划分为主观评论和客观评论，然后根据主观评论提取主观性表达的语法规则，并且对主观性观点词进行人工标注，最后基于语法规则自动识别更多的观点词。

这些方法的人工干预程度较高，语料标记的数量和质量已经成为提高观点词识别性能的瓶颈。因此，一些研究者提出基于 LDA 主题模型的方法，建立情感语言模型识别观点词。

Mei 等[32]提出一种主题情感混合模型（Topic Sentiment Mixture，TSM）。他们认为，评论并非只具有单一的情感（褒义或者贬义），而是由不同情感类型按照一定的比例混合而成，所以可以通过将评论中的词语按照不同的情感类型进行聚类识别观点词。

在 TSM 中，情感被看作是与主题独立的语言模型，每一个词语只能属于情感语言模型和主题语言模型的其中之一。然而，在实际的产品评论中，情感与主题相互依存，观点词在表达情感的同时也可能指代特定的产品属性（即主题）。因此，TSM 的情感语言模型虽然能较好地识别常用的观点词，但是对于一些与产品相关的观点词则无能为力。

针对这一问题，Lin 和 He[33]提出一个联合情感主题模型（Joint Sentiment/

Topic　JST)，更好地识别观点词。在 JST 中，每一篇文档对应着一个情感和主题的联合分布。JST 的生成过程是：首先从情感分布中选择一个情感标志，然后基于选定的情感标志从主题分布中选择一个主题，最后基于选定的主题和情感从词语表中生成每一个词语。

此外，Jo 和 Oh[18] 还在句子层面上构建了特征情感统一模型(Aspect and Sentiment Unification Model, ASUM)，假设一个句子只表达一类情感，根据词语在不同类别情感下的概率分布判断其是否具有明显的情感极性，在此基础上识别观点词。

2.2.3　基于情感词典的方法

基于情感词典的方法主要是计算评论中的词语和词典中的词语之间的语义倾向相似度，以此识别观点词。如果语义倾向相似度高，则认为该词语具有明显的情感极性，可以被判定为观点词。常用的情感词典包括英文的 WordNet 和中文的 HowNet。

Esuli 和 Sebastiani[34-35] 首先人工定义观点种子词，然后依据 WordNet 中种子词语的释义，计算候选观点词与种子词的语义倾向相似度，以此识别观点词，并且建立情感词典 SentiWordNet。

Su 和 Markert[36] 首先基于 WordNet 区分主观词语和客观词语，然后在此基础上构建以主观词和客观词为顶点的无向图，最后利用最小切分法来切割无向图，将与主观词语属于同一切分中的词语识别为观点词。

Wu 等[55] 认为产品评论中的评价观点不适合用简单的情感极性词来描述。他们提出用图的方法表示文本的情感信息，图中的顶点是观点的发起者、评价对象和评价中心词等实体词，而图的边则是实体词之间的关系。

李纯等[38] 基于 HowNet 判断词语的语义倾向性，从而识别观点词。首先选择具有明显情感倾向的词语作为观点种子词，然后结合上下文语境因素的影响，计算候选观点词与种子词之间的语义倾向相似度，以此判断候选词的褒贬倾向。

朱嫣岚等人[39] 以 HowNet 为基础，提出了两种语义倾向性计算的方法：一种是基于 HowNet 同义词集的方法，另一种是基于语义分析相关场的方法。实验表明，在同一测试集上，基于 HowNet 语义相似度的方法比基于语义分析相关场的方法在观点词识别上的准确率高，能达到 80%以上。

杜伟夫等[40] 提出了一个可扩展的情感极性计算框架，将词语的情感极性计算问题转化为优化问题。首先利用多种语义相似度计算方法构建词语的无向图,然后利用最小切分法对该图进行划分，最后模拟退火算法求解目标函数的最优值。

2.3 特征词与观点词的配对

2.3.1 相关研究概述

在产品评论中,特征词与其相应的观点词之间存在着修饰关系,也可以称为搭配关系。观点词的情感强度和极性可能会随着其修饰的特征词不同而改变。例如,观点词“大”在与特征词“容积”配对时表达正面情感,在与特征词“噪声”表达负面情感。因此,将特征词和观点词进行配对,组合成为特征观点对,以利于进一步的情感分析。

在现有研究中,对于特征词和观点词的配对方法主要可以分为两类：基于统计自然语言处理的方法和基于语义分析的方法。

2.3.2 基于统计自然语言处理的方法

基于统计自然语言处理的方法主要采用邻近原则和序列标注等方法来对特征词和观点词进行配对。其中,基于邻近原则的方法根据特征词和观点词在评论中的位置和距离判断二者的搭配关系。

Hu 和 Liu[41]首先将产品评论中出现的高频名词与名词短语当作特征词,然后分析观点词和特征词之间的关系,并且认为与特征词距离最近的形容词是其对应的观点词,最后利用在一定词距内两个词语的共现性来识别特征观点对。在此基础上,他们还开发出 Opinion Observer 系统[3],对产品评论进行优缺点统计,从而实现多个产品间的对比评价。

与之类似,朱圣代等[42],Liu、Wu、Yao[43],Scaffidi[44]都是通过人工建立面向特定产品的特征词集合识别评论中的特征词,并且将与特征词相邻的形容词当作与之配对的观点词。Kim 和 Hovy[45]提出以观点词为中心,将虚拟窗口中的名词或名词短语作为特征词,从而将二者进行配对。

仅用词语之间的距离衡量特征词与观点词的关系过于简单和粗糙。为了更好地衡量特征词和观点词之间的关联,Su 等[46]利用词语的共现性识别特征词和观点词的配对关系。首先从产品评论中提取名词生成特征词集,并且提取形容词生成观点词集,然后计算特征词与观点词的共现频率,并对特征词集与观点词集的词语进行聚类，最后根据聚类结果识别特征观点对。

王素格和杨安娜[47]提出了一种混合语言信息的词语搭配方法，根据词语的词性，设计“形容词＋名词”、“名词＋形容词”、“形容词＋形容词”、“形容词＋动词”、“动词＋动词”和“动词＋名词”等词语搭配的六种模式，并基于此构建各个模式的概率潜在语义模型。

还有一些学者将特征词和观点词的配对当作序列标注问题来研究。这类方法由最早将序列模型引入特征观点对识别任务的 Choi 等人提出[48]。其思路是先人工标注特征词和观点词，再利用标注结果训练条件随机场模型，最后利用训练后的模型识别特征观点对[49]。

Johansson 和 Moschitti[50-51]通过扩展全局结构的方法，引入多种反映句子情感极性的语法结构特征，分析特征词与观点词的搭配关系，最终实现特征观点对的识别。在相同的 MPQA 语料库环境下，与 Choi 等的方法进行实验对比，结果表明 Johansson 和 Moschitti 的方法在性能上有较大的优势。

与之类似，Zhang 等[52]首先人工标记训练语料中的特征词，然后训练条件随机场识别特征词，最后基于邻近原则与句法依存树，识别与特征词相对应的观点词。然而，将基于序列模型的方法用于特征词与观点词配对，其性能不及基于语义分析的方法。例如，在 2008 国际 NTCIR7 - MOAT 的评测中，Zhang 等人[53]和 Meng 等人[54]使用条件随机场模型提取特征观点对，其实验结果远低于基于规则匹配的方法。

针对这一问题，Wu 等[55]提出了结合监督学习和无监督学习的方法，以弥补监督学习在匹配关系识别性能上的不足。通过人工标记特征词、观点词和观点持有者，训练条件随机场，并且将训练后的模型与 Integer Linear Programming (ILP)相结合，以推断测试语料的特征词和观点词配对关系。

2.3.3　基于语义分析的方法

基于语义分析的方法先对语料进行词性标注，再根据预先制定的词序列规则、词汇和词性规则以及语法和句法规则等将特征词和观点词进行配对。此外，还有一部分学者采用领域本体的知识抽取特征词与观点词之间的语义关系，并且将语义关系密切的特征词与观点词进行配对。

Kobayashi、Inui 和 Matsumotod 等[56]考虑了观点词的领域依赖性，通过分析特征词和观点词之间的共现性，提出一种半自动化的方法，以生成的 8 个共现模板描述特征词与观点词的搭配关系。每个搭配关系对应一个三元组(Subject,

Attribute, Value)，其中 Subject 表示产品，Attribute 表示产品属性，Value 表示对这个属性的观点。然而，由于该方法的模板过于简单且修饰关系仅停留在词语的表面，在模板匹配的过程中，会产生大量的候选特征词和观点词，需要人工筛选识别特征观点对。

针对这一问题，一些学者提出了相对复杂的配对规则匹配特征词和观点词。其中，最具影响力的是 Popescu 等[57]的研究。他们人工定义了通用文本模板，在具体应用领域中实例化通用文本模板，从而形成抽取规则。

Bloom 等人[58]将特征词和观点词配对结果定义为基本情感评价单元。针对电影评论，他们利用 Stanford Parser 手工构建了 31 条配对规则，表示特征词和观点词之间的联系。该方法在进行特征观点对识别时，能够很好地消除一些形容词的歧义问题，然而这些规则全部由人工构建，导致实验的召回率不高。

在 Bloom 等人的后续工作中[59]提出了一种自动学习的方法进行特征词与观点词的配对。主要是采用置信度计算进行自动训练与学习，并且以此获得特征词与观点词的搭配规则。这种方法虽然准确率略低于手工构建规则的方法，但是召回率却有所提升。

姚天昉等人[60]基于句法分析中的上行路径正规式和下行路径正规式，设计匹配规则描述特征词和观点词之间的关系，并且对于这种关系制定了 6 组规则，用于进行特征词和观点词的配对。

与之类似，Miao，Li 和 Zeng[61]将评论中出现的高频名词作为特征词，将高频形容词、副词和动词作为观点词，再通过人工预先定义的句法规则以及相关的领域知识，为特征词和观点词进行配对。Vu 等[62]利用 VietSentiWordnet 中定义的语法规则与同义词，在越南语的产品评论中识别特征词与观点词，并且将二者进行配对。

此外，还有一部分研究者利用句法路径或者句法依存树等句法规则，分析特征词和观点词的搭配关系。

赵妍妍等[63]将特征词与观点词的配对结果定义为特征观点对，提出基于句法路径的情感评价单元自动识别方法。他们利用自动收集的大量句法路径，描述特征词和观点词之间的修饰关系，通过计算句法路径编辑距离将特征词和观点词进行配对。

Wu 等人[64]在研究中发现，大多数产品的特征观点对都是以短语的形式出现。所以他们采用句法依存树，分析短语中的语法结构，并且基于此对特征词和观点词的语义搭配进行解析。

Qiu 等[65-66]提出一种半监督的自我学习(bootstrapping)方法。首先通过总结特征词和观点词之间的依存路径构建搭配规则,然后人工挑选常用的特征词和观点词作为种子词,接着根据搭配规则,利用特征种子词识别对应的观点词,以及利用观点种子词识别对应的特征词,最后相互迭代出更多的特征观点对。

Bethard 等[67]通过对情感句进行语义成分分析(Semantic Role Labeling)识别特定的谓语词组,进而确定特征词和观点词之间的修饰关系。他们的方法依赖于语义分析器,通过识别句子中的谓语和基于谓语的语义框架(Semantic Frame),找出符合情感表达语义框架的特征词及其对应的观点词。

Xu 等[68]提出了启发式的规则方法。他们采用两种分析策略,在识别情感句的基础上,利用结构特征和搭配关系,识别情感评价单元的核心词语。接着使用句法特征和动词、介词等扩展核心词语,将获得的最长名词短语作为特征观点对。

基于规则的方法能够在语法规范的文本上取得较好的结果,但是应用于中文产品评论时,将面临口语化严重和语法不规范的问题。因此,还需要继续挖掘特征词和观点词之间潜在的语义关系。一部分学者将领域本体的概念引入特征词与观点词的配对中,试图利用本体知识描述特征词和观点词之间的语义关系。

姚天昉等[69]人工定义了汽车领域的大量专用名词,并且结合情感极性词典对观点词的定义,构造了一个汽车本体,表示特征词与观点词之间的语义关系。他们使用 3 元组表示特征观点对(Feature, Polarity, Modifier),其中,Feature 表示特征词,Polarity 表示观点词,Modifier 表示修饰观点词的程度副词(如"比较"和"非常"等)。

Zhao 和 Li[70]在电影评论的情感分析研究中,定义了面向电影的领域本体,并且以此记录电影评论中特征词之间的相互关系。在此基础上,使用基于规则的方法对本体节点进行扩充。

Wei 和 Gula[71]建立了领域本体库,使用基于情感本体的层次学习模型识别特征观点对。他们将观点词的极性判断过程当作层次分类过程(hierarchical classification),用以克服知识的层次化结构对实验的影响。

与之类似,Shi 和 Chang[72]也利用特定领域的知识与中文极性词典分析特征词与观点词之间的语义关系。Somprasertsri 和 Lalitrojwong[73]通过构建领域本体存储特征词的同义词以及观点词的极性等信息,并且在此基础上分析特征词与观点词的配对关系。

以上领域本体的构建几乎都是采用人工定义的方法,针对特定领域知识构建相应的本体。这种方法的自动化程度不高，并且领域可移植性较弱。针对这一问题，Lau 等[74-75]提出了利用产品描述文档自动构建领域本体的方法。首先从网上收集对特定产品的描述性文档，然后将名词作为候选特征词，利用 TFIDF(Term Frequency Invert Document Frequency)方法提取对产品的描述贡献度高的特征词，最后采用平衡的互信息法来识别与特征词相关的观点词。

2.4 情感强度计算与极性分类

2.4.1 相关研究概述

在识别特征观点对的基础之上，还需要进行情感强度计算与情感极性分类。其中，情感强度表示情感的强弱程度，情感极性表示用户的褒贬态度。表达正面情感的特征观点对表示用户对该产品特征的肯定态度；反之，表达负面情感的特征观点对表示用户对该产品特征的否定态度。

特征观点对情感分析的基本思路是：首先利用评论语料或者情感词典等基础资源计算特征观点对的情感强度，然后确定情感强度的临界值，最后判断特征观点对的情感极性。

情感强度计算与极性分类的方法大致可以分为基于语料的方法和基于情感词典的方法两类。

2.4.2 基于语料的方法

基于语料的方法主要通过对评论语料进行词性标注与情感标注，根据语料中词与词之间的共现信息或者句法模式计算词语的情感强度，并且基于此判断词语的情感极性。

基于词语共现的方法预先选择一组具有正面或者负面情感极性的词语作为情感种子词，再根据词语之间的共现性分别计算观点词与褒贬种子词的语义关联度，最后将关联度的差值作为其情感强度，并且基于此判断观点词情感极性。这类方法的基本思路是：与正面情感种子词之间的语义关联更强的词语也具有正面情感；反之，与负面情感种子词之间的语义关联更强的词语具有负面情感。

Turney 和 Littman[76]人工收集了 3 596 个词语，包括形容词、副词、名词和动词，以此构建褒义词和贬义词的集合作为观点种子词。在此基础上，利用点互信息(PIM)和潜在语义分析(Latent Semantic Analysis, LSA)的方法，分别计算观点词与褒贬种子词的关联关系，从而自动判断观点词的情感极性。

Yu 和 Hatzivassiloglou[77]改进了 Turney 和 Littman 的方法，人工定义了更多的情感种子词，并且用对数似然比（log-likelihood ratio）代替 PMI 和 LSA 方法进行词语与观点种子词的关联统计。

基于词语共现的方法忽略了观点词的极性可能会随着上下文语境而变化的情况，所以一部分研究者提出基于句法模式的方法，在情感分析的过程中加入上下文语境信息。

基于句法模式的方法主要先从大量的语料中提取形容词以及词语之间的句法连接词（如表示并列、转折与递进等关系的词语），再进行机器学习并且生成相应的模型，最后预测新观点词的情感强度与极性。这类方法的基本思路是：形容词之间的句法连接限制形容词的情感强度与极性，比如并列与递进关系连接的两个形容词应该具有相同的情感极性，转折关系连接的形容词应具有相反的情感极性，而递进关系连接的后一个形容词应该比前一个形容词具有更加强烈的情感。

Hatzivassiloglou 和 McKeown[78]提出了一种使用句法连接的非监督学习方法。首先提取语料库中所有形容词之间的句法连接，并且将其分为语义方向一致和语义方向相反两类；然后使用对数线性回归算法计算连接的两个形容词具有相同或者不同情感极性的程度，并且以形容词为节点，词语之间的句法连接关系为边，生成情感关系图；接着使用聚类算法将图分为具有不同情感极性的两类，使得目标函数取最小值；最后计算每类形容词在语料库中出现的频率，频率较高的一组具有正面情感极性，另一组具有负面情感极性。

姚天昉和娄德成[79]根据词语之间的并联并列关系和统计关系，以种子词的情感强度与极性作为参照，计算词语的情感强度和极性。首先，人工从情感词典 GeneralInquirer 和 HowNet 中提取 3 120 个正面情感词和 3 485 个负面情感词，并且邀请四名标注人员对其进行极性和强度标注，形成情感种子词集；然后，利用词语之间的关联关系（包括递进关系、并列关系和转折关系），在观点词的上下文中查找与其具有关联关系的情感种子词，从而对观点词进行标注；最后，如果未发现相关联的种子词，计算观点词与每个种子词的点互信息，以此得出观点词的情感强度与极性。

然而，以上的方法只以形容词作为观点词的词性，也只考虑了连接词这一种语法要素，并且计算过程相对简单，在情感极性分类上的准确率还未达到 80%。因此，更多的研究者采用更复杂的句法分析对特征观点对进行情感分析。

Popescu 与 Etzioni[7]考虑了观点词的情感极性随其所修饰的特征词不同而变化的三种情况，分别是单个观点词、观点词与特征词搭配以及在一定语境下的特征观点对。他们首先使用句法分析判断词语对情感极性的贡献值；然后建立可迭代的模型，依次判断不同情况下观点词的情感极性，并反复进行迭代；最后根据迭代结果分别判断观点词的情感极性、特征观点对的情感极性以及特征观点对所在评论句或者评论文档中的情感极性。

姚天昉等人[69]提出了基于上下文语境计算词语情感极性的算法，根据汽车本体、情感极性词典、基本元素、语法分析树以及匹配规则等多种知识来判断特征观点对的极性。

赵军等[81]提出基于条件随机场模型的方法，将上下文语境和冗余标签代入条件随机场模型中，进行特征观点对的情感极性分类，并且取得了优于贝叶斯模型和支持向量机的实验结果。

Kobayashi 等人[82]提出了一种通过自我学习方式判断词语情感极性的方法。首先通过情感极性词典获得情感种子词，然后根据手工构造的 52 个规则分析观点词和情感种子词的关系，最后基于此判断观点词的情感极性，并且将该观点词加入种子词集。

顾正甲和姚天昉[25]提出基于经验的语言模式方法判断观点词的情感极性。该方法充分地考虑了不同类型的句子，以及副词和连词对观点词情感极性的影响。尤其是对一般副词、贬义副词和副词“太”进行了详细的探讨。

Hassan 和 Radev[83]使用无监督的马尔可夫随机游走(Random Walk)模型判断观点词的情感极性。该模型的优点是处理速度快并且不需要大量语料，但是在准确率等评价指标上的表现并不理想。

Du[62]提出基于改进的信息瓶颈方法构建面向特定领域的情感词典。具体是通过为特定领域手工标注情感种子词，利用信息瓶颈法以及 KL 距离(Kullback-Leibler)理论，判断其他词语的情感极性。

闻彬等[85]提出一种基于语义分析理解的情感分类方法，在情感词识别中引入了情感义原，并根据词语间的情感相似度计算情感语义值，再基于此判断词语的极性。

2.4.3 基于情感词典的方法

基于情感词典的方法主要使用情感词典中的信息，比如词语之间的同义、反义和层次关系，或者利用词语的释义信息，计算观点词与已知情感极性的种子词之间的相似度，以此确定观点词的情感强度和极性。

Kamps 等最早提出基于语义关联的方法[86]，首先以 WordNet 中所有形容词为节点，代表两个词同义关系（两个词出现在同一个同义词集中）的连接为边，建立情感关系图；然后将图中连接两个词语的最短路径长度作为词语之间的距离；最后，通过观点词与两个种子词“好”和“差”的相对距离，计算特征观点对的情感强度。在此基础上，以 0 为情感极性分类的临界值，情感强度大于 0 的观点词带有正面情感；反之，小于 0 的观点词带有负面情感。

基于释义的方法假设词语及其释义中的词语具有相同的情感极性，如“好”和“棒”的释义中都包含了表示欣赏和赞同的词，而“差”和“坏”的释义中都包含了贬义词，所以可以利用词典中词语的释义（即词义的文本解释）分类确定词语的情感极性。

Andreevskaia 和 Bergler[87] 提出了 STEP 算法（Semantic Tag Extraction Program）。首先，基于 WordNet 对词语的定义，使用种子词的同义词、反义词和下位词扩充原种子集合，得到新的情感词表；然后，对 WordNet 中的所有释义，查找其中包含的情感种子词，并加入相应的情感类别（正面和负面）中；最后，利用词性标注判断释义中情感词的词性，并且去除错误标注和标注中有冲突的词。

Esuli 和 Sebastiani[88] 在研究中首先建立初始的情感种子词集；然后在词典中查找与种子词同义和反义的词语，以此扩充词集；接着以扩充后的情感种子词集为训练集，对训练集和测试集中每个词语的释义进行文本特征提取，将两个词集都转化为向量空间模型；最后利用训练集训练情感分类器，对测试集中的词语进行情感极性分类。

还有一种是基于词频的方法。Ku 等[89] 假设词语的情感极性是由组合成词语的字决定的，所以通过计算单字在词典中出现的频率表示单字的情感强度，而词语的情感强度则由字组合而成。首先从情感词典中提取了 2 764 个正面情感词和 7 778 个负面情感词，作为种子词集，并且利用同义词词林对种子词集进行扩充；然后分别通过统计字在正面和负面种子词集中出现的次数，将二者之间的差值作为该字的情感强度；最后对观点词中所有字的情感强度取平均值，作为该观点词的情感强度。在此基础上，以 0 为情感极性分类的临界值，情感强度大于 0 的观点词带有正面情感；反之，小于 0 的观点词带有负面情感。

与 Ku 等类似，Kim 和 Hovy[45] 首先将 44 个动词和 34 个形容词作为情感种子词，并且在 WordNet 中查找形容词的同义词和反义词以及动词的同义词，从而扩充种子词集；然后分别计算观点词与情感种子词的共现频率，得到该观点词的情感强度;最后仍然以 0 为临界值判断观点词的情感极性。

为了提高针对特定领域语料的情感强度计算与情感极性分类的准确率,一些学者在已知词典的基础上,通过人工标注或者语义相似度计算等方法,建立面向特定领域的情感词典。

Bloom 等[58]首先从 WordNet 中抽取基本的情感种子词,然后利用 Stanford Parser 手工构建的 31 条语法规则,人工构建针对电影评论的情感评价词典,最后依据该词典判断观点词的情感极性。

Ding,Hu 和 Yu[90]首先建立情感评价词典,然后根据词典判断观点词的情感极性,最后根据句子内和句子间的连接词与转折词,如"并且"与"但是",判断依赖于上下文的观点词的情感极性。

Wilson,Wiebe 和 Hoffmann[91]先通过手工标注评论中带有情感倾向的观点词,再结合情感词典 GeneralInquirer 和同义词典识别具有情感倾向的短语,并且根据短语在句法中的作用确定该短语的极性。

Agarwal 等[92]结合情感词典和 WordNet 为观点词的情感极性打分,并通过该情感词语所在的语法结构和 N-gram 结构分析上下文对其情感极性的影响。类似的研究还有 Devitt 和 Ahmad[93],Denecke[94], Fahrni 和 Klenner[95]等,他们都利用情感词典 SentiWordNet 判断观点词的情感极性。

Somasundaran 等人[96]首先利用情感极性词典 General Inquire 对评论中的观点词进行标注;然后再利用基于监督学习的 IterativeCollective Classification (ICA)和基于无监督学习的 ILP 自动扩展标注结果;最后以评论片段为单位,构建观点词的情感极性分类模型。

Zirn 等人[97]提出基于马尔科夫逻辑网的模型。该模型将基本的情感词典 WordNet 中对情感词的释义以及语法规则等结合在一起,利用上下文语境判断观点词的情感极性。

Asher 等人[98]将情感分为 11 类(生气,惊讶,喜欢,讨厌,失望,害怕,恼怒,伤心,高兴,无聊,消遣),在利用词典识别观点词的基础上,根据不同的情感类型判断观点词的情感极性。在此基础上,以评论片段为单位提取情感表达短语,根据句法连接(即连接词和转折词等)修正观点词的情感极性。

Miao,Li 和 Zeng[99]将评论分为半结构化评论(按优缺点划分的评论)与非结构化评论(混合优缺点的评论),并且根据半结构化评论建立领域知识库,以此存储观点词的情感极性,以及产品特征的同义词等信息。

2.5　产品评论对销量的影响

2.5.1　产品评论的口碑效应

现有关于产品评论影响销量的研究主要从口碑效应这一角度着手，分析产品评论口碑效应的不同度量指标对产品销量的影响。研究领域涉及电影票房、书籍销售、电视节目收视率和酒店预订量等，采用方法主要有多元线性回归、扩散模型、倍差法和联立方程等。

现有研究认为由产品评论等互联网上用户生成内容（User Generated Content，UGC）所产生的口碑效应，是消费者之间关于产品的、非正式的信息沟通，又被称作电子口碑（Electronic Word of Mouth）或者在线口碑（Online Word of Mouth）[101]。例如，Hennig-Thurau 等[102]以及 Zhang 等[103]认为用户可以通过互联网针对特定商品分享自己的购买和使用经验、意见以及相关知识等，同时潜在消费者则通过浏览网页收集其他用户提供的产品评价信息，从而形成互动的产品电子口碑。在此基础上，Ye 等[104]为产品评论的口碑效应给出了一个更全面的定义：大众通过互联网获得的，潜在、实际或者先前的消费者对商品、服务、商家等特质的评价或对产品或服务使用体验的表述，可以是正面的或负面的。

传统线下口碑往往采用口头传播方式，口碑信息通常不可量化，只能对其作定性的分类，利用问卷调查等方法研究产品口碑对消费者购买决策的影响。相对地，产品评论以文本形式保存，利于储存和传递。同时，大多数电子商务网站还提供用户对产品的数值打分结果。这些特性都为准确测量产品评论的口碑效应提供了支持，同时也为量化产品评论对商家销量的影响打下了基础。

目前，大多研究者在对产品评论的口碑效应进行测量时，通常使用以下几个指标：产品评论的数量（Volume）、情感极性（Sentiment Orientation 或 Valence，常以数值评分的平均值或不同情感极性评论的比例作为测量指标）、情感极性的混杂度（Variance，常以评论中正、负情感极性的方差作为测量指标）、扩散度（Dispersion）等。其中，产品评论的数量和情感极性是现有相关研究主要考察的两个维度。

2.5.2　产品评论的数值信息对产品销量的影响

1. 产品评论的数量对产品销量的影响

Godes 和 Mayzlin[105]通过对 1999—2000 年美国市场 44 个电视节目的评论

与电视节目收视率的关系进行研究，发现电视节目口碑效应在不同在线评论组之间的扩散度对收视率具有显著的解释力，而评论数量对收视率则没有显著的影响。

Dellarocas 等[106]对影评数量影响电影销售票房进行了研究。实证结果表明无论产品评论中是否包含大量负面评价信息，产品评论的数量对相应产品的销售量都具有显著的正面影响。

Chen 等[107]以亚马逊网站上的书评数量为自变量，构建了图书销售量的实证研究模型。实证结果也说明了图书评论的数量与图书销量之间存在显著的正向相关性。

Liu[108]以电影发布前 Yahoo！电影论坛上的影评为解释变量，并且以发布后的电影票房作为被解释变量，对于影评与电影票房之间的关系构建了线性回归模型。实证研究的结果表明电影评论数量和电影票房收入之间存在显著的正向相关性。

龚诗阳等[109]通过分析图书评论的数量对图书销量的影响，发现在考虑内生性的问题后，图书电子口碑中的星级评分对销量的影响消失了，而图书评论数量成了主要的影响因素。

Duan 等[110]分别从 Yahoo！movies 网站收集影评以及 Mojo 网站收集票房信息，建立联立方程组模型，运用三阶段最小二乘法进行参数估计。结果表明，评价得分和票房收入没有明显关系，但影评数量和票房收入显著正相关。

Duan 等[111]研究影评与票房的动态影响关系，发现影评应为内生变量。影评既是票房的先导因素，也是票房的产出变量，二者相互影响。影评数量的增加会提高票房，票房的增加也会带来影评的增加。

2. 产品评论的星级评分对产品销量的影响

相关研究主要选择电子商务网站上提供的产品星级评分作为产品评论情感极性的测量指标，研究其与销量之间的关系。

Chevalier 和 Mayzlin[112]以 Amazon 和 BarnsandNoble 网站为样本数据来源，研究了书评对图书在线销量的影响。实证研究结果表明，尽管大多数评论的情感是正面的，但 1 星评论（极端差评）比 5 星评论（极端好评）对销量的影响更大。

Clemons 等[113]针对啤酒工业中的产品评论情感极性对于啤酒销售的影响进行了实证研究。与 Chevalier 和 Mayzlin 的实证结果不同的是，Clemons 等人的研究结果说明极端正面的产品评论对销售的增加具有显著的影响。

Zhu 和 Zhang[114]针对视频游戏评论对销量的影响，构建了双重差分模型分析。实证研究的结果表明，对于不流行的游戏以及上网经验丰富的玩家，产品评论的影响力更大。

Liu[108]对电影发布前 Yahoo! 电影论坛的讨论与发布后的电影票房的关系进行了研究。实验结果发现产品评论的数量比评论的极性(即正、负评论的比例)对票房收入具有更为显著的解释力。产品评论的数量和电影的票房收入正相关，而且不论是积极的产品评论还是消极的产品评论都会增加电影的票房收入。

郝媛媛和李一军等[115]收集了美国在 2006 年度的电影市场相关数据，利用线性回归模型分析不同情感极性的影评是否影响票房，以及影评极性对电影上映后的哪些阶段存在影响。实证研究的结果表明，在电影上映后的第 3 周，影评对电影票房有显著影响，并且极端好评的正向影响大于极端差评的负向影响。

Li 和 Hitt[116]研究早期购买者所撰写的评论，其中反映的不同偏好信息将如何影响长期用户的购买行为与社会福利。研究表明评论数量及其情感极性对用户的购买行为与社会福利都有显著的影响，且影响程度随时间发生变化。

此外，针对产品评论的情感极性影响不显著的原因，Liu[108]、Ghose 和 Ipeirotis[117]指出可能是由于正、负评价相互抵消，使产品评论星级评分的平均值无法全面地衡量评论情感极性。

2.5.3　产品评论的文本信息对产品销量的影响

为了更加准确地衡量产品评论的口碑效应，一些学者开始尝试利用情感分析技术进行评论挖掘。在现有相关研究中，主要使用粗粒度情感分析方法判断产品评论的整体情感极性，进而讨论产品评论的正、负面情感对销量的影响。

Ghose 等[118]利用 LingPipe 对音频/视频播放设备和数码相机的评论进行粗粒度情感分类，并且采用线性回归方法，研究产品评论的正、负面情感与音频/视频播放设备以及数码相机的销售排名的相关关系。实证研究的结果表明，产品评论的正、负面情感显著地影响音频/视频播放设备的销售排名，但是对数码相机的销售却没有显著的影响。

Antweiler 和 Frank[119]利用朴素贝叶斯分类器对股票评论进行粗粒度情感分类，并且以在线股评数量和股评反映的“投资情绪”为解释变量，建立了线性回归模型，以此研究股评对股票交易量和波动率等指标的影响。通过变量之间的相关性分析发现，正、负面情感的在线股评对股市都具有一定的影响力。

Mishne 和 Glance[120]利用 Winnow 对电影评论进行粗粒度情感分类，并采用 Pearson's R-correlation 方法探讨电影首映之前的好评数量与票房成功的相关性。实证研究的结果表明二者之间具有较强的相关性，但是这种相关性不足以用来预测票房。

Das 和 Chen[121] 利用 Naïve Classifier（NC），Vector Distance Classifier（VDC），Discriminant-based Classifier（DBC），Adjective-Adverb Phrase Classifier（AAPC）和 Bayesian Classifier（BC）等多种分类器的组合对股票评论进行粗粒度情感分类。在此基础上，建立线性回归模型衡量前一天在线股评所反映的“投资情绪”与股票总指数的相关性。实证研究的结果显示二者显著正相关，但是对于单个公司而言，这种关系并不成立。

Liu 等[122]利用潜在语义分析方法对电影评论进行粗粒度情感分类，并且建立票房收入的回归模型。实证研究的结果表明，在加入产品评论的正、负面情感变量以后，提高了回归模型对第二期票房收入的预测能力。

Ye 等[123]利用 LingPipe 对酒店评论进行粗粒度情感分析，并且建立酒店评论对销售的线性回归模型。实证研究的结果反映了酒店评论的正、负面情感对于其在线销售具有显著的影响，并且酒店对旅客评论的在线答复可以对经营起到显著的正向促进作用。

Law 等[104]对携程网的酒店评论进行了粗粒度情感分析，并且利用线性回归模型研究酒店评论对房间预订量的影响。实证研究的结果表明，酒店评论的情感极性对房间预订量具有显著的影响。

Archak 等[124-125]认为应当提取产品特征及其观点作为评价短语，将其引入产品销量的计量模型中，分析用户对不同产品特征的评价对销售排行的影响。他们采用基于众包（Crowdsourcing）的方法，通过亚马逊提供的 Amazon Mechanical Turk（AMT）平台雇佣人力，对评论中的产品特征和评价观点进行人工识别与打分，并且提取前 20 对特征观点对作为评论的样本数据。

卢向华等[126]针对大众点评网的餐馆评论与餐馆营业收入的关系进行实证研究。结果表明餐馆评论的数量、评分以及负面点评率对餐馆的营业收入有显著的影响。除此之外，价格的调节作用也确实存在，例如对于高价位的菜式而言，评论评分的边际重要性较高。并且随着价位进一步提高，评论数量对营业收入的边际效应会大幅度地递减，甚至最后变为负面影响。

此外，还有部分学者从产品评论的有用性以及不同产品类型等角度出发，研究产品评论与销量的关系。例如，Forman 等[127]采用亚马逊网站的图书销售排名替代销量进行回归分析，结果表明，评论者信息披露与评论的有用性对图书销量起到正面的促进作用。Jung Lee 和 Jae-Nam Lee[128] 探讨了产品评论对不同类型产品销售的影响。结果表明，对于有统一评价标准的产品，产品评论将有利于用户对产品进行纵向比较，从而做出最佳选择；而对于评价标准各异的产品，产品评论只能为用户提供产品的相关信息，从而帮助其做出最合适的选择。

2.6　研究评述

2.6.1　特征词识别的研究评述

总体而言，现有特征词识别研究的不足主要是人工干预程度较大，领域可移植性不强，并且无法有效地识别隐式特征词。

基于统计自然语言处理的方法大多依赖于特定领域的、大量人工标注的语料，并且需要人工构建与领域相关的特征词集。同时，该方法只能针对语料中出现的词语进行统计分析，无法有效地识别隐式特征词。

这类研究方法的不足主要表现在以下几个方面。

(1) 基于词频的算法比较简单且容易实现，但是通常会识别较多与产品无关的特征词(如快递服务等)，而遗漏与产品相关的低频特征词。这类方法的识别结果中包含过多语义相近的特征词，所以还需要手工调整算法的相关参数。

(2) 基于监督学习的序列标注方法的针对性强，但是需要特定领域专业知识的支持，以对大量的训练语料进行人工标注。所以该方法受到训练语料所在领域、人工标注结果的准确性以及语料数量的限制较大，领域可移植性不强。

(3) 基于半监督学习的序列标注方法能够获得较高的准确率，但是仍然需要人工构建特征词集，以及对语料进行大规模的标注工作。所以该方法受到人工干预的限制，召回率普遍比较低。

(4) 相比之下，基于主题模型的方法虽然不需要人工训练，但是在潜在主题的定义上仍然存在一定的不足。中文产品评论的句法并不规范，往往用逗号代替句号断句，而现有主题模型通常定义文档级和句子级的潜在主题，其粒度较粗，一个主题可能包含多个产品属性，影响词语的聚类效果，从而降低特征词识别的准确性。

基于规则匹配的方法针对性强，对于语法规范的文本具有较好的识别能力，但是当面对口语化严重和语法不规范的中文产品评论时，识别性能并不理想。

同时，该类方法还需要人工建立面向特定领域的规则库，要求研究人员对于大量语料进行语言分析与处理，所以人工干预程度较高，领域可移植性不强。此外，由于规则的制定都有局限性，无法很好地涵盖所有可能的实例，从而使得该类方法虽然有着较高的精度，但是在召回率上都不高。

2.6.2 观点词识别的研究评述

总体而言，现有观点词识别研究的不足主要是依赖于大量标记的语料，以及人工定义的种子词集，使得其人工干预较多，领域可移植性不强。

基于统计自然语言处理的方法需要人工标注大量与领域相关的训练语料，所以研究人员在特定领域方面的专业知识，以及语料标注的准确性都较大程度地影响观点词识别的准确率和召回率。相对而言，基于主题模型的方法是无监督学习方法，不依靠人工标注。但是现有主题模型大多从文档和句子层面上定义情感分布概率，并不一定适合以逗号断句的中文产品评论。

基于情感词典的方法需要人工定义大量观点种子词，所以种子词的数量和质量成为影响观点词识别性能的制约因素。此外，大多词典还面临一词多义的问题，特别是当词语所在的上下文语境发生变化时，其表达的含义也可能随之改变，所以情感词典通常包含歧义词语，从而不利于观点词的识别。

2.6.3 特征词与观点词配对的研究评述

总体而言，现有特征词与观点词配对研究的不足主要是仅根据语料中词语的位置、共现性或者语法规则等，匹配特征词与观点词。也就是说，该方法只考虑了特征词与观点词在语料中表现出的表面关系，却忽略了它们之间的潜在语义关系，从而影响特征词与观点词配对的准确率和召回率。

基于统计自然语言处理的方法的不足主要表现在以下几个方面。

(1) 基于邻近原则的方法以词语出现的位置判断特征词与观点词的搭配关系。但是产品评论的表达方式多样，在观点词及其评价的特征词之间可能存在多个修饰语或定语(包括否定词和程度副词等)，使得二者之间的距离较远。所以该类方法并不适合将相隔较远的特征词和观点词进行配对。

(2) 基于序列标注的方法可以根据具体的语料，将词语的语义特征、词性特征和浅层句法信息等融入序列模型中。但是该类方法难以利用复杂的语法信息，从而无法有效地匹配特征词与观点词。此外，条件随机场具有马尔科夫性质，即某时刻的条件概率只与当前状态有关，这使得该模型无法很好地处理由句法等特征引入的长距离问题，从而降低了搭配关系识别的召回率。

基于语义分析的方法的不足主要表现在以下几个方面。

(1) 基于规则的方法能够获得较好的匹配精度，但是在预先定义配对规则，以及利用句法依存树时，需要大量规范标注的、面向特定领域的语料作素材。所以该方法的召回率普遍不高，特征词与观点词配对的结果较大程度地依赖于语料标注和规则库构建的全面性和准确性。

(2) 基于领域本体的方法能较好地反映特征词和观点词之间的语义关系，提高了搭配关系识别的性能。但是现有的领域本体大多通过手工建立，自动化程度不高，并且节点及其关系的定义还依赖于构建者在相关领域中的专业知识，领域可移植性不强。

2.6.4　情感强度计算与极性分类的研究评述

总体而言，现有情感强度计算与极性分类研究的不足主要是未能考虑上下文语境对观点词情感的影响，尤其是特征词、否定词、双重否定词和程度副词对观点词情感强度与极性的限制与调节作用。

基于语料的方法仅仅考虑了连接词等简单的语法要素，并不足以体现上下文语境在观点词情感分析中的作用，还需要分析观点词的评价对象以及观点修饰词对其情感强度与极性的影响。此外，虽然采用更加复杂的句法分析能够在一定程度上提高情感分析的准确率，却受到依存句法分析器精度的影响，使得情感强度计算与极性分类的性能提高受到限制。同时，对于口语化严重和语法不规范的中文产品评论，句法分析方法需要对语料进行复杂的计算，运行速度较慢，效率较低。

基于情感词典的方法只根据观点词在词典中的定义计算情感强度，以及判断情感极性，却未将观点词放到语料中，分析其情感强度与极性随上下文语境的不同而发生的动态变化。这类研究方法的不足主要表现在以下几个方面。

(1) 极大程度地依赖于通用的情感词典，或者人工构建的、面向特定领域的词典，使得情感强度计算与极性分类的性能受到词典定义准确性的影响。

(2) 词典可能面临一词多义的问题，特别是当上下文语境不同时，词语表达的情感也随之发生变化，所以情感词典通常包含歧义词语，从而不利于情感强度的计算与极性的判断。

(3) 无法计算与判断产品评论中一些口语化词语和流行新词的情感强度与极性，例如"处理器很垃圾"里的"垃圾"是评论常用的观点词。

2.6.5 产品评论与销量关系的研究评述

总体而言，现有相关研究证实了产品评论对销量具有一定的影响。实际上，商家销量受产品评论、商品种类、质量、价格等多种因素的影响，不同的模型、数据和计量分析方法，得出的实证结果都会产生差异。因此，虽然现有研究得到的结论不完全一致，即使针对同种商品，也存在相反的研究结论，但是在实证研究中，最为重要的是模型的适用性，以及其对因变量的解释能力。

现有产品评论口碑效应的理论研究不足，无法揭示产品评论对销量的影响机理。其不足主要表现在以下几个方面。

(1) 现有部分针对产品评论口碑效应的研究，仍然采用调查问卷的方法，其局限性在于问卷数量有限，问卷问题设计不一定合理，得到的答案不一定准确，调查对象不一定具有代表性与典型性等，使得样本质量不高，进而影响实证研究结果的有效性。

(2) 现有相关研究主要利用产品评论的数值信息(如星级评分和评论数量等)，量化产品评论的口碑效应。然而却鲜有挖掘产品评论的文本信息，识别与判断用户对产品各个方面的情感，并且分析其对产品销量的影响。此外，很多研究结论显示极端评分的影响超过非极端评分，以及极端差评的影响超过极端好评，所以采用评分均值衡量其情感极性具有局限性。

(3) 在利用评论挖掘分析产品评论口碑效应的研究中，大多利用粗粒度情感分析技术，判断评论的整体情感极性，未能提取出更为细粒度的评论数据(即评论中的评价对象及其评价观点)。此外，现有不少研究仍然将产品作为外生性变量来处理，忽略模型设定中可能产生的内生性问题，使得产品评论的影响作用被高估，从而影响实证分析的准确性。因此现有研究在揭示用户情感和商家销量的关系上尚有不足，进而影响产品评论对商家营销策略的应用价值。

2.7 本章小结

本章主要对于本书涉及的相关领域的研究工作进行了综述。主要是从统计自然语言处理和语义分析两类研究出发，对于特征词识别、观点词识别、特征词与观点词配对以及情感强度计算与极性分类等细粒度情感分析中各个阶段的研究方法进行了总结，并且详细地分析了各种算法的优势与不足，以此发现现有研究中存在的问题，为本书提供了改进的方向。

此外，对于产品评论与销量关系的综述从口碑效应着手，总结了现有对于产品评论与销量关系的实证研究。研究领域涉及电影票房、书籍销售、电视节目收视率和酒店预订量等，采用方法主要有多元线性回归、扩散模型、倍差法和联立方程等。在此基础上，还对实证研究中的变量定义、样本观测以及方法选择等进行了详细地分析，为本书提供了坚实的理论基础。

第3章 基于 LDA 主题模型的中文产品评论特征词与观点词识别

3.1 基于 LDA 主题模型的特征词与观点词识别研究框架

3.1.1 现有研究的不足

根据第 2 章文献综述，现有特征词与观点词识别的研究大致可以分为两类：基于统计自然语言处理的方法和基于语义分析的方法。这两类研究方法的不足主要是依赖于大量人工标记的语料，以及人为定义的候选种子词集、规则库或者情感词典，人工干预程度较高，领域可移植性不强。此外，特征词与观点词识别的性能取决于研究人员在特定领域中的专业知识，以及种子词集、规则库或者情感词典构建的全面性与准确性。现有研究的不足具体表现在以下三个方面。

(1) 基于统计自然语言处理的方法通过统计语料中词语出现的频率和共现性，采用监督学习或者半监督学习的方法，识别特征词与观点词，自动化程度高，并且适合处理数据量大的语料库。然而，该类方法可能识别出与产品无关的高频词语(如快递服务和售后服务等)，而忽略与产品相关的低频词语。监督学习或者半监督学习的准确率和召回率还受到语料所在领域、人工标注结果的准确性以及语料数量的影响。

(2) 基于语义分析的方法通过预先定义的语法或者句法规则，分析特征词和观点词在评论中出现的规律，具有较好的针对性，适合用于语法规范的语料。然而，该类方法同样受到人工构建的外部资源影响较大，规则库和情感词典都需要人工定义和扩展，可能存在歧义等问题。此外，针对口语化严重和语法不规范的中文产品评论，句法分析的准确率还有待提高。

(3) 基于 LDA 主题模型的方法不需要人工干预，领域可移植性强，并且更适用于大数据挖掘。然而，现有模型大多从文档和句子层面上定义主题和情感分布，使得一个主题包含多个产品属性，从而影响词语的聚类效果。

针对现有研究的不足，本章提出面向产品评论的 LDA 主题模型。该模型从评论片段中提取表达的情感和评价的产品属性，将属于同一类情感或者同一个产品属性的词语进行聚类，并且基于此进行特征词和观点词的识别。

3.1.2　本章的研究框架

本章借鉴统计自然语言处理的方法，提出基于 LDA 主题模型的特征词与观点词识别方法。本章以设计科学研究方法论为指导，分为模型设计、模型实现和模型评价三个阶段。阶段一，首先介绍标准 LDA 主题模型的基本原理，在此基础上提出改进的 SA－LDA(Senti-Attribute Latent Dirichlet Allocation) 主题模型，以评论片段为单位，通过词语聚类提取片段中表达的情感和评价的产品属性；阶段二，利用 SA－LDA 主题模型生成“情感-属性对”在词语向量空

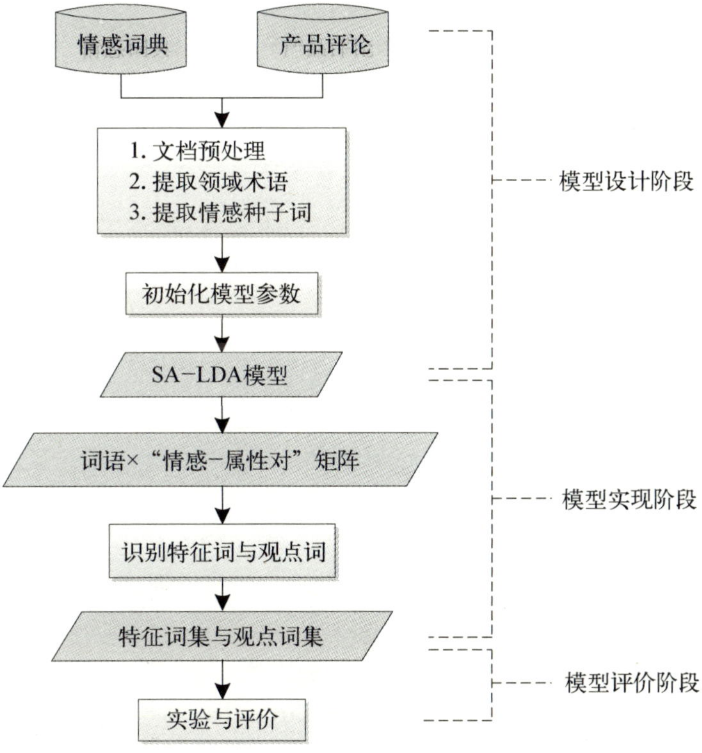

图 3－1　基于 LDA 主题模型的中文产品评论特征词与观点词识别的基本流程

间上的概率分布矩阵，从而识别产品评论中的特征词和观点词；阶段三，以基于统计自然语言处理和基于语义分析的代表性方法为基线方法，通过对比实验，验证本书提出的特征词与观点词识别算法的有效性。本章的基本流程如图 3-1 所示。

3.2 面向产品评论的 SA-LDA 主题模型

3.2.1 LDA 主题模型以及 Gibbs 抽样

1. LDA 主题模型的基本概念

LDA 主题模型是一种基于贝叶斯概率的生成模型，最早由 Blei 等人[129]提出。生成模型和判别模型是属于自然语言处理的两大推断模型。其中，判别模型在建模的过程中不需要关注联合概率分布；而生成模型在获取联合概率分布之后，可以通过贝叶斯公式得到条件概率分布。因此，生成模型所产生的信息比判别模型更丰富，并且生成过程也更容易理解。

LDA 主题模型的生成过程是一个无监督学习过程，不需要含有分类标记的样本集。该模型能够对样本数据中的特征项集所属类别的概率参数进行估计，进而利用生成的参数模型进行聚类或者分类等。但是，这一过程导致 LDA 主题模型的分类结果无明确的指定名称，需要人为地定义挖掘出的主题。

为了将 LDA 主题模型应用到文本挖掘领域，通常会采用"词袋"(Bag of Word, BOW)理论来表示文本，也就是将非结构化的文本转化为结构化的特征项集[130]。在"词袋"理论的假设中并不考虑自然语言的语法及语序，而是将文本当作一个词语的集合，而这些词语就是该文本中离散的特征项集。在 LDA 主题模型中，每个词语都可以对应到某个或某几个文本主题。

2. LDA 主题模型的原理

LDA 主题模型是一个生成性的三层贝叶斯模型，分为文档、主题和词语三层。其中，一篇文档可对应一个或者多个主题，一个主题对应一个词语表。LDA 主题模型的生成过程基于以下假设：语料库中所有文档均按照一定比例由潜在主题混合而成，而主题则是由一系列相关词语混合而成[130]。LDA 主题模型的拓扑结构如图 3-2 所示。

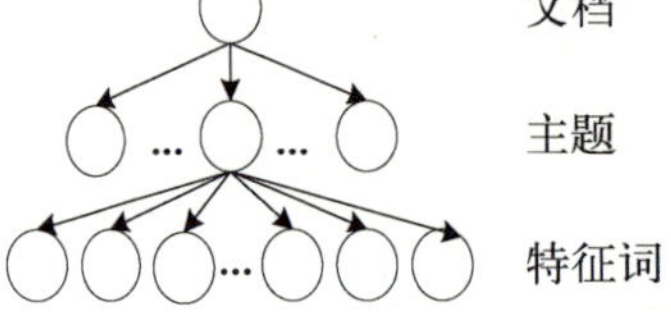

图 3-2 LDA 主题模型的拓扑结构图

基于 LDA 主题模型的文本挖掘是生成模型的逆向过程，其贝叶斯网络图解如图 3-3 所示[129]。其中，实心圆形（w_n）表示可观测的随机变量，空心圆形（α, θ_d, z_n, β, φ）表示变量，箭头表示条件概率，方框表示贝叶斯概率求解的迭代过程，N 表示词语层，M 表示文档层，K 表示主题层。

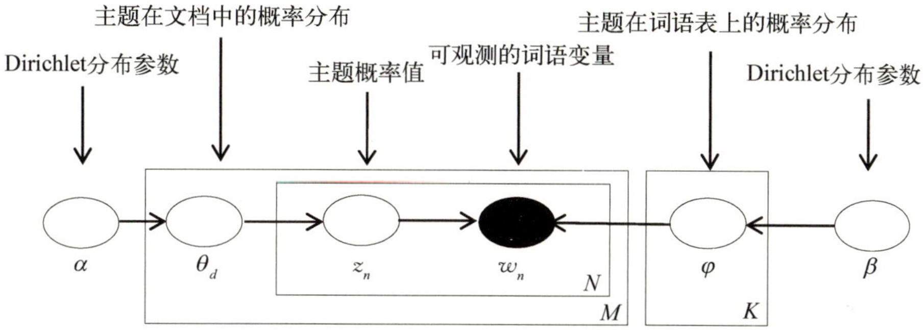

图 3-3　LDA 主题模型的贝叶斯网络图解

在图 3-2 中，各个符号的含义如表 3-1 所列。

表 3-1　LDA 主题模型的贝叶斯网络图解中符号的含义

符　号	含　　义
N	词语的数量
M	文档的数量
K	主题的数量
α	每篇文档中潜在主题的多项式分布的 Dirichlet 先验参数，是 K 维向量（记作$\vec{\alpha}$）
β	每个主题下词语的多项式分布的 Dirichlet 先验参数，是 N 维向量（记作 $\vec{\beta}$）
θ_d	文档 d 的主题概率分布，$P(\theta) \sim Dirichlet(\alpha)$，是 K 维向量（记作 $\vec{\theta}$），表示文档 d 中各个主题所占的比重；所有文档的主题概率分布 $\{\vec{\theta}_d\}_{d=1}^{M}$，为 $M \times K$ 阶矩阵（记作 $\underline{\theta}$）
φ	主题在词语表上的概率分布 $P(\varphi) \sim Dirichlet(\beta)$，是 N 维向量（记作 $\vec{\varphi}$）；所有主题在词语表上的概率分布 $\{\{\vec{\varphi}_{ji}\}_{i=1}^{K}\}_{j=1}^{N}$，为 $K \times N$ 阶矩阵（记作 $\underline{\varphi}$），其中元素 φ_{ji} 表示第 j 个词语归属于第 i 个主题的概率
z_n	由概率分布 $P(\theta)$ 产生的离散随机变量，表示文档 d 中词语 n 属于主题 z 的概率
w_n	可观测的离散随机变量（即文档中的词语），且由 $P(w \mid z, \varphi)$ 条件概率生成

综上所述，基于 LDA 主题模型的文档生成过程如下：

对于每篇文档：

1. 生成文档长度 N，即文档中词语的个数，且 $N \sim Poisson(\xi)$；

2. 根据 Dirichlet 分布计算每篇文档中主题分布概率向量 $\vec{\theta}$；

3. 对于每篇文档中的每一个词语 w_n：

(1) 从主题分布概率向量 $\vec{\theta}$ 的多项式分布中随机筛选主题 z_n，即根据分布 $P(z_n \mid \vec{\theta})$ 生成 z_n，且 $z_n \sim \text{Mult}(\vec{\theta})$；

(2) 从上述筛选的主题 z_n 的多项式分布中挑选一个词语 w_n，即根据分布 $P(w_n \mid z_n, \varphi_{z_n})$ 生成 w_n，且 $w_n \sim \text{Mult}(\varphi_{z_n})$；

(3) 重复(1)和(2)，依次迭代生成剩余的词语。

根据上述生成过程，给定 α 和 β，LDA 三层模型的联合概率分布为

$$P(\vec{\theta}, \vec{z}, \vec{w} \mid \vec{\alpha}, \vec{\beta}) = P(\vec{\theta} \mid \vec{\alpha}) \prod_{n=1}^{N} P(z_n \mid \vec{\theta}) P(w_n \mid z_n, \vec{\beta}) \quad (3-1)$$

其中，

$$P(\vec{\theta} \mid \vec{\alpha}) = \frac{\Gamma\left(\sum_{k=1}^{K} \alpha_k\right)}{\prod_{k=1}^{K} \Gamma(\alpha_k)} \prod_{k=1}^{K} \theta_k^{\alpha_k - 1} \quad (3-2)$$

通过加总 z_n 以及对 $\vec{\theta}$ 积分，得到每篇文档的概率分布：

$$P(d \mid \vec{\alpha}, \vec{\beta}) = \int P(\vec{\theta} \mid \vec{\alpha}) \prod_{n=1}^{N} \sum_{z_n} P(z_n \mid \vec{\theta}) P(w_n \mid z_n, \vec{\beta}) \mathrm{d}\vec{\theta} \quad (3-3)$$

再通过累积每篇文档的概率分布，得到整个语料库的概率分布：

$$P(D \mid \vec{\alpha}, \vec{\beta}) = \prod_{d=1}^{M} \int P(\vec{\theta}_d \mid \vec{\alpha}) \prod_{n=1}^{N_d} \sum_{z_{d,n}} P(z_{d,n} \mid \vec{\theta}_d) \cdot P(w_{d,n} \mid z_{d,n}, \vec{\beta}) \mathrm{d}\vec{\theta}_d \quad (3-4)$$

3. LDA 主题模型的两种概率分布

多项式分布（Multinomial）和狄利克雷分布（Dirichlet）是概率生成模型中两种常用的概率分布。其中，Dirichlet 分布共轭于多项式分布，并且由 Dirichlet 分布产生的随机数组之和为 1。

在 LDA 主题模型中，文档中词语的主题服从多项式分布，其先验分布选取共轭先验，即 Dirichlet 分布；每个主题下的词语也服从多项式分布，其先验分布

也选取共轭先验，即 Dirichlet 分布。也就是说，Dirichlet 分布主要用于描述“文档(M)-主题(K)”层面的概率分布。

多项式分布的分布概率为

$$P(\vec{n} \mid \vec{p}, N) = \binom{N}{\vec{n}} \prod_{k=1}^{K} p_k^{n^{(k)}} \triangleq Mult(\vec{n} \mid \vec{p}, N) \tag{3-5}$$

从公式(3－5)中可以看出，多项式分布来自 N 次独立重复实验，并且每次实验可能有 K 种结果。在式(3－5)中，$\vec{n}$ 表示实验结果向量，N 表示实验次数，$\vec{p}$ 表示出现每种实验结果的概率组成向量，$n^{(k)}$ 表示在 N 次实验中第 k 种结果出现的次数，多项式系数 $\binom{N}{\vec{n}} = N!/\prod_k n^{(k)}!$。

Dirichlet 分布的分布概率为

$$P(\vec{p} \mid \vec{\alpha}) = Dir(\vec{p} \mid \vec{\alpha}) \triangleq \frac{\Gamma\left(\sum_{k=1}^{K} \alpha_k\right)}{\prod_{k=1}^{K} \Gamma(\alpha_k)} \prod_{k=1}^{K} p_k^{\alpha_k - 1} \triangleq \frac{1}{\Delta \vec{\alpha}} \prod_{k=1}^{K} p_k^{\alpha_k - 1} \tag{3-6}$$

其中，

$$\Delta \vec{\alpha} = \frac{\prod_{k=1}^{\dim \vec{\alpha}} \Gamma(\alpha_k)}{\Gamma\left(\sum_{k=1}^{\dim \vec{\alpha}} \alpha_k\right)}$$

在式(3－6)中，$\Gamma(x)$ 是伽马(Gamma)函数，$\vec{\alpha}$ 是 Dirichlet 分布的超参数(Hyperparamer)，$\Delta \vec{\alpha}$ 是 Dirichlet 分布的 Delta 函数。

4. LDA 主题模型的求解——Gibbs 抽样

在第 i 篇文档中词语 t 出现的概率为

$$P(w_{i,n} = t \mid \vec{\theta}_i, \underline{\varphi}) = \sum_{k=1}^{K} P(w_{i,n} = t \mid \vec{\varphi}_k) P(z_{i,n} = k \mid \vec{\theta}_i) \tag{3-7}$$

整个语料库的似然函数为

$$P(\vec{w} \mid \underline{\theta}, \underline{\varphi}) = \prod_{i=1}^{M} P(\vec{w}_i \mid \vec{\theta}_i, \underline{\varphi}) = \prod_{i=1}^{M} \prod_{n=1}^{N_i} P(w_{i,n} \mid \vec{\theta}_i, \underline{\varphi}) \tag{3-8}$$

从式(3－7)和式(3－8)中可以看出，LDA 主题模型的关键参数是文档-主题分布向量 θ 和主题-特征词分布向量 φ。然而，对于这两个参数的求解是一个非常复杂的最优化问题，很难直接计算，所以需要通过近似推导的方式得到 LDA 主题模型的近似估计结果。常用的逆向求解联合分布概率的方法主要有两个：Blei 等人[129,131]采用的变分贝叶斯期望最大化算法（Mean-field Variational Expectation Maximization）；Griffiths 等人[133]和 Ramage 等人[134-135]使用的 Gibbs 抽样算法（Gibbs Sampling）。与 Blei 采用的算法相比，Gibbs 抽样算法虽然在效率上稍差些，但是容易实现而且更易于理解。

Gibbs 抽样算法是基于马尔科夫链蒙特卡尔理论（Markov Chain Monte Carlo，MCMC）。MCMC 是一种复杂的、从概率分布中抽取样本值的近似迭代方法。它允许马尔科夫链先收敛于某个目标分布，再从目标分布中抽样，最后计算得到变量结果。马尔科夫链根据变量赋值的不同而建立不同的状态，并且状态之间的转换遵循着简单的规则[133]。

Gibbs 抽样算法构造一条收敛于某目标概率分布的马尔科夫链，并从马尔科夫链最终的状态中抽取被认为最接近于该概率分布值的样本。因此，Gibbs 抽样算法的关键是确定 LDA 主题模型中的目标概率分布。首先，初始化马尔科夫链的第一个状态；然后不断地在当前的马尔科夫链状态上，根据概率分布的情况来抽取所有变量值，从而转换到马尔科夫链的下一个状态；最终，马尔科夫链状态变化很小，趋近于目标概率分布，可以从最后一个状态中得到变量结果。

为了得到文档中的主题概率分布，Gibbs 抽样算法并没有直接计算 θ 和 φ，而是通过计算词语 w 对于主题 z 的后验概率 $P(w \mid z)$，间接地计算 θ 和 φ 的值。对于 LDA 主题模型，仅仅需要将词语分配到各个主题，即对变量 z 在词语表上进行抽样，其计算公式如下：

$$\begin{aligned} P(z_i = j \mid \vec{z}_{-i}, \vec{w}) &\propto P(w_i \mid z_i = j, \vec{z}_{-i}, \vec{w}_{-i}) p(z_i = j \mid \vec{z}_{-i}) \\ &\propto \frac{n_{j,-i}^{(w_i)} + \vec{\beta}}{n_{j,-i}^{*} + N\vec{\beta}} \frac{n_{d_i,-i}^{(j)} + \vec{\alpha}}{n_{d_i,-i}^{(*)} + K\vec{\alpha}} \end{aligned} \tag{3-9}$$

其中，z_{-i} 表示除了主题 $z_i = j$ 之外的其他所有主题。$n_{j,-i}^{(w_i)}$ 表示词语 w_i 被分配到主题 j 的次数，$n_{j,-i}^{*}$ 表示被分配到主题 j 的词语数量（不包括当前位置的词语），$n_{d_i,-i}^{(j)}$ 表示文档 d_i 中被分配到主题 j 的词语数量，$n_{d_i,-i}^{(*)}$ 表示文档 d_i 的词语数量（不包括当前位置的词语）。因此，又有 $(n_j^{*} = n_{j,-i}^{*} + 1)$ 和 $(n_{d_i}^{(*)} = n_{d_i,-i}^{(*)} + 1)$ 成立。

LDA 主题模型利用 Gibbs 抽样算法进行建模的过程如下：

(1) 对语料库中每篇文档的每个观测词 w，随机赋予一个主题 $z_i(i=1, \cdots, N)(z_i \in \{1, 2, \cdots, K\})$，形成马尔科夫链的初始状态；

(2) 重新扫描语料库，针对每个词语 w，按照式(3-9)重新对主题 z_i 进行采样，更新马尔科夫链 i；

(3) 迭代步骤(2)足够多次，直到马尔科夫链收敛于目标概率分布，记录 z_i 的当前值，按以下公式估算 θ 和 φ 的值：

$$\hat{\varphi}_j^{(w)} = \frac{n_j^{(w)} + \vec{\beta}}{n_j^{*} + N\vec{\beta}} \tag{3-10}$$

$$\hat{\theta}_j^{(w)} = \frac{n_d^{(j)} + \vec{\alpha}}{n_d^{(*)} + K\vec{\alpha}} \tag{3-11}$$

统计语料库的主题-词频矩阵，即文档的 LDA 聚类结果。

3.2.2　SA-LDA 主题模型的构建

1. SA-LDA 主题模型的基本概念

根据中文产品评论多以逗号断句的特点，本书以逗号“,”为界，将产品评论分割为多个评论片段，并且假设每一个评论片段都只评价一个产品属性。对于在相同评论片段内的词语和在不同评论片段之间的词语而言，前者的内在联系远大于后者。因此，本书以评论片段为单位，定义潜在主题。

根据基本概念的界定(详见第 1 章 1.4.1 节)，产品属性表示产品具有的各个方面，特征词为评论中描述产品属性的具体词语。含义相近的多个特征词可能描述同一个产品属性，例如“价钱”、“价格”、“价位”和“价值”等特征词都描述产品的价格。此外，某些观点词也能指示产品属性，例如“便宜”特指产品价格。因此，LDA 主题模型通过将语义相近的词语进行聚类，提取评论中的产品属性。

在产品评论中，用户通常针对特定的产品属性发表积极或者消极的评价。也就是说，评论中的产品属性都带一定的情感，所以将情感类型与产品属性组合成“情感-属性对”，作为评论的潜在主题。

综合上述，本书对标准的 LDA 主题模型进行改进，将主题提取的层面从文档级与句子级细化到片段级，并且以“情感-属性对”作为模型的提取对象，从而构造面向产品评论的 SA-LDA 主题模型。

2. SA-LDA 主题模型的评论生成过程

本书认为，在产品评论的生成过程中，用户首先对产品给予整体评价，然后针对产品的各个方面发表不同的看法，最后生成相应的特征词与观点词，以表达用户对不同产品属性的正、负面评价。

例 1：假设这么一个场景：用户 A 在网上为某款手机发表了一条评论，表达了自己对该款手机 70%满意和 30%不满意。其中满意的方面包括屏幕、功能和价格等三个方面，并且各占总满意度的 50%、25%和 25%，而不满意的方面包括外形和体积两个方面，并且各占不满意度的 80%和 20%。

基于这一假定，“产品属性”和“情感”相互作用，即评论中的“产品属性”被赋予特定的“情感”，而“情感”也对应于特定的“产品属性”。换句话说，“情感”的多项式分布受到“产品属性”先验概率的影响，同时“情感”的观测结果也作用于“产品属性”的观测结果。因此，SA-LDA 主题模型的贝叶斯网络图解如图 3-4 所示。相对于标准的 LDA 三层模型（图 3-3），SA-LDA 主题模型新增了“评论片段”层，并且为模型的“产品属性”添加了“情感”的约束。

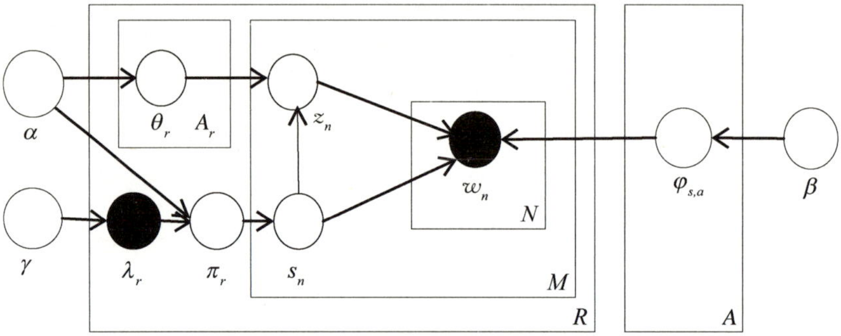

图 3-4　SA-LDA 主题模型的贝叶斯网络图解

互联网上产品评论的附加信息（如星级评分等）反映了用户对产品的积极或者消极态度，所以将评论的整体情感当作可观测的随机变量 λ_r。根据 LDA 主题模型的基本概念（表 3-1），图 3-4 中所示各个符号的含义如表 3-2 所列。

表 3-2　SA-LDA 主题模型的贝叶斯网络图解中符号的含义

符　号	含　　义
R	评论的数量
M	评论片段的数量

续　表

符　号	含　　义
N	词语的数量
V	词语库的大小
A	产品属性的数量(A_r 表示评论 r 的产品属性数量)
S	情感数量(包括正面和负面两种情感,所以 $S=2$)
r	评论 r
f	评论 r 中的片段 f
w_n	评论片段 f 中的词语 n(可观测值)
z_n	评论片段 f 中词语 n 描述产品属性 z 的概率
s_n	评论片段 f 中词语 n 表达情感 s 的概率
$\varphi_{s,a}$	"情感(s)-属性(a)对"下的词语多项式分布
θ_r	评论 r 的产品属性多项式分布
π_r	评论 r 的情感多项式分布
λ_r	评论 r 的整体情感(可观测值)
α	θ_r 多项式分布的 Dirichlet 先验参数
α_S	π_r 多项式分布的 Dirichlet 先验参数
β	$\varphi_{s,a}$ 多项式分布的 Dirichlet 先验参数
γ	λ_r 的先验参数,在已知 λ_r 的条件下为空值

综合上述,基于 SA - LDA 主题模型的评论生成过程如下。

对于每篇评论:

1. 生成 M 个评论片段,且 $M \sim Poisson(\xi)$;

2. 根据 Dirichlet 分布计算每篇评论的情感分布概率向量 $\vec{\pi}_r$,即由 $P(\vec{\pi}_r) \sim Dirichlet(\vec{\alpha}_S)$ 随机生成一个 S 维向量 $\vec{\pi}_r$;

3. 根据 Dirichlet 分布计算每类情感下的产品属性概率分布向量 $\vec{\theta}_r$,即由 $P(\vec{\theta}_r) \sim Dirichlet(\vec{\alpha})$ 随机生成一个 A 维向量 $\vec{\theta}_r$;

4. 对于每个评论片段:

(1) 从情感分布概率向量 $\vec{\pi}_r$ 的多项式分布中随机筛选情感 s_n,即根据分布

$P(s_n \mid \vec{\pi})$ 生成 s_n，且 $s_n \sim Mult(\vec{\pi})$；

(2) 给定上述筛选的情感 s_n，从产品属性分布概率向量 $\vec{\theta}_r$ 的多项式分布中随机筛选 z_n，即根据分布 $P(z_n \mid \vec{\theta}_{s_n})$ 生成 z_n，且 $z_n \sim Mult(\vec{\theta}_{s_n})$；

(3) 对于每个评论片段包含的每一个词语 w_n：

① 从上述筛选的“情感-属性对”(s_n, z_n) 的多项式分布中挑选一个词语 w_n，即根据分布 $P(w_n \mid s_n, z_n, \varphi_{(s_n, z_n)})$ 生成 w_n，且 $w_n \sim Mult(\varphi_{(s_n, z_n)})$；

② 重复①，依次迭代出剩余的词语；

(4) 重复(1)、(2)和(3)，依次迭代出剩下的评论片段。

3.2.3 SA - LDA 主题模型的参数估计——Gibbs 抽样

本书使用 Gibbs 抽样算法估计 SA - LDA 主题模型的隐含变量 π、θ 和 φ。根据 3.2.1 节的描述，Gibbs 抽样算法首先在每一次迭代时都使用排序方法选取概率向量的一个维度；然后在给定其他维度变量值的条件下，对当前维度值进行抽样；接着不断地迭代直到收敛；最后输出 SA - LDA 主题模型的参数估计值。具体来说，主要有以下四个步骤。

(1) 在初始化阶段，随机给评论中的每个片段分配情感 $(s = j)$ 和“情感-属性对”$(s = j, z = k)$，对评论片段中的每个词语分配“情感-属性对”$(s = j, z = k)$。

(2) 统计被分配到“情感-属性对”$(s = j, z = k)$ 的词语数量，被分配到“情感-属性对”$(s = j, z = k)$ 的评论片段数量，以及被分配到情感 $(s = j)$ 的评论片段数量。

(3) 开始迭代直到收敛，循环迭代计算第 i 个评论片段 f 被分配到“情感-属性对”$(s_i = j, z_i = k)$ 的条件概率 $P(s_i = j, z_i = k \mid \vec{s}_{-i}, \vec{z}_{-i}, \vec{f})$。换句话说，根据其他评论片段的“情感-属性对”分配情况，估算当前评论片段被分配到“情感-属性对”$(s = j, z = k)$ 的条件概率分布。

(4) 当迭代收敛至算法停止时，输出矩阵 $\underline{\pi}$、$\underline{\theta}$ 和 $\underline{\varphi}$，其中 $\underline{\varphi}$ 表示每个词语归属于“情感-属性对”$(s_{i,n}, z_{i,n})$ 的概率分布。

根据以上步骤，先计算 SA - LDA 主题模型的联合概率分布 $P(\vec{w}, \vec{s}, \vec{z} \mid \vec{\alpha}, \vec{\beta}, \vec{\lambda}, \vec{\gamma}, \vec{\alpha}_S)$；再通过贝叶斯公式计算评论片段被分配特定“情感-属性对”的条件概率分布 $P(s_i = j, z_i = k \mid \vec{s}_{-i}, \vec{z}_{-i}, \vec{f})$；最后求 SA - LDA 主题模型的隐含变量 π、θ 和 φ。具体的数学推导过程如下。

1. 计算 SA－LDA 主题模型的联合概率分布

为了便于计算，将联合概率分布分解为三个因子的乘积，并且分别进行求解：

$$P(\vec{w}, \vec{s}, \vec{z} \mid \vec{\alpha}, \vec{\beta}, \vec{\lambda}, \vec{\gamma}, \vec{\alpha}_S) = P(\vec{w} \mid \vec{s}, \vec{z}, \vec{\beta}) P(\vec{z} \mid \vec{s}, \vec{\alpha}) P(\vec{s} \mid \vec{\lambda}, \vec{\gamma}, \vec{\alpha}_S) \tag{3-12}$$

(1) 计算 $P(\vec{w} \mid \vec{s}, \vec{z}, \vec{\beta})$

根据 3.2.1 节中的多项式分布公式(3－5)，给定“情感-属性对”，求可观测词语的多项式分布：

$$P(\vec{w} \mid \vec{s}, \vec{z}, \vec{\beta}) = \int P(\vec{w} \mid \vec{s}, \vec{z}, \underline{\varphi}) P(\underline{\varphi} \mid \vec{\beta}) \mathrm{d}\underline{\varphi} \tag{3-13}$$

其中，$P(\vec{w} \mid \vec{s}, \vec{z}, \underline{\varphi}) = \prod_{i=1}^{R \times M \times N} \varphi_{(s_i, z_i), w_i}^{n((s_i, z_i), w_i)} = \prod_{j=1}^{S} \prod_{k=1}^{A} \prod_{t=1}^{V} \varphi_{(j, k), t}^{n_{j,k}^{(t)}}$

$$\tag{3-14}$$

可以将式(3－14)理解为相互独立的 $R \times M \times N$ 次多项式实验。也就是说，在给定“情感-属性对”($s_i = j$, $z_i = k$)及参数 β 的条件下，语料库中有 $R \times M \times N$ 个词语被观测到，$n_{j,k}^{(t)}$ 表示在“情感-属性对”(j, k) 下词语 t 出现的次数。

$$\begin{aligned} P(\underline{\varphi} \mid \vec{\beta}) &= \prod_{j=1}^{S} \prod_{k=1}^{A} P(\varphi_{j,k} \mid \vec{\beta}) \\ &= \prod_{j=1}^{S} \prod_{k=1}^{A} \frac{\Gamma\left(\sum_{t=1}^{V} \beta_s^{(t)}\right)}{\prod_{t=1}^{V} \Gamma(\beta_s^{(t)})} \prod_{t=1}^{V} \varphi_{(j,k),t}^{\beta_s^{(t)} - 1} \end{aligned} \tag{3-15}$$

所以，

$$\begin{aligned} P(\vec{w} \mid \vec{z}, \vec{\beta}) &= \int P(\vec{w} \mid \vec{z}, \underline{\varphi}) P(\underline{\varphi} \mid \vec{\beta}) \mathrm{d}\underline{\varphi} \\ &= \int \prod_{j=1}^{S} \prod_{k=1}^{A} \prod_{t=1}^{V} \varphi_{(j,k),t}^{n_{j,k}^{(t)}} \\ &\quad \times \prod_{j=1}^{S} \prod_{k=1}^{A} \frac{\Gamma\left(\sum_{t=1}^{V} \beta^{(t)}\right)}{\prod_{t=1}^{V} \Gamma(\beta^{(t)})} \prod_{t=1}^{V} \varphi_{(j,k),t}^{\beta^{(t)} - 1} \mathrm{d}\varphi_{(j,k),t} \\ &= \int \prod_{j=1}^{S} \prod_{k=1}^{A} \frac{\Gamma\left(\sum_{t=1}^{V} \beta^{(t)}\right)}{\prod_{t=1}^{V} \Gamma(\beta^{(t)})} \prod_{t=1}^{V} \varphi_{(j,k),t}^{n_{j,k}^{(t)} + \beta^{(t)} - 1} \mathrm{d}\varphi_{(j,k),t} \\ &= \int \prod_{j=1}^{S} \prod_{k=1}^{A} \frac{\Delta(n_{j,k} + \beta)}{\Delta(\beta)} \frac{1}{\Delta(n_{j,k} + \beta)} \\ &\quad \times \prod_{t=1}^{V} \varphi_{(j,k),t}^{n_{j,k}^{(t)} + \beta^{(t)} - 1} \mathrm{d}\varphi_{(j,k),t} \end{aligned}$$

$$= \prod_{j=1}^{S} \prod_{k=1}^{A} \frac{\Delta(n_{j,k}+\beta)}{\Delta(\beta)} \tag{3-16}$$

其中，$\dfrac{1}{\Delta(\beta)} = \dfrac{\Gamma\left(\sum_{t=1}^{V}\beta^{(t)}\right)}{\prod_{t=1}^{V}\Gamma(\beta^{(t)})}$，并且利用了

$$\int \frac{1}{\Delta(n_{j,k}+\beta)} \prod_{t=1}^{V} \varphi_{(j,k),t}^{n_{j,k}^{(t)}+\beta^{(t)}-1} \, \mathrm{d}\varphi_{(j,k),t} = 1$$

此外，设定非对称 β_s 以区分不同的情感类型。

(2) 计算 $P(\vec{z} \mid \vec{s}, \vec{\alpha})$

同理可得： $$P(\vec{z} \mid \vec{s}, \vec{\alpha}) = \int P(\vec{z} \mid \vec{s}, \underline{\theta}) P(\underline{\theta} \mid \vec{\alpha}) \mathrm{d}\underline{\theta} \tag{3-17}$$

其中， $$P(\vec{z} \mid \vec{s}, \underline{\theta}) = \prod_{i=1}^{R\times M\times N} \theta_{s_i, z_i}^{n(s_i, z_i)} \tag{3-18}$$

产品评论中的每个片段对应一个产品属性，则有

$$P(\vec{z} \mid \vec{s}, \underline{\theta}) = \prod_{r=1}^{R} \prod_{j=1}^{S} \prod_{k=1}^{A} \theta_{r,j,k}^{n_{r,j}^{(k)}} \tag{3-19}$$

其中，$n_{r,j}^{(k)}$ 表示在评论 r 中被分配到“情感-属性对”(j, k) 的片段数量。

$$P(\underline{\theta} \mid \vec{\alpha}) = \prod_{j=1}^{S} P(\theta_j \mid \vec{\alpha}) = \prod_{j=1}^{S} \frac{\Gamma\left(\sum_{k=1}^{A}\alpha_k\right)}{\prod_{k=1}^{A}\Gamma(\alpha_k)} \prod_{k=1}^{T} \theta_{j,k}^{\alpha_k - 1} \tag{3-20}$$

所以，
$$\begin{aligned}
P(\vec{z} \mid \vec{s}, \vec{\alpha}) &= \int P(\vec{z} \mid \vec{s}, \underline{\theta}) P(\underline{\theta} \mid \vec{\alpha}) \mathrm{d}\underline{\theta} \\
&= \int \prod_{r=1}^{R} \prod_{j=1}^{S} \prod_{k=1}^{A} \theta_{r,j,k}^{n_{r,j}^{(k)}} \\
&\quad \times \prod_{j=1}^{S} \frac{\Gamma\left(\sum_{k=1}^{A}\alpha_k\right)}{\prod_{k=1}^{A}\Gamma(\alpha_k)} \prod_{k=1}^{A} \theta_{r,j,k}^{\alpha_k - 1} \mathrm{d}\theta_{r,j,k} \\
&= \int \prod_{r=1}^{R} \prod_{j=1}^{S} \frac{\Gamma\left(\sum_{k=1}^{A}\alpha_k\right)}{\prod_{k=1}^{A}\Gamma(\alpha_k)} \prod_{k=1}^{A} \theta_{r,j,k}^{n_{r,j}^{(k)}+\alpha_k - 1} \mathrm{d}\theta_{r,j,k} \\
&= \int \prod_{r=1}^{R} \prod_{j=1}^{S} \frac{\Delta(n_{r,j}+\alpha)}{\Delta(\alpha)} \frac{1}{\Delta(n_{r,j}+\alpha)}
\end{aligned}$$

$$\times \prod_{k=1}^{A} \theta_{r,j,k}^{n_{r,j}^{(k)}+\alpha_k-1} d\theta_{r,j,k}$$
$$= \prod_{r=1}^{R} \prod_{j=1}^{S} \frac{\Delta(n_{r,j}+\alpha)}{\Delta(\alpha)} \tag{3-21}$$

其中，$\frac{1}{\Delta(\alpha)} = \frac{\Gamma(\sum_{k=1}^{A} \alpha_k)}{\prod_{k=1}^{A} \Gamma(\alpha_k)}$，并且利用了

$$\int \frac{1}{\Delta(n_{r,j}+\alpha)} \prod_{k=1}^{A} \theta^{n_{r,j}^{(k)}} + \alpha_k - 1_{r,j,k}\, d\theta_{r,j,k} = 1$$

(3) 计算 $P(\vec{s} \mid \vec{\lambda}, \vec{\gamma}, \vec{\alpha}_S)$

由于 γ 是 λ_r 的先验参数，而 λ_r 是可观察值，所以 γ 为空值，则有

$$P(\vec{s} \mid \vec{\lambda}, \vec{\gamma}, \vec{\alpha}_S) = \int P(\vec{s} \mid \underline{\pi}) P(\underline{\pi} \mid \vec{\lambda}, \vec{\alpha}_S) d\underline{\pi} \tag{3-22}$$

其中，
$$P(\vec{s} \mid \underline{\pi}) = \prod_{i=1}^{R\times M\times N} \pi_{m_i, s_i} = \prod_{r=1}^{R} \prod_{j=1}^{\lambda_r} \pi_{r,j}^{n_r^{(j)}} \tag{3-23}$$

其中，$n_r^{(j)}$ 表示在评论 r 中被分配到情感 j 的片段数量。

$$P(\underline{\pi} \mid \vec{\lambda}, \vec{\alpha}_S) = \prod_{r=1}^{R} P(\pi_r \mid \vec{\lambda}, \vec{\alpha}_S)$$
$$= \prod_{r=1}^{R} \frac{\Gamma(\sum_{j=1}^{S} (\alpha_S)_j)}{\prod_{j=1}^{S} \Gamma((\alpha_S)_j)} \prod_{j=1}^{\lambda_r} \pi_{r,j}^{(\alpha_S)_j-1} \tag{3-24}$$

所以，
$$P(\vec{s} \mid \vec{\lambda}, \vec{\alpha}_S) = \int P(\vec{s} \mid \underline{\pi}) P(\underline{\pi} \mid \vec{\lambda}, \vec{\alpha}_S) d\underline{\pi}$$
$$= \int \prod_{r=1}^{R} \prod_{j=1}^{\lambda_r} \pi_{r,j}^{n_r^{(j)}}$$
$$\times \prod_{r=1}^{R} \frac{\Gamma(\sum_{j=1}^{S} (\alpha_S)_j)}{\prod_{j=1}^{S} \Gamma((\alpha_S)_j)} \prod_{j=1}^{\lambda_r} \pi_{r,j}^{(\alpha_S)_j-1} d\pi_{r,j}$$
$$= \int \prod_{r=1}^{R} \frac{\Gamma(\sum_{j=1}^{S} (\alpha_S)_j)}{\prod_{j=1}^{S} \Gamma((\alpha_S)_j)} \prod_{j=1}^{\lambda_r} \pi_{r,j}^{n_r^{(j)}+(\alpha_S)_j-1} d\pi_{r,j}$$
$$= \int \prod_{r=1}^{R} \prod_{j=1}^{\lambda_r} \frac{\Delta(n_r+(\alpha_S)_j)}{\Delta((\alpha_S)_j)}$$
$$\times \frac{1}{\Delta(n_r+(\alpha_S)_j)} \pi_{r,j}^{n_r^{(j)}+(\alpha_S)_j-1} d\pi_{r,j}$$

$$= \prod_{r=1}^{R} \prod_{j=1}^{\lambda_r} \frac{\Delta(n_r + (\alpha_S)_j)}{\Delta((\alpha_S)_j)} \tag{3-25}$$

其中，$\frac{1}{\Delta((\alpha_S)_j)} = \frac{\Gamma\left(\sum_{j=1}^{\lambda_r} (\alpha_S)_j\right)}{\prod_{j=1}^{\lambda_r} \Gamma((\alpha_S)_j)}$，并且利用了

$$\int \frac{1}{\Delta(n_r + (\alpha_S)_j)} \times \prod_{j=1}^{\lambda_r} \pi_{r,j}^{n_r^{(j)} + (\alpha_S)_j - 1} \mathrm{d}\pi_{r,j} = 1$$

综合上述，SA－LDA 主题模型的联合概率分布为

$$\begin{aligned}
& P(\vec{w}, \vec{s}, \vec{z} \mid \vec{\alpha}, \vec{\beta}, \vec{\lambda}, \vec{\gamma}, \vec{\alpha}_S) \\
&= P(\vec{w} \mid \vec{s}, \vec{z}, \vec{\beta}) P(\vec{z} \mid \vec{s}, \vec{\alpha}) P(\vec{s} \mid \vec{\lambda}, \vec{\gamma}, \vec{\alpha}_S) \\
&= \prod_{j=1}^{S} \prod_{k=1}^{A} \frac{\Delta(n_{j,k} + \beta)}{\Delta(\beta)} \prod_{r=1}^{R} \prod_{j=1}^{S} \frac{\Delta(n_{r,j} + \alpha)}{\Delta(\alpha)} \\
&\quad \times \prod_{r=1}^{R} \prod_{j=1}^{\lambda_r} \frac{\Delta(n_r + (\alpha_S)_j)}{\Delta((\alpha_S)_j)}
\end{aligned} \tag{3-26}$$

2. 以评论片段为单位，对产品评论进行抽样，并且计算第 i 个评论片段 $f_{r,i}$ 被分配到“情感-属性对”$(s_i = j, z_i = k)$ 的条件概率

$$\begin{aligned}
& P(s_i = j, z_i = k \mid \vec{s}_{-i}, \vec{z}_{-i}, \vec{f}) \\
&= \frac{P(\vec{f}, s_i = j, \vec{s}_{-i}, z_i = k, \vec{z}_{-i}; \vec{\alpha}, \vec{\lambda}, \vec{\alpha}_S)}{P(\vec{f}, \vec{s}_{-i}, \vec{z}_{-i}; \vec{\alpha}, \vec{\gamma}, \vec{\lambda}, \vec{\alpha}_S)} \\
&\quad \propto P(\vec{f}, s_i = j, \vec{s}_{-i}, z_i = k, \vec{z}_{-i}; \vec{\alpha}, \vec{\lambda}, \vec{\alpha}_S) \\
&= P(\vec{f}, z_i = k, \vec{z}_{-i} \mid s_i = j, \vec{s}_{-i}; \vec{\alpha}) P(s_i = j, \vec{s}_{-i}; \vec{\lambda}, \vec{\alpha}_S) \\
&= P(\vec{f} \mid z_i = k, \vec{z}_{-i}, s_i = j, \vec{s}_{-i}; \vec{\alpha}) P(z_i = k, \vec{z}_{-i} \mid s_i = j, \vec{s}_{-i}; \vec{\alpha}) \\
&\quad \cdot P(s_i = j, \vec{s}_{-i}; \vec{\lambda}, \vec{\alpha}_S)
\end{aligned} \tag{3-27}$$

(1) 计算 $P(\vec{f} \mid z_i = k, \vec{z}_{-i}, s_i = j, \vec{s}_{-i}; \vec{\alpha})$

由于评论片段 $f_{r,i}$ 由词语组成，所以对 $f_{r,i}$ 的抽样相当于对一组词语进行抽样。所以，$P(\vec{f} \mid z_i = k, \vec{z}_{-i}, s_i = j, \vec{s}_{-i}; \vec{\alpha}) = P(\vec{w} \mid z_i = k, \vec{z}_{-i}, s_i = j, \vec{s}_{-i}; \vec{\beta})$

下面需要分两步求解：

① 不包含第 i 个评论片段及其词语所在的 $(s_i = j, z_i = k)$ 项：

$$\prod_{s=1, s \neq j}^{S} \prod_{z=1, z \neq k}^{A} \frac{\Delta(n_{s,z,-i} + \beta_s)}{\Delta(\beta)};$$

② 第 i 个评论片段及其词语所在的 $(s_i = j,\ z_i = k)$ 项：$\dfrac{\Delta(n_{j,k}+\beta_s)}{\Delta(\beta)}$；

根据①和②，可以得到

$$
\begin{aligned}
& P(\vec{w} \mid z_i = k,\ \vec{z}_{-i},\ s_i = j,\ \vec{s}_{-i};\vec{\beta}) \\
&= \left(\prod_{s=1,\ s\neq j}^{S} \prod_{z=1,\ z\neq k}^{A} \frac{\Delta(n_{s,z,-i}+\beta_s)}{\Delta(\beta_s)}\right) \times \frac{\Delta(n_{j,k}+\beta_s)}{\Delta(\beta_s)} \\
&= \prod_{s=1}^{S} \prod_{z=1}^{A} \frac{\Delta(n_{s,z,-i}+\beta_s)}{\Delta(\beta_s)} \cdot \frac{\Delta(\beta_s)}{\Delta(n_{s,z,-i}+\beta_s)} \cdot \frac{\Delta(n_{j,k}+\beta_s)}{\Delta(\beta_s)} \\
&\propto \frac{\Delta(n_{s=j,z=k}+\beta_{s=j})}{\Delta(n_{s=j,z=k,-i}+\beta_{s=j})} \\
&= \frac{\Gamma\left(\sum_{t=1}^{V}(n_{j,k,-i}^{(t)}+\beta_j^{(t)})\right)}{\prod_{t=1}^{V}\Gamma(n_{j,k,-i}^{(t)}+\beta_j^{(t)})} \cdot \frac{\prod_{t=1}^{V}\Gamma(n_{j,k}^{(t)}+\beta_j^{(t)})}{\Gamma\left(\sum_{t=1}^{V}(n_{j,k}^{(t)}+\beta_j^{(t)})\right)}
\end{aligned}
\tag{3-28}
$$

其中，$n_{j,k,-i}^{(t)}$ 表示“情感-属性对”$(s_i = j,\ z_i = k)$ 下的词语数量(不包含当前评论片段中的词语)，$n_{j,k}^{(t)}$ 表示“情感-属性对”$(s_i = j,\ z_i = k)$ 下的词语数量(包含当前评论片段中的词语)，并且有 $n_{j,k} = n_{j,k,-i}^{(t)} + n_{j,k,i}^{(t)}$ ($n_{j,k,i}^{(t)}$ 为在第 i 个评论片段中属于“情感-属性对”$(s_i = j,\ z_i = k)$ 的词语数量)。

(2) 计算 $P(z_i = k,\ \vec{z}_{-i} \mid s_i = j,\ \vec{s}_{-i};\vec{\alpha})$

同理，也分两步求解：

① 不包含第 i 个评论片段及其所在的 $(r_i,\ s_i = j)$ 项：

$$
\prod_{r=1,\ r\neq r_i}^{R} \prod_{s=1,\ s\neq j}^{S} \frac{\Delta(n_{r,s,-i}+\alpha)}{\Delta(\alpha)};
$$

② 第 i 个评论片段所在的 $(r_i,\ s_i = j)$ 项：$\dfrac{\Delta(n_{r_i,j}+\alpha)}{\Delta(\alpha)}$；

根据①和②，可以得到

$$
\begin{aligned}
& P(z_i = k,\ \vec{z}_{-i} \mid s_i = j,\ \vec{s}_{-i};\ \vec{\alpha}) \\
&= \left(\prod_{r=1,\ r\neq r_i}^{R} \prod_{s=1,\ s\neq j}^{S} \frac{\Delta(n_{r,s,-i}+\alpha)}{\Delta(\alpha)}\right) \times \frac{\Delta(n_{r_i,j}+\alpha)}{\Delta(\alpha)} \\
&= \prod_{r=1,\ r\neq r_i}^{R} \prod_{s=1,\ s\neq j}^{S} \frac{\Delta(n_{r,s,-i}+\alpha)}{\Delta(\alpha)} \cdot \frac{\Delta(\alpha)}{\Delta(n_{r,s,-i}+\alpha)} \cdot \frac{\Delta(n_{r_i,j}+\alpha)}{\Delta(\alpha)}
\end{aligned}
$$

$$
\begin{aligned}
&\propto \frac{\Delta(n_{r_i,j}+\alpha)}{\Delta(n_{r_i,j,-i}+\alpha)} \\
&= \frac{\Gamma\left(\sum_{k=1}^{A}(n_{r_i,j,-i}^{(k)}+\alpha^{(k)})\right)}{\prod_{k=1}^{A}\Gamma(n_{r_i,j,-i}^{(k)}+\alpha^{(k)})} \cdot \frac{\prod_{k=1}^{A}\Gamma(n_{r_i,j}^{(k)}+\alpha^{(k)})}{\Gamma\left(\sum_{k=1}^{A}(n_{r_i,j}^{(k)}+\alpha^{(k)})\right)} \\
&\quad (\Gamma(a+1)=a\Gamma(a),\, n_{r_i,j}^{(k)}=n_{r_i,j,-i}^{(k)}+1) \\
&= \frac{n_{r_i,j,-i}^{(k)}+\alpha^{(k)}}{\sum_{k'=1}^{A}(n_{r_i,j,-i}^{(k')}+\alpha^{(k')})}
\end{aligned} \tag{3-29}
$$

其中，$n_{r_i,j,-i}^{(k)}$ 表示评论 r_i 中"情感-属性对"($s_i=j$, $z_i=k$)下的评论片段数量(不包含当前评论片段)，$n_{r_i,j}^{(k)}$ 表示评论 r_i 中"情感-属性对"($s_i=j$, $z_i=k$)下的所有评论片段数量(包含当前评论片段)。

(3) 计算 $P(s_i=j, \vec{s}_{-i}; \vec{\lambda}, \vec{\alpha}_S)$

同样分两步走：

① 不包含第 i 个评论片段所在评论 r_i 的项：

$$\prod_{r=1}^{R}\prod_{j=1}^{S}\frac{\Delta(n_r+(\alpha_S)_j)}{\Delta((\alpha_S)_j)} \quad (j\in\vec{\lambda})$$

② 第 i 个评论片段所在的(r_i, $s_i=j$)项：

$$\frac{\Delta(n_r+(\alpha_S)_j)}{\Delta((\alpha_S)_j)} \quad (j\in\vec{\lambda})$$

根据①和②，可以得到

$$
\begin{aligned}
&P(s_i=j, \vec{s}_{-i}; \vec{\alpha}_s, \vec{\lambda}) \\
&= \left(\prod_{r=1}^{R}\prod_{j=1}^{S}\frac{\Delta(n_r+(\alpha_S)_j)}{\Delta((\alpha_S)_j)}\right)\times\frac{\Delta(n_r+(\alpha_S)_j)}{\Delta((\alpha_S)_j)} \\
&= \prod_{r=1,r\neq r_i}^{R}\prod_{j=1}^{S}\frac{\Delta(n_{r,-i}+(\alpha_S)_j)}{\Delta((\alpha_S)_j)} \cdot \frac{\Delta((\alpha_S)_j)}{\Delta(n_{r,-i}+(\alpha_S)_j)} \cdot \frac{\Delta(n_{r_i}+(\alpha_S)_j)}{\Delta((\alpha_S)_j)} \\
&\propto \frac{\Delta(n_{r_i}+\alpha_S)}{\Delta(n_{r_i,-i}+\alpha_S)} \\
&= \frac{\Gamma\left(\sum_{j=1}^{S}(n_{r_i,-i}^{(j)}+(\alpha_S)^{(j)})\right)}{\prod_{j=1}^{S}\Gamma(n_{r_i,-i}^{(j)}+(\alpha_S)^{(j)})} \cdot \frac{\prod_{j=1}^{S}\Gamma(n_{r_i}^{(j)}+(\alpha_S)^{(j)})}{\Gamma\left(\sum_{j=1}^{S}(n_{r_i}^{(j)}+(\alpha_S)^{(j)})\right)} \\
&\quad (\Gamma(a+1)=a\Gamma(a),\, n_{r_i}^{(j)}=n_{r,-i}^{(j)}+1)
\end{aligned}
$$

$$= \frac{n_{r_i,-i}^{(j)} + (\alpha_S)^{(j)}}{\sum_{j'=1}^{S} (n_{r_i,-i}^{(j')} + (\alpha_S)^{(j')})} \tag{3-30}$$

其中，$n_{r_i,-i}^{(j)}$ 表示评论 r_i 中情感 $(s_i = j)$ 下的评论片段数量(不包含当前评论片段)，$n_{r_i}^{(j)}$ 表示评论 r_i 中情感 $(s_i = j)$ 下的所有评论片段数量(包含当前评论片段)，以及在情感 $(s_i = j)$ 条件下的先验参数 $(\alpha_S)^{(j)} = \alpha A_J$ (其中 A_J 表示情感 $(s_i = j)$ 下的产品属性数)。

所以，又可以将式(3-30)转换为

$$\frac{n_{r_i,-i}^{(j)} + (\alpha_S)^{(j)}}{\sum_{j'=1}^{S} (n_{r_i,-i}^{(j')} + (\alpha_S)^{(j')})} = \frac{\sum_{k=1}^{A} (n_{r_i,j,-i}^{(k)} + \alpha^{(k)})}{\sum_{j'=1}^{S} (n_{r_i,-i}^{(j')} + \sum_{k=1}^{A} (\alpha^{(k)}))} \tag{3-31}$$

综上所述，第 i 个评论片段 $f_{r,i}$ 对应"情感-属性对" $(s_i = j, z_i = k)$ 的条件概率为

$$\begin{aligned} & P(s_i = j, z_i = k \mid \vec{s}_{-i}, \vec{z}_{-i}, \vec{f}) \\ & = \frac{\sum_{k=1}^{A} (n_{r_i,j,-i}^{(k)} + \alpha^{(k)})}{\sum_{j'=1}^{S} \left(n_{r_i,-i}^{(j')} + \sum_{k=1}^{A} (\alpha^{(k)})\right)} \cdot \frac{n_{r_i,j,-i}^{(k)} + \alpha^{(k)}}{\sum_{k'=1}^{A} (n_{r_i,j,-i}^{(k')} + \alpha^{(k')})} \\ & \times \frac{\Gamma\left(\sum_{t=1}^{V} (n_{j,k,-i}^{(t)} + \beta_j^{(t)})\right)}{\prod_{t=1}^{V} \Gamma(n_{j,k,-i}^{(t)} + \beta_j^{(t)})} \cdot \frac{\prod_{t=1}^{V} \Gamma(n_{j,k}^{(t)} + \beta_j^{(t)})}{\Gamma\left(\sum_{t=1}^{V} (n_{j,k}^{(t)} + \beta_j^{(t)})\right)} \\ & = \frac{n_{r_i,j,-i}^{(k)} + \alpha^{(k)}}{\sum_{j'=1}^{S} \left(n_{r_i,-i}^{(j')} + \sum_{k=1}^{A} (\alpha^{(k)})\right)} \cdot \frac{\Gamma\left(\sum_{t=1}^{V} (n_{j,k,-i}^{(t)} + \beta_j^{(t)})\right)}{\Gamma\left(\sum_{t=1}^{V} (n_{j,k}^{(t)} + \beta_j^{(t)})\right)} \\ & \times \prod_{t=1}^{V} \frac{\Gamma(n_{j,k}^{(t)} + \beta_j^{(t)})}{\Gamma(n_{j,k,-i}^{(t)} + \beta_j^{(t)})} \end{aligned} \tag{3-32}$$

3. 计算隐含变量

计算 SA-LDA 主题模型隐含的多项式分布变量 π、θ 和 φ。其中，变量 π 表示评论的情感分布，服从参数为 α_S 的 Dirichlet 分布；变量 θ 表示情感 s 下的产品属性分布，服从参数为 α 的 Dirichlet 分布；变量 φ 表示"情感-属性对"下的词语分布，服从参数为 β_s 的 Dirichlet 分布。

由于 Dirichlet 分布共轭于多项式分布，每条评论的情感后验分布、每类情感下的产品属性后验分布以及每对"情感-属性"下的词语后验分布也服从 Dirichlet 分布。相应的公式如下：

$$P(\vec{\pi}_r \mid \vec{s}, \vec{\lambda}, \vec{\alpha}_S) = Dir(\vec{\pi}_r \mid \vec{n}_r + (\alpha_S)_j) \tag{3-33}$$

$$P(\vec{\theta}_{r,j} \mid \vec{s}, \vec{z}, \vec{\alpha}) = Dir(\vec{\theta}_{r,j} \mid \vec{n}_{r,j} + \vec{\alpha}) \tag{3-34}$$

$$P(\vec{\varphi}_{j,k} \mid \vec{s}, \vec{z}, \vec{w}, \vec{\beta}) = Dir(\vec{\varphi}_{j,k} \mid \vec{n}_{j,k} + \vec{\beta}) \tag{3-35}$$

其中，$\vec{n}_r$ 表示评论 r 中观测到的每类情感出现的次数，是一个 S 维向量；$\vec{n}_{r,j}$ 表示在评论 r 中观测到的每个产品属性被赋予情感 j 的次数，是一个 A 维向量；$\vec{n}_{j,k}$ 表示评论 r 中观测到的每个词语被分配到“情感-属性”(j, k) 的次数，是一个 V 维向量。

根据 Dirichlet 分布的期望，即 $\langle Dir(\vec{\alpha}) \rangle = \alpha_i / \sum_i \alpha_i$，可以推导出评论 r 表达情感 j 的近似概率 $\vec{\pi}_r$，评论 r 中的产品属性 k 表达情感 j 的近似概率 $\vec{\theta}_{r,j}$，以及词语 t 属于“情感-属性对”(j, k) 的近似概率 $\vec{\varphi}_{j,k}$ 分别为

$$\hat{\pi}_{rj} \triangleq \frac{\sum_{k=1}^{A} (n_r^{(k)} + \alpha^{(k)})}{\sum_{j=1}^{S} \left(n_r^{(j)} + \sum_{k=1}^{A} (\alpha^{(k)})\right)} \tag{3-36}$$

$$\hat{\theta}_{rjk} \triangleq \frac{n_{r,j}^{(k)} + \alpha^{(k)}}{\sum_{k=1}^{A} (n_{r,j}^{(k)} + \alpha^{(k)})} \tag{3-37}$$

$$\hat{\varphi}_{jkt} \triangleq \frac{n_{j.k}^{(t)} + \beta^{(t)}}{\sum_{t=1}^{V} (n_{j,k}^{(t)} + \beta^{(t)})} \tag{3-38}$$

其中，$n_r^{(j)}$ 表示评论 r 中表达情感 j 的评论片段数量，$n_{r,j}^{(k)}$ 表示评论 r 中描述“情感-属性对”$(s_i = j, z_i = k)$ 的评论片段数量，$n_{j,k}^{(t)}$ 表示评论 r 中归属于“情感-属性对”$(s_i = j, z_i = k)$ 的词语数量。

综合上述，SA - LDAGibbs 算法可以分为初始化、运算和抽样三个阶段。该算法的实现过程如下。

算法 3.1　SA - LDA Gibbs($\{\vec{f}\}$, $\{\vec{w}\}$, α, β, λ, S, A, I)

输入：产品评论以片段向量表示 $\{\vec{f}\}$，片段又以词语向量表示 $\{\vec{w}\}$，模型超参数 α 和 β 的初始值，情感向量 $\vec{\lambda}$，情感数量 S，属性数量 A，抽样迭代次数 I

输出：模型变量 $\underline{\pi}$、$\underline{\theta}$ 和 $\underline{\varphi}$，超参数 α 和 β 的估计

$n_r = 0$，$n_r^{(j)} = 0$，$n_{r,j} = 0$，$n_{r,j}^{(k)} = 0$，$n_{j,k} = 0$，$n_{j,k}^{(t)} = 0$；

```
for each review in corpus do{
    segment review r into fragments with ', ';
```

```
    for each fragment f in review r do{
        s = j～Mult(1/S);
        n_r + = 1; n_r^(j) + = 1;
        for word in fragment l do {
        z = k～Mult(1/A);
            n_{r,j} + = 1; n_{r,j}^(k) + = 1; n_{j,k} + = 1; n_{j,k}^(t) + = 1;
            }
        }
    }
While Convergence>Threshold do{
    for each review in corpus do{
        segment review r into fragments with ‘,’;
        n_r - = 1; n_r^(j) - = 1;
        for each fragment f in review r do{
        n_{r,j} - = 1; n_{r,j}^(k) - = 1; n_{j,k} - = 1; n_{j,k}^(t) - = 1;
        j̄, k̄～P(s_i = j, z_i = k | s⃗_{-i}, z⃗_{-i}, w⃗);//根据公式(3-32)
        n_{r,j̄} + = 1; n_{r,j̄}^(k̄) + = 1; n_{j̄,k̄} + = 1; n_{j̄,k̄}^(t) + = 1;
        }
        n_r + = 1; n_r^(j̄) + = 1;
    }
    Calculateπ, θ, φ; //分别根据式(3-36)、式(3-37)和式(3-38)进行计算
}
```

3.3　基于 SA-LDA 主题模型的特征词与观点词识别

3.3.1　SA-LDA 主题模型的初始化

1. 评论词语的分类

根据词语在产品评论中发挥的不同作用，本书将其划分为领域术语、情感种子词和普通词语三类。其中，领域术语是一组描述特定领域中相关概念的词语，并且

具有区分不同产品属性的能力，所以产品评论中的特征词与部分指示产品属性的观点词都是领域术语；情感种子词为常用的、具有明确情感极性的词语，并且情感极性不会随上下文变化，具有区分不同情感类型（即正面和负面）的能力；普通词语包含尚未识别的潜在特征词、潜在观点词以及评论中的其他常用词。

本书通过对超参数 β 设置非对称的初始值，将评论词语的分类信息嵌入 SA - LDA 主题模型中。一方面，利用领域术语聚合与之相关的潜在特征词，另一方面，利用情感种子词聚合具有相同情感极性的潜在观点词，从而提高词语的聚类效果，有助于特征词与观点词的识别。

2. 领域术语词集

由于领域术语与领域概念之间具有高度的相关性，所以，领域术语集生成的第一步是提取特定产品的基本概念。目前国内各大电子商务网站（如中关村在线和淘宝商城等）都使用较为统一的产品参数说明，为用户提供不同产品之间的对比评测服务。因此，本书主要从产品参数说明中提取该产品的基本概念。

在此基础上，从产品评论中抽取与基本概念相关的领域术语。首先，对产品参数说明中的参数进行分词处理，并将在产品评论中出现的高频词语作为产品的基本概念；然后，对产品评论进行预处理（包括分词、去停用词和词性标注），仅保留名词、动词和形容词；接着，以评论中出现的基本概念为中心，分别提取左右 σ 个词语作为候选领域术语；最后，计算基本概念与每个候选领域术语的关联度，并且将关联度从高到低排序，为每个基本概念保留前 30 个关联的术语。

在信息检索的研究中，一般用互信息法（Mutual Information, MI）衡量词语之间的关联关系。但是该方法仅考虑了词语的共现性，却忽略了二者都不出现以及二者仅出现其一的情况。因此，本书结合 Lau 等[140]提出的平衡互信息法（Balanced Mutual Information, BMI），计算基本概念 c 与术语 t 的关联度。同时，由于两个词语在文档中出现的距离越接近，其相互之间的关系越紧密，所以在计算中加入滑动窗口的概念。

$$
\begin{aligned}
ass(c, t) = \beta \times \Bigg[& Pr(c, t) \times \log_2\left(\frac{Pr(c, t)}{Pr(c)Pr(t)}\right) + Pr(\neg c, \neg t) \\
& \times \log_2\left(\frac{Pr(\neg c, \neg t)}{Pr(\neg c)Pr(\neg t)}\right)\Bigg] - (1-\beta) \\
& \times \Bigg[Pr(c, \neg t) \times \log_2\left(\frac{Pr(c, \neg t)}{Pr(c)Pr(\neg t)}\right) + Pr(\neg c, t)
\end{aligned}
$$

$$\times \log_2\left(\frac{Pr(\neg c, t)}{Pr(\neg c)Pr(t)}\right)\Bigg] \tag{3-39}$$

在对所有文档进行预处理的基础上，将包含 σ 个字符的虚拟窗口从左往右地、以每次一个词语的速度滑动，直至文末。现有研究[140-141]认为 σ 的有效值为 5～10。根据中文产品评论的特点，口语化表达较长，因此本书以 $\sigma=8$ 为窗口大小。

在式(3-39)中，$Pr(c)$ 和 $Pr(t)$ 分别为概念 c 和术语 t 出现在窗口中的概率，$Pr(\neg c)$ 与 $Pr(\neg t)$ 分别为它们未出现在窗口中的概率，$Pr(c, t)$ 为二者同时出现在窗口中的联合概率，$Pr(\neg c, \neg t)$ 为二者均未出现在窗口中的联合概率，$Pr(\neg c, t)$ 与 $Pr(c, \neg t)$ 为二者仅其一出现的联合概率。权重因子 $\beta \in [0.5, 0.7]$ 用于调节正、负关联度的相对权重。此外，由于词语之间的关联度取值在单位区间[0, 1]，因此需要对原值进行线性缩减 $ass_{normal}=\frac{ass-ass_{\min}}{ass_{\max}-ass_{\min}} \in [0, 1]$。

最后，将提取的领域术语按照词语录入的先后顺序，依次建立索引，生成领域术语词集 V_{domain}。

3. 情感种子词集

现有大多研究都是依据已有的情感词典，采取一定的策略来选择情感种子词。例如，王素格等[142]采用 5 种资源，包括《General Inquirer 词典》、《学生褒贬义词典》、《HowNet 词典》、《褒义词词典》和《贬义词词典》，构建中文情感词词表；朱善宗等[143]采用 HowNet 中包含“良|莠”义素的词和 HowNet2007 发布的情感分析词语等建立情感极性词集。

本书以 HowNet 提供的情感词为基础，从不同类型产品的评论中抽取高频的情感词，生成正、负类情感种子词集，如表 3-3 所列。

表 3-3　情感种子词集

正面情感种子词	好，佳，喜欢，爱，满意，不错，适合，棒，习惯，爽，高兴，开心，赞，舒服，享受，值，推荐，优秀
负面情感种子词	差，差劲，讨厌，问题，弱，旧，老，垃圾，麻烦，错，失望，烂，后悔，复杂

此外，否定词和双重否定词会改变或者维持情感种子词的情感极性，所以需要将它们与情感种子词进行组合，形成新的词语，并且对原词的情感极性进行相应的调整。

具体来说，对于否定词与情感词搭配成的新词，逆转原有的情感极性；对于双重否定词与情感词的结合，则保留原有的情感极性。本书根据已有文献建立的情感极性词典[144]提取否定词与双重否定词，相应的词集见表 3 - 4。

表 3 - 4 否定词和双重否定词集

否定词	并非，不，不对，不再，不曾，不至于，从不，毫不，毫无，决非，绝非，没，没有，尚未，未，未必，未尝，未曾，永不，不大，不是，无，甭，勿，别，未，反，否
双重否定词	绝非不，并非不，不是不，不能不，不会不，不可不，不要不，不得不，没有不，无不，不无

4. 模型参数设置

根据词语在“情感-属性对”下的概率分布，概率相近的词语可能描述同一个产品属性或者表达相似的情感。因此，利用领域术语词集与情感种子词集，对 SA - LDA 主题模型的超参数 β 设定非对称值，从而将已知的、特定词语被分配到“情感-属性对”的概率信息代入模型中，提高模型对产品属性的识别能力和对情感类型的区分能力。

例如，将领域术语多项式分布的参数 β_{domain} 设置为 0.1，同时将其他词语多项式分布的参数 β_t 设置为 0，有利于聚合描述同一产品属性的词语；将正面情感词多项式分布的参数 β_p 设置为 0.1，将负面情感词多项式分布的参数 β_n 设置为 0，以及将其他词语多项式分布的参数 β_c 设置为 0.001，有利于聚合表达正面情感的词语；将负面情感词多项式分布的参数 β_n 设置为 0.1，将正面情感词多项式分布的参数 β_p 设置为 0，以及将其他词语多项式分布的参数 β_c 设置为 0.001，有利于聚合表达负面情感的词语。

因此，通过对 Dirichlet 先验参数 β 进行非对称值设置，分别构建领域术语模型 $\{\varphi_{domain}\}_1^{V_{domain}}$，正面情感种子词模型 $\{\varphi_p\}_1^{V_p}$，负面情感种子词模型 $\{\varphi_n\}_1^{V_n}$，以及普通词语模型 $\{\varphi_t\}_1^{V_t}$。其中，V_{domain}、V_p、V_n 和 V_t 分别表示领域术语、正面情感种子词、负面情感种子词和普通词语的数量。这些模型都是在具有 $(V = V_{domain} + V_p + V_n + V_t)$ 个词语的词集上的多项式分布。

同时，还可以利用电子商务网站提供的产品评论星级评分，获取产品评论的正、负面情感分布的先验信息，生成可观测的随机向量 $\vec{\lambda}$，并且得到正面产品评论模型 $\{\pi_p\}_1^{R_p}$ 和负面产品评论模型 $\{\pi_n\}_1^{R_n}$。这些模型都是在具有 R 条产品评论的语料库上的多项式分布。

3.3.2 特征词与观点词的识别

1. “情感-属性对”的提取

词语在特定“情感-属性对”下的概率越高，表示其对该“情感-属性对”的解释能力越强。因此，利用“情感-属性对”在词语表上的分布矩阵，识别带有正、负面情感的产品属性。分布矩阵是以“情感-属性对”为列向量、以词语为行向量的 $V \times S \times A$ 维向量空间，如图 3-5 所示。

	w_1	w_2	…	w_{V-2}	w_{V-1}	w_V
$s-Attr_1$	0.008 672	0.013 926	…	0.005 86	0.904 392	0.043 583
$s-Attr_2$	0.007 685	0.005 724	…	0.005 545	0.005 189	0.004 475
	……				……	
$s-Attr_{S\times T-2}$	0.004 133	0.003 046	…	0.007 59	0.010 173	0.001 707
$s-Attr_{S\times T-1}$	0.002 655	0.010 061	…	0.003 716	0.003 58	0.002 043
$s-Attr_{S\times T}$	0.003 698	0.018 649	…	0.022 603	0.002 042	0.075 207

图 3-5　“情感-属性对”在词语表上的分布矩阵(示例)

以手机评论为例，利用 SA-LDA 主题模型进行评论挖掘，并且为每个“情感-属性对”选择概率最高的词语，其部分结果如下表所列。此外，根据“情感-属性对”下正、负面情感种子词的分布情况，还可以判断相关词语的情感极性。

2. “情感-属性对”的聚类

按照词语在“情感-属性对”下的概率分布矩阵，SA-LDA 主题模型从产品评论中提取潜在的、带有不同情感极性的产品属性。然而，可能存在多个“情感-属性对”表示同一个产品属性的情况(表 3-5)。因此，本书利用聚类算法来降低分布矩阵的列向量维度。

表 3-5　部分“情感-属性对”下概率最高的前 5 个词语

正面价格	负面价格	正面屏幕	正面屏幕	负面屏幕	负面体积
值	价格	好	屏幕	指纹	不容易
价格	降	大	色彩	屏幕	带
便宜	不值	屏幕	触摸	不灵敏	不方便
另加	贵	全屏	清晰	反光	大
付费	买	键	亮度	垃圾	携带

根据“情感-属性对”之间的相似度进行聚类，生成多类“情感-属性对”。其中，每一类“情感-属性对”都指向同一个产品属性。借助 n 维空间中两个向量之间的某种距离来表示“情感-属性对”之间的相似程度。常用的方法是使用向量之间的内积来计算。令“情感-属性” $SA_i=(w_{i1}, w_{i2}, \cdots, w_{iV})$，其中 w_{ik} 表示词语 k 被分配到“情感-属性对” i 的概率，下标 k 表示词语 w 在词语库中的索

引。相似度计算公式如下：

$$Sim(SA_i,\ SA_j) = \sum_{k=1}^{V} w_{ik} \times w_{jk} \tag{3-40}$$

如果考虑向量的归一化，则可用两个向量夹角的余弦值来表示相似程度，具体公式如下：

$$Sim(SA_i,\ SA_j) = \frac{\sum_{k=1}^{V} w_{ik} \times w_{jk}}{\sqrt{\sum_{k=1}^{V} w_{ik}^2 \times \sum_{k=1}^{V} w_{jk}^2}} \tag{3-41}$$

在此基础上，对“情感-属性对”进行 k-均值聚类。首先取定聚类数 k 和选取 k 个初始聚类中心，按最小距离原则将各“情感-属性对”分配到 k 类中的某一类；然后不断地计算类中心和调整类别；最后使各“情感-属性对”到其所属类别中心的距离平方之和最小，即误差平方和(SSE)局部最小。选择 C_j 中所有“情感-属性对”的均值向量作为聚类中心，k-均值聚类算法如式(3-42)所示。

$$SSE = \sum_{j=1}^{k} \sum_{SA \in C_j} Sim(SA,\ m_j)^2 \tag{3-42}$$

其中，SA 表示“情感-属性对”，k 表示聚类数，C_j 表示第 j 个聚类，m_j 表示聚类 C_j 的聚类中心，$Sim(SA,\ m_j)$ 表示新的 SA 和聚类中心 m_j 之间的距离。

k-均值聚类的算法实现过程如下所示：

算法 3.2　k-均值聚类 Kmeans(k, SA＊)

```
Choose kSA* as the initial centroids(cluster centers), Min(SSE);
While SEE>Min(SSE)do {
    for each SA∈Attribute do{
        compute Sim(SA, SA*);
        assign SA to the closest centroid SA*;
    }
    re-compute the centroid using the current cluster memberships;
}
```

“情感-属性对”的聚类结果在很大程度上决定了特征词与观点词的识别性能。因此，为了保证聚类结果的有效性，需要确定最佳的聚类数 k_{opt}。

具体来说，首先针对“情感-属性对”的数据集，在确定的聚类数搜索范围内，运行聚类算法，产生基于不同聚类数目的聚类结果；然后选择合适的有效性指标来评价聚类结果，将最优的聚类结果所对应的聚类数目作为最佳聚类数。其中，常用的聚类数搜索范围是 $[k_{min}, k_{max}]$。$k_{min}=1$ 表示样本均匀分布，无明显特征差异，所以通常的聚类数最小值为 2，即 $k_{min}=2$。

对于如何确定 k_{max}，目前尚无明确的理论指导，大部分学者使用的经验数值为 $k_{max}=\text{int}(\sqrt{n})$(其中 n 为样本数$(S\times A)$)[147-148]。现有相关研究已经提出了一些检验聚类有效性的函数指标，性能较优的指标主要有 Calinski-Harabasz (CH)指标，Weighted Inter-Intra(Wint)指标，In-GroupProportion(IGP)指标和 Silhouette(Sil)指标等[149-152]，其中 Silhouette 指标以其简单易用和良好的评价能力而得到广泛的应用。

设 $a(i)$ 为“情感-属性对” i 与其聚类中心的距离，$b(i)$ 为“情感-属性对” i 到其他每个聚类中心距离的最小值。Silhouette 指标值如式(3-43)所示：

$$Sil(i)=\frac{b(i)-a(i)}{\text{Max}(a(i),\ b(i))} \tag{3-43}$$

Silhouette 指标反映了聚类结果的类内紧密性和类间分离性，既可用于评价聚类质量，也可用于估计最佳聚类数。Silhouette 指标的值在$[-1,\ 1]$范围内变动。所有样本的平均 Silhouette 指标值越大，表示聚类质量越好，其最大值对应的类别数目为最佳聚类数。

最佳聚类数的算法实现过程如下：

算法 3.3 最佳聚类数 k_{opt}

```
k_min = 2, k_max = int(√n)   //n 为样本数(S × A)
for k = k_min to k_max do{
    Kmeans(k, SA*);
    for i = 1 to n do{
    a(i) = Distance(SA(i), SA*[j]);
    b(i) = Min(Distance(SA(i), SA*[-j]));
        Sil(i) = (b(i) - a(i)) / Max(a(i), b(i));
        }
    AverageSil(k) = (Σ_{i=1}^{n} Sil(i)) / n;
    }
k_opt = Max(AverageSil(k))
```

3. 特征词集与观点词集的生成

根据基本概念的界定(详见第1章1.4.1),特征词是描述产品属性的词语,观点词是表达用户情感的词语。因此,根据 SA-LDA 主题模型计算词语在不同"情感-属性对"下的概率分布,判断其是否带有特定的情感,或者指示特定的产品属性。

根据"情感-属性对"的聚类结果,对于指示同一个产品属性的"情感-属性对",如果一个词语被分配到该属性正面情感下的概率显著高于其被分配到负面情感下的概率,那么该词语具有正面情感极性,反之亦然;如果一个候选特征词以较高的概率同时归属于多个产品属性,则这个词语不具备区分不同产品属性的能力,也就不是特征词。

综合上述,特征词与观点词的识别过程如下:

(1) 对"情感-属性对"进行聚类,并且将每一个"情感-属性对"下的词语按照概率高低进行排序,取前 N 个词语生成候选词集;

(2) 对于同一类"情感-属性对",比较每个词语在不同情感下的平均概率,并且设定阈值,将平均概率之差大于阈值的词语当作观点词,而小于阈值的词语则当作候选特征词;

(3) 根据候选特征词在不同产品属性下的分布概率,如果候选词归属于某产品属性的概率远大于其归属于其他所有产品属性的平均概率,则认为该候选词为特征词;

(4) 集合识别结果,生成特征词集与观点词集。

3.3.3 特征词与观点词识别算法的实现

该算法实现的流程图如图3-6所示(核心代码详见附录B)。其中,"用于构建模型的产品评论"是用来训练并初始化 SA-LDA 主题模型,以保证模型对词语具有较高的聚类能力;而"用于评论挖掘的产品评论"是特征词与观点词识别算法的挖掘对象;$A_i(p-attr_{(1,2,\cdots,m)}, n-attr_{(m+1,\cdots,h)})(i=1,2,\cdots,k)$ 表示通过 k-均值聚类算法聚合而成的"情感-属性对"类,每类对应一个产品属性,并且包含 m 个正面属性和 $(h-m)$ 个负面属性;$P(w \rightarrow p-attr_i)$ 和 $P(w \rightarrow n-attr_i)$ 分别表示候选词语 w 在正面属性与负面属性下的概率。$P(w \rightarrow A_j) \gg \left(\sum_{i=1}^{k} P(w \rightarrow A_i)\right)/k$ 表示候选词语 w 归属于产品属性 A_j 的概率远大于该词语归属于所有产品属性的平均概率,反映了候选词语 w 对产品属性 A_j 的解释能力。

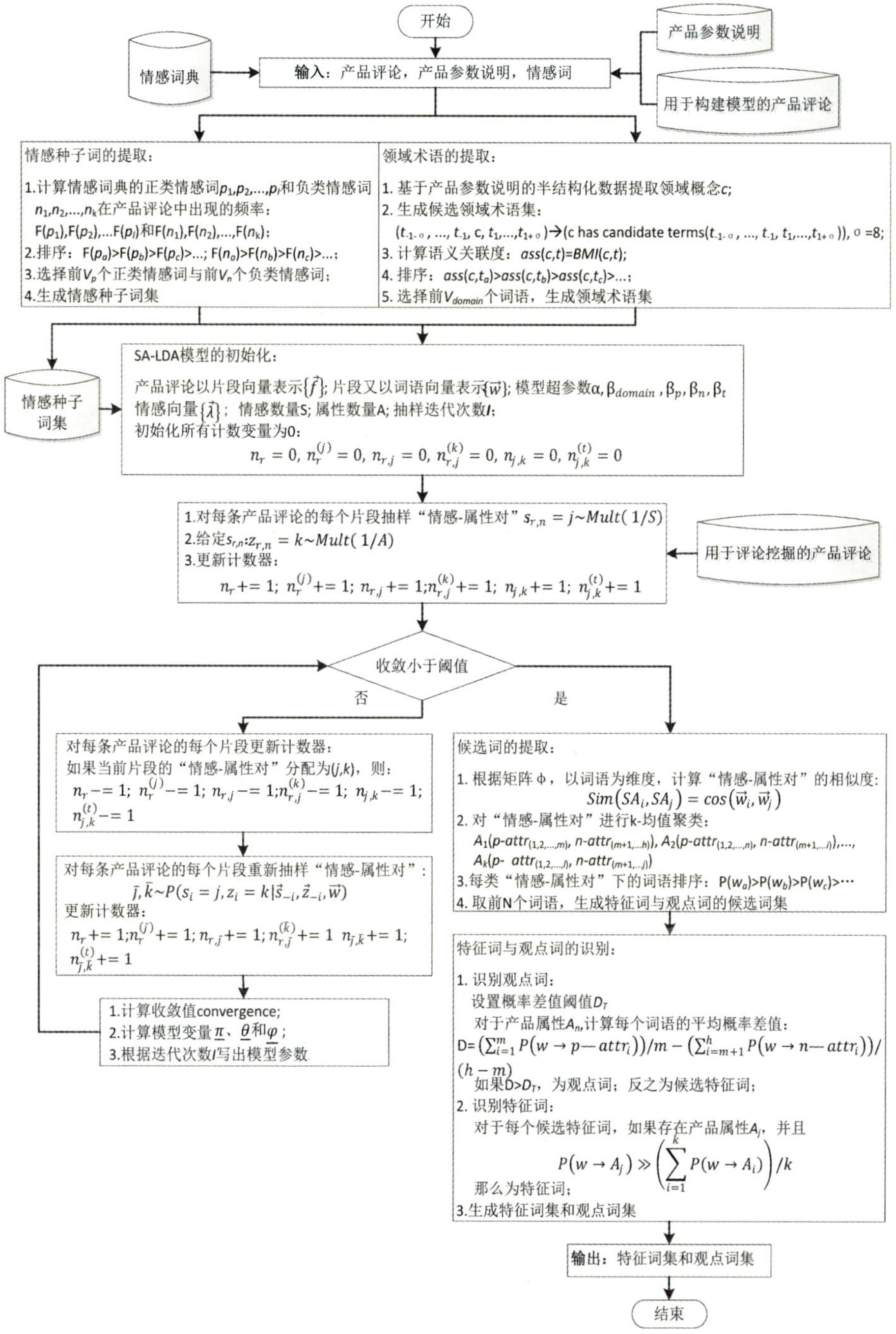

图 3－6　基于 SA－LDA 主题模型的特征词与观点词识别算法流程图

此外,为了保证 SA - LDA Gibbs 算法运行的效率和性能,在相邻两次读出模型参数的保存过程中,经过固定次数的迭代,也就是使用迭代计数器保存次数,并且将其与 100 求余运算,如果余数为 0,那么存储模型参数。

3.4 实验与评价

3.4.1 实验步骤设计

选取手机、数码相机和笔记本电脑等三类产品的评论设计实验。本次实验主要分为以下几个步骤:

(1) 利用网络爬虫程序,从亚马逊网站自动地抓取手机、数码相机和笔记本电脑的评论,各 5 000 条;

(2) 建立实验语料库,并对语料进行文档预处理,包括分词、去停用词(如“的”和“呢”等)以及词性标注;

(3) 构建 SA - LDA 主题模型,并且通过 Gibbs 抽样计算“情感-属性对”在词语表上的分布矩阵,用以识别特征词与观点词,进而生成特征词集与观点词集;

(4) 从现有相关研究中选取具有代表性的基线方法,设计对比实验,并且将实验结果与测试语料的人工标注结果进行比较,以验证基于 SA - LDA 主题模型的算法在特征词与观点词识别上的有效性。

本次实验的基本流程如图 3 - 7 所示。

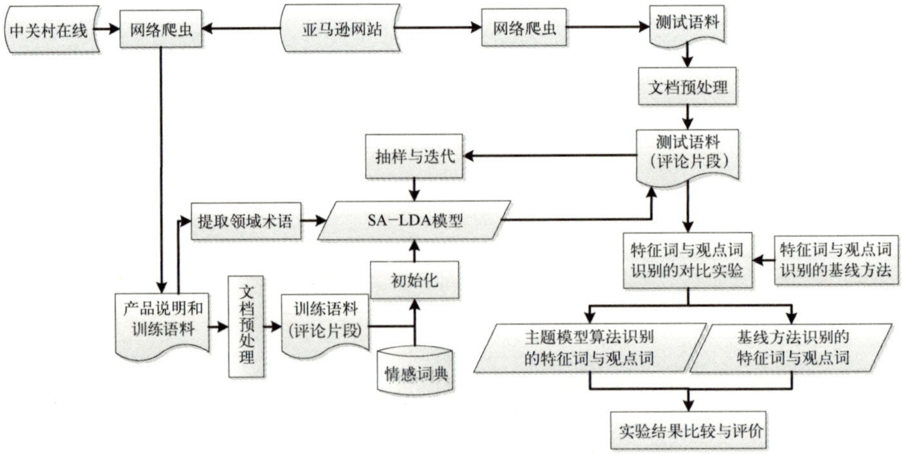

图 3 - 7 实验基本流程图

3.4.2　实验语料库构建

1. 实验语料收集

实验语料库是存放实验所需语言材料的数据库。通过“实验结果(算法标注结果)”与“实际结果(人工标注结果)”的对比,分析研究所提出算法的优劣,是情感分析领域的通用处理方式。因此,人工标注的实验语料库是进行细粒度情感分析研究的前提和基础。

我国的情感分析实验语料库构建处在起步阶段,尤其缺乏针对细粒度情感分析的大规模情感资源的支撑,影响着细粒度情感分析研究的发展。因此,本书决定自建实验语料库。

这是一项长期而复杂的任务,从收集语料,制定标注规范,到完成语料加工,每一步都要既确保速度,又确保标注质量。本书根据国外语料库建设在收集语料、制定标注规范和质量监控等方面的经验,通过“网络爬虫自动下载评论＋人工标注评论”的方式,构建面向细粒度情感分析的实验语料库。

以亚马逊网站(http://www.amazon.cn/product-reviews/)为实验语料的来源,利用 Perl 语言编写的网络爬虫程序(详见附录 A),获取关于手机、数码相机和笔记本电脑的评论作为实验语料。这些实验语料又被分为两类:训练语料和测试语料。其中,训练语料用来初始化面向产品评论的 SA - LDA 主题模型,而测试语料则用来检验基于 SA - LDA 主题模型的特征词与观点词识别算法的有效性。

选择亚马逊网站主要有三个原因:第一,亚马逊网站为全球知名的电子商务网站,其知名度和口碑都得到大众的一致认可;第二,亚马逊网站从 1995 年就开始为消费者提供发表产品评论的功能,这是该网站获得成功的关键因素之一;第三,从产品评论的长度上看,通过分析国内几个同类型电子商务网站(如京东商城和天猫商城等),亚马逊网站上的产品评论相对较长,信息量相对比较丰富,从而在一定程度上有利于进行评论挖掘的实验。

此外,本书还以中关村在线(http://detail.zol.com.cn/)为提取领域术语所需的产品参数说明来源。选择中关村在线也主要有三个原因:第一,中关村在线是一家资讯覆盖全国的 IT 互动门户,也是中国第一科技门户;第二,中关村在线拥有最全面、最具权威和影响力的专业产品数据库,并且四大门户网站和近百家网络媒体均采用中关村在线的标准产品数据库;第三,中关村在线为每个产品提供权威、准确和详细的参数说明,并且依据厂商官方信息、评测中心数据以及市场反馈，实时地更新产品参数。

2. 文档预处理

由于网页中的内容具有多样性（比如网页中有链接或者广告），其中包含了许多与产品评论无关的噪声。因此，为了减少干扰，提高评论挖掘的准确性，在对语料进行正规化处理之前，需要先进行文档预处理。

文档预处理是构建 SA-LDA 主题模型以及特征词与观点词识别的基础。它的任务是通过对文本的扫描，快速识别出具有一定意义的简单实体片段，并且按照某种规则为每个识别出的片段赋予一个标记。

与英文相比，中文具有以下特点：一方面汉字是由形象文字演化而来的方块字；另一方面词语之间没有形态标记。具体来说，汉字是以字为基本单位，由字组成词，并且词语自身与词语之间都没有明显的形态标记。由于词语是评论挖掘的基本单元，所以中文分词是细粒度情感分析的基础。

ICTCLAS（http://ictclas.org/）是一款基于隐马尔科夫模型（Hidden Markov Model，HMM）的中文分词软件，最初由中国科学院计算技术研究所张华平博士开发。在本书中，采用 ICTCLAS 对中文产品评论进行分词和词性标注，用逗号“，”替代评论中的空格、“～”和“/”等符号，以及去停用词（如“的”和“呢”等）。分词与词性标注结果如例 2 所示。

例 2： 手机评论：“这个手机挺好用的，性价比也高，但就是有点太大，太重，带着不方便。”采用 ICTCLAS 分词与词性标注结果为：“这个/r 手机/n 挺/d 好用/a 的/u，/w 性价比/n 也/d 高/a，/w 但/c 就/d 是/v 有点/d 大/a，/w 有点/d 重/a，/w 带/v 着/u 不/d 方便/a”。

3. 实验语料统计结果

本书根据评论的星级评分自动标注评论的整体情感极性。根据对样本数据的统计以及已有研究提供的经验数据[105-109]，本书以 3 颗星为临界点，认为 3.5～5颗星的评论为正面评论，0～3 颗星的评论为负面评论。

对于产品评论中的特征词与观点词标注，需要人力手工完成。在被告知了关于手机、数码相机和笔记本电脑等三类产品评论的特征词和观点词的判别细节之后，三名具有信息系统背景的研究生被要求对测试语料中的特征词与观点词进行手工标注。

由于人工标注带有主观性，不同人的标注结果存在差异，因此随机选择 20 条语料来计算 Kappa 统计量[156]，以检验三名标注者标注结果的一致性。结果显示 Kappa 值约为 0.83，高于 0.8 表明语料标注结果的一致性可以接受。

根据现有关于机器学习算法的研究，训练集与测试集的语料数量之比通常为 4∶1[11,90,96,133,154,180]。因此，本书从每类产品的 5 000 条评论中，随机筛选 4 000 条语料为训练集，其余 1 000 条语料为测试集。实验语料的人工标注结果如下所列。

表 3-6　训练语料的统计结果

统　计　项　目	手　机	数码相机	笔记本电脑
所有评论总数	4 000	4 000	4 000
所有评论片段总数	39 068	42 812	47 572
含有特征词或者观点词的评论片段总数	27 384	30 492	32 424
所含特征词总数(包括重复出现)	24 976	29 060	29 600
所含观点词总数(包括重复出现)	24 652	28 728	29 956

表 3-7　测试语料的统计结果

统　计　项　目	手　机	数码相机	笔记本电脑
所有评论总数	1 000	1 000	1 000
所有评论片段总数	9 613	10 119	10 987
含有特征词或者观点词的评论片段总数	6 843	7 064	6 968
所含特征词总数(包括重复出现)	6 371	6 464	6 503
所含观点词总数(包括重复出现)	6 343	6 540	6 538

从表 3-6 和表 3-7 的结果中可以看出，在手机、数码相机和笔记本电脑等三类产品的评论中，大约 70%的评论片段包含特征词或者观点词。这说明评论片段为评论挖掘的基本单元，并且该语料库具有足够的资源以保证实验的有效性。

4. 语料库示例

表 3-8 显示了实验语料库中语料的标记结果和存储形式。

表 3-8 实验语料示例

产品	评论	评分	特征词	观点词	特征观点对
手机	手机还是不错的。外放特别大声。屏幕颜色淡了点还可以接受。摄像头白天效果还可以。晚上就不行了。还好配了闪光灯。介面做得不错。特别是收发信息。我很喜欢。游戏很流畅	4 颗	手机,声,屏幕,颜色,摄像头,闪光灯,介面,信息,游戏	不错,大,还可以,不行,好,喜欢,流畅	正(手机,不错);正(声,大);正(屏幕,还可以);正(颜色,淡);正(摄像头,还可以);负(摄像头,不行);正(闪光灯,好);正(介面,不错);正(信息,喜欢);正(游戏,流畅)
数码相机	虽说 600D 与 550D 技术指标上相当,但做工更佳,显示屏可旋转,更方便拍摄,建议大家购买时买单机身再加个 135 的镜头,55 的镜头差了点。如果价格再低点就更好了	5 颗	做工,显示屏,拍摄,镜头	更佳,方便,差	正(做工,更佳);正(显示屏);正(拍摄,方便);负(镜头,差)
笔记本电脑	硬盘不是很好,拷贝些文件竟然咔咔地发出声响,这种一般是用了几年后的硬盘才会发出的声音。性价比还可以,就是做工确实需要改进,不知道是哪个工厂代工的,不知道是模具问题还是工人的技术问题,BC 壳缝隙有点大呀,一下就降低了档次	2 颗	硬盘,性价比,做工,缝隙,档次	不好,有声音,还可以,有问题,大,低	负(硬盘,不好);负(硬盘,有声音);正(性价比,还可以);负(做工,有问题);负(缝隙,大);负(档次,低)

3.4.3 实验评价方法

准确率(Precision)和召回率(Recall)是被广泛地应用于信息检索和统计学分类的两个度量值,可以用来评价实验结果的质量。其中,准确率衡量的是算法识别的查准率,而召回率衡量的是算法识别的查全率。换句话说,准确率表示特征词与观点词识别的准确性,召回率表示特征词与观点词识别的全面性。

准确率和召回率的取值都在 0 和 1 之间，并且数值越接近 1，查准率或者查全率就越高。一般来说，二者的取值成正比，并且召回率略高于准确率。但是在某些情况下也可能存在矛盾。比如在极端情况下，只识别出一个准确的结果，那么准确率是 100%，但是召回率却很低；而如果返回所有的结果，那么可能召回率是 100%，但是准确率却很低。因此，需要综合考虑这两个指标，而最常见的方法是使用调和评价指标（F - Measure）。

本书使用准确率（P）、召回率（R）和调和评价值（F）来对实验结果进行评价。具体定义为：$P = |A \cap B| / |A|$；$R = |A \cap B| / |B|$；$F = (\beta^2 + 1) \times P \times R / \beta^2 \times (P + R)$。其中，$A$ 表示算法识别出的特征词集合或者观点词集合，B 表示人工标注的特征词集合或者观点词集合，β 为准确率与召回率的调节因子。通常令 $\beta = 1$ 来平衡这两个评价指标。

3.4.4　实验 1：设置 SA - LDA 主题模型的参数初始值

基于 SA - LDA 主题模型的特征词与观点词识别算法主要依靠“情感-属性对”在词语表上的分布矩阵，判断词语是否为观点词或者特征词。因此，为了构建有效而稳定的 SA - LDA 模型，以保证词语的聚类效果，需要认真考虑模型的初始化问题，尤其是模型中关键参数的初始值设置。

需要初始化的模型参数包括：α，β，迭代次数 I，产品属性数量 A 和情感类型数量 S。根据 LDA 主题模型构建的相关研究[129-137]，这些模型参数对 SA - LDA 主题模型的影响主要表现在以下几个方面：

（1）参数 α 反映了产品评论中各“情感-属性对”之间的相对强弱，所以 $\alpha < 1$；并且 α 越小，SA - LDA 主题模型倾向于为每个评论片段分配的“情感-属性对”越少，其中分配数量为 1 是最理想的输出结果。

（2）参数 β 反映了常见的共现词语通过聚类形成的类别大小，以及词语对“情感-属性对”的识别和解释能力，影响着词语在不同“情感-属性对”下的概率分布。

（3）迭代次数主要影响 SA - LDA 主题模型的运算效率。

（4）产品属性的数量则影响“情感-属性对”的提取，以及不同“情感-属性对”之间的区分度。产品属性数量越大，SA - LDA 主题模型提取的潜在“情感-属性对”表达的含义越具体，词语的聚类效果越好。然而，数量过大导致 SA - LDAGibbs 抽样运算的时间复杂度过高，运行效率低下。

在以上参数中，模型的超参数 α 和产品属性的数量对特征词与观点词识别性能的影响最为显著。

此外，该算法还根据"情感-属性对"在词语表上的概率分布，选择概率最高的前 N 个词语，生成候选特征词和候选观点词集合。因此，SA－LDA 主题模型对特征词与观点词的识别性能还受到候选词集规模的影响。

本书以训练语料为基础，设计对比实验，确定最佳的模型超参数 α、产品属性的数量 A 和每个"情感-属性对"的候选词数量 N。其中，训练语料包括手机、数码相机和笔记本电脑三类产品的评论各 1 000 条。

在特征词与观点词识别算法中(详见 3.3.2 节)，通过预先设定阈值，区分观点词和候选特征词。这表明观点词和特征词识别的性能为互补关系，此消彼长。为了得到较好的、均衡的效果，本书综合考虑特征词和观点词识别结果，对二者的准确率、召回率和调和评价值均取算数平均值，以此作为特征词与观点词识别性能的对比基础。

图 3－8 至图 3－16 展示了超参数 α 的取值，产品属性的数量以及候选词集的规模对特征词和观点词识别性能的影响。

根据图 3－8 至图 3－16 的实验结果，综合地考虑模型运算的效率(即时间复杂度)和性能(主要以调和评价值衡量)，为模型的参数进行初始值设置。在三类产品的训练语料上，当超参数 $\alpha = 0.1$，产品属性数量 $A = 70$，候选词数量 $N = 50$ 时，特征词和观点词识别算法获得相对较高的调和评价值。

此外，结合已有文献提供的经验数据[15-18]，其他参数的最佳初始值为：情感类型数量 $S = 2$，迭代次数设定为 1 000 次，影响特征词分布的 $\beta_{domain} = 0.1$，影

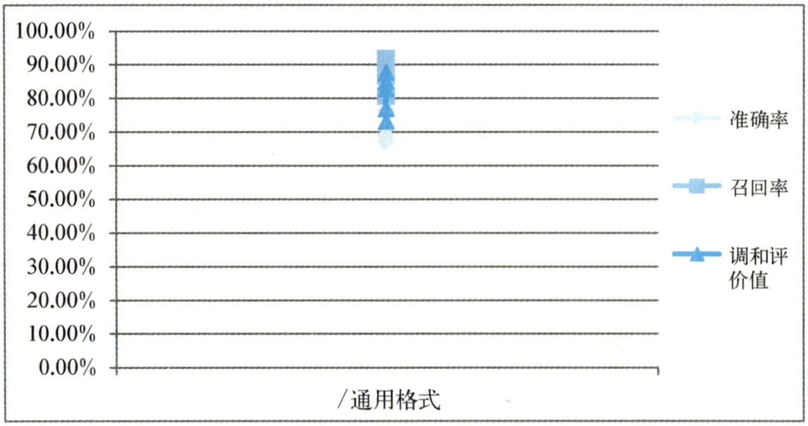

图 3－8　α 取值对特征词与观点词识别的影响(手机评论)

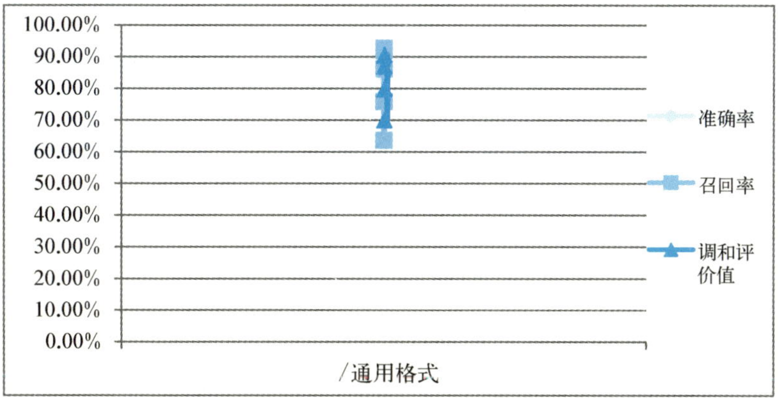

图 3 - 9　α 取值对特征词与观点词识别的影响(数码相机评论)

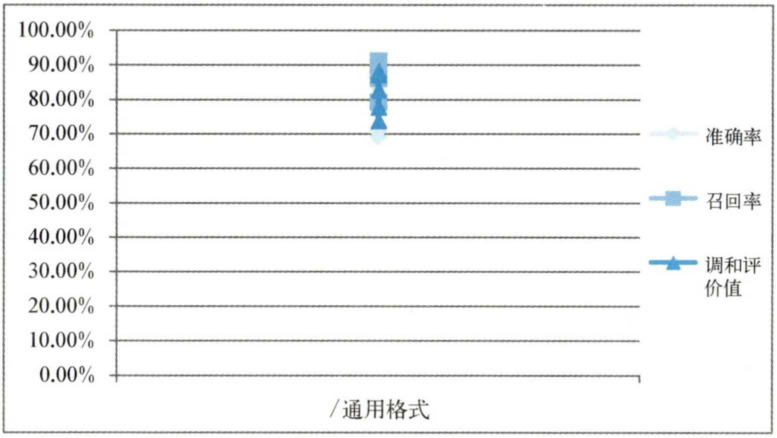

图 3 - 10　α 取值对特征词与观点词识别的影响(笔记本电脑评论)

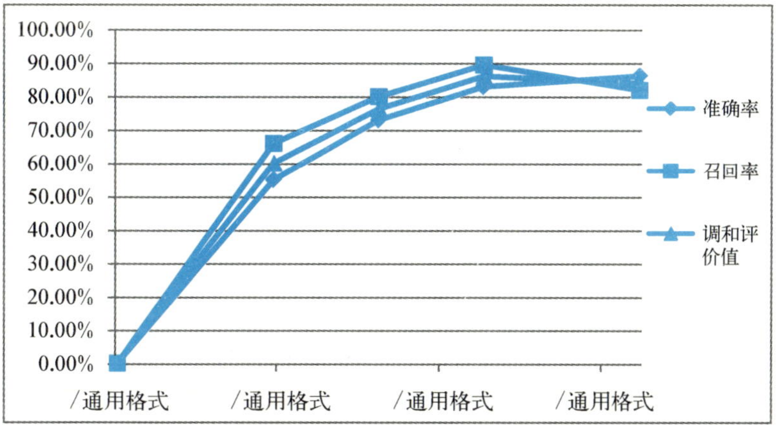

图 3 - 11　产品属性的数量 A 对特征词与观点词识别的影响(手机评论)

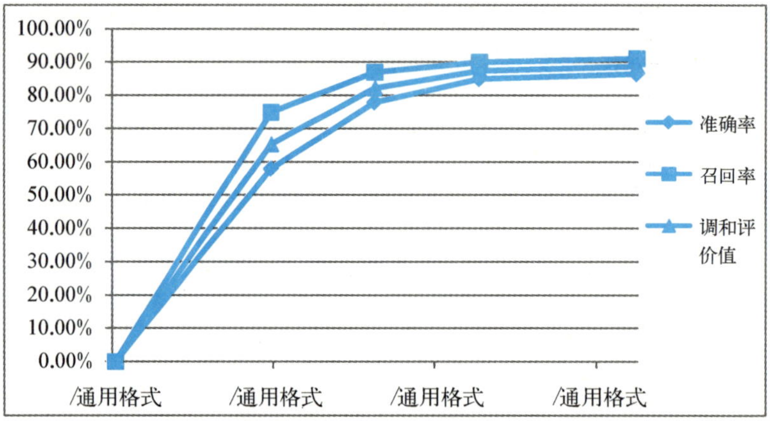

图 3-12　产品属性的数量 A 对特征词与观点词识别的影响(数码相机评论)

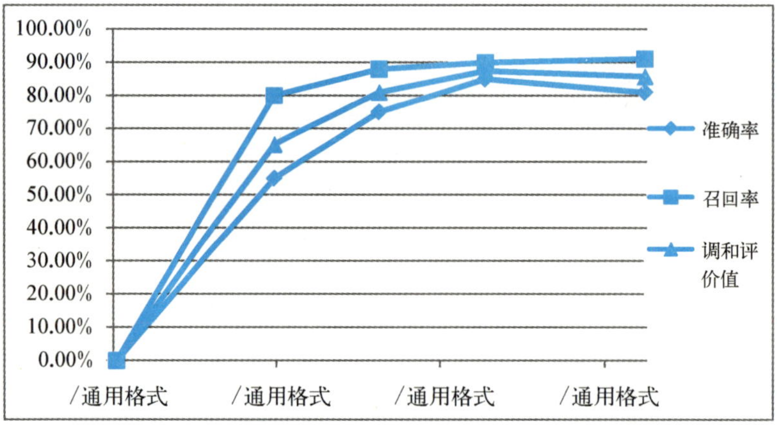

图 3-13　产品属性的数量 A 对特征词与观点词识别的影响(笔记本电脑评论)

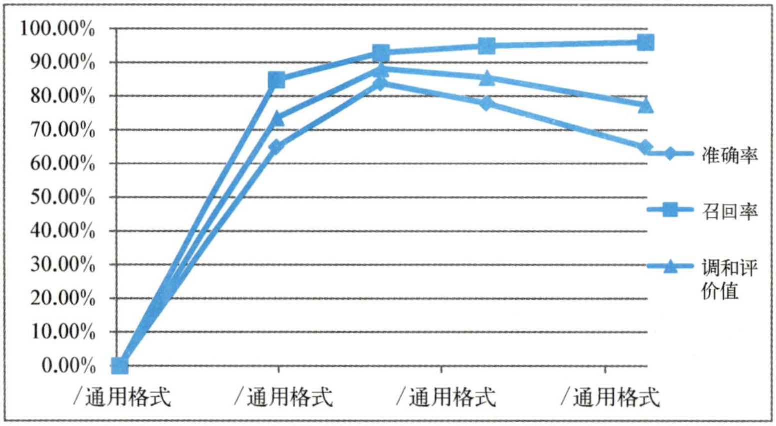

图 3-14　候选词数量 N 对特征词与观点词识别的影响(手机评论)

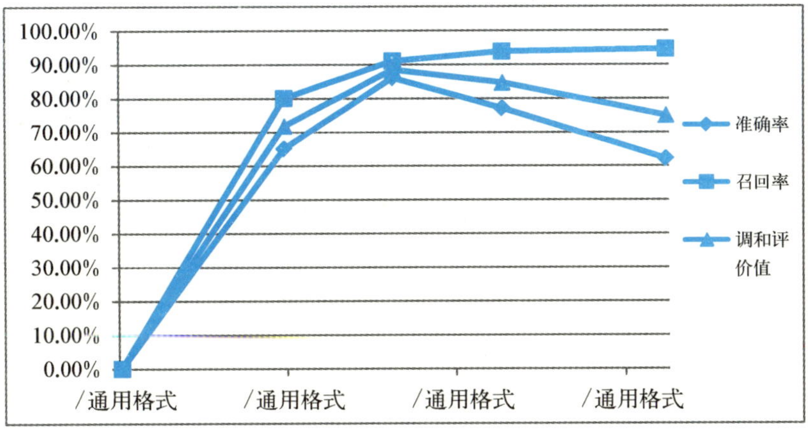

图 3-15 候选词数量 N 对特征词与观点词识别的影响(数码相机评论)

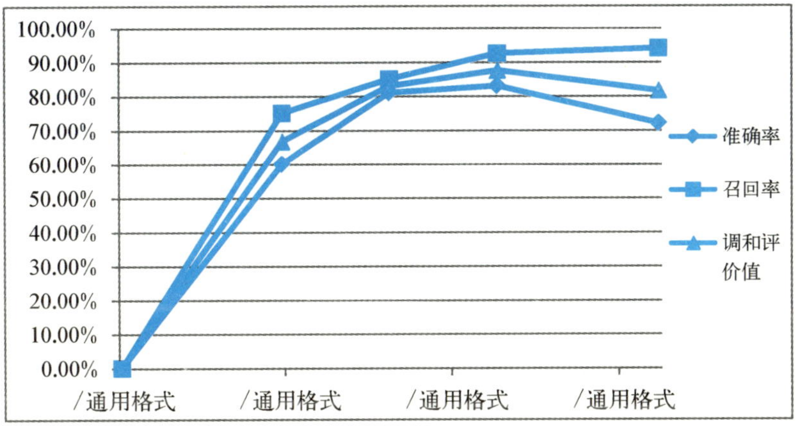

图 3-16 候选词数量 N 对特征词与观点词识别的影响(笔记本电脑评论)

响其他词语分布的 $\beta_c = 0.001$。此外,对于"正面-属性",设置影响正面情感分布的 $\beta_p = 0.1$,设置影响负面情感词分布的 $\beta_n = 0$;对于"负面-属性",则设置 $\beta_n = 0.1$ 和 $\beta_p = 0$。

3.4.5 实验 2:输出 SA-LDA 主题模型的运算结果

以手机评论为例,利用 SA-LDA 模型获得"情感-属性对"在词语向量空间上的分布矩阵 $((S \times A) \times V)$,每一行表示"情感-属性对"在词语表上的多项式分布,数值取对数。如图 3-17 所示。

```
-7.7700692447 -4.7573321795 -20.5554383658 -5.5223700553 -8.1927192919 -4.9608396547 -4.9325642169 -6.9018464149 -4.2198448818
-4.4208701906 -1.6371888096 -2.2865748752 -3.1714924488 -5.9442520446 -4.4572790756 -8.7071489166 -5.0353100224 -7.2580957608
5.0659800164 -3.0294843331 -4.9778672873 -4.7397086139 -3.3373113822 -7.2685417623 -7.3024823236 -4.3687683298 -4.9929521778 -4
-7.1014100662 -4.1580727728 -7.7994709301 -10.1557017833 -7.1758024304 -5.0520007577 -5.0747706892 -5.8030844324 -7.9712781516
5.7103450878 -5.4082029445 -7.0658617760 -5.3596630245 -6.4921707711 -6.3073193346 -7.0611388428 -7.2158697772 -5.4789042505 -4
-7.2459551228 -6.1912499064 -6.1939190624 -8.0181989029 -8.3422308626 -8.7688224338 -3.6118973756 -5.7536644342 -5.9338341800 -
-8.7463841685 -8.5363305201 -7.2652417322 -7.4051660783 -7.9232269664 -7.0033189917 -7.1457916299 -6.8476073767 -3.8138935069 -
3.5963337904 -21.3644643223 -3.5631512040 -5.8096508135 -3.2234641799 -4.9506147458 -7.3704355967 -4.6637071183 -1.5397224430 -
1.7230465547 -2.2732429095 -2.8005144676 -3.3112646918 -3.3888009647 -7.8195914944 -4.7770539234 -6.5775062679 -6.2628767358 -4
-3.8768447683 -6.9351976263 -3.7456718711 -5.1412845446 -6.0404176020 -3.2005425337 -5.1435976377 -4.8599112619 -8.3690403325 -
-7.6209502544 -7.6637700644 -6.7294391466 -4.0257785852 -5.3938806717 -4.6609283696 -6.9307930265 -5.7082624372 -6.9540537095 -
-4.9332589831 -6.0706527893 -8.0248567347 -8.9526321620 -5.9912861468 -5.5731867084 -5.2811318891 -6.8034598224 -10.8522036386
```

图 3－17　“情感-属性对”在词语表上的概率分布矩阵

针对每一个“情感-属性对”，将词语按照概率的高低进行排序，以此提取产品评论中潜在的产品属性及其对应的情感。表 3－9 列出了 SA－LDA 主题模型从三类产品的测试语料中提取的部分“情感-属性对”，以及其概率排名前 10 的词语。

表 3－9　基于 SA－LDA 主题模型提取的“情感-属性对”(部分)

手机评论		数码相机评论		笔记本电脑评论	
正面屏幕	负面屏幕	正面电池	负面电池	正面价格	负面价格
屏幕	指纹	电池	充电	价	不便宜
色彩	屏幕	不错	费电	划算	价格
触摸	不灵敏	待机	电池	便宜	性价比
清晰	反光	不耗电	时间	报价	不靠谱
亮度	垃圾	电量	短	不错	高
显示	划花	时间	电量	实惠	离谱
灵敏	模糊	续航	低	价钱	不划算
分辨率	问题	充电	待机	低	价位
键	字体	长	问题	值	贵
手	显示	满格	没电	价位	坑人

通过对表 3－9 进行分析，不难发现基于 SA－LDA 主题模型识别的“情感-属性对”具有以下几个特点：

(1) 一方面，每个“情感-属性对”下的词语表达的含义比较集中和一致，能够较大程度地反映具体的产品属性；另一方面，不同“情感-属性对”下的词语差异较大。这说明 SA－LDA 主题模型对词语的聚类效果较好，词语之间的关系比较密切，无关词语引起的噪声也较小。这些都有利于特征词和观点词的识别。

(2) 在同一个产品属性的正面情感和负面情感词语集合中，存在不同情感极性的词语(例如,“便宜”和“贵”分别属于笔记本电脑评论中的“正面价格”和“负面价格”两个集合),同时也存在相同的词语(例如“屏幕”在手机评论中的“正面屏幕”和“负面屏幕”下都具有较高的概率)。这说明词语的分布能够较好地区分情感类别和识别产品属性。

(3) 情感种子词与潜在观点词出现在同一个“情感-属性对”的词语列表中,有利于观点词的识别。例如,情感种子词“好”与潜在观点词“清晰”在“正面屏幕”下都具有较高的概率;情感种子词“问题”与潜在观点词“小”都属于“负面屏幕”。

(4) 通过发挥领域术语和情感种子词对词语聚类的作用,SA - LDA 主题模型能够识别产品评论中的部分流行新词和口语化词汇(如“坑人”和“价钱”等)。

3.4.6　实验 3: 特征词与观点词识别的对比实验

1. 基线方法

在特征词与观点词识别的对比实验中,分别从统计自然语言处理和语义分析这两类研究中选取具有代表性的算法作为基线方法,与本书提出基于 LDA 主题模型的算法进行对比。

(1) 基于关联规则与邻近匹配原则的算法: 基线方法 1 重现 Hu 和 Liu 提出的方法[6]。首先对产品评论进行分词与词性标注,提取句中的名词和名词短语作为候选特征词,并且利用关联规则提取频繁项作为特征词;然后将离特征词最近的形容词当作观点词;最后用观点词查找未被提取的低频名词或词组以识别更多的特征词。

(2) 基于语法规则与 HowNet 词典的算法: 基线方法 2 中重现 Popescu 和 Etzioni 等人提出的方法[7,23]。首先,对评论句进行分词与词性标注,提取句中的名词和名词短语作为候选特征词;然后,按照产品特征的分类(属性、部件、部件属性、相关概念、相关概念的属性),利用点互信息值(PMI)对提取的词语进行贝叶斯分类,从而识别特征词;接着,以特征词为中心,通过预先定义的 10 条规则来查找潜在的观点词;最后,通过 HowNet 计算潜在观点词的情感强度,将情感强度较高的候选词识别为观点词。

2. 实验结果比较与评价

为了便于分析与比较,本书分别对特征词识别与观点词识别进行了对比实验,结果如表 3 - 10 和表 3 - 11 所列。实验结果表明,基于 SA - LDA 主题模型的算法具有较好的特征词与观点词识别能力。

表 3-10 特征词识别的对比实验结果

项目	手机评论			数码相机评论			笔记本电脑评论		
	P(%)	R(%)	F(%)	P(%)	R(%)	F(%)	P(%)	R(%)	F(%)
基线方法 1	70.77	78.83	74.58	71.75	75.81	73.72	68.78	82.04	74.83
基线方法 2	82.64	75.92	79.14	87.91	74.67	80.75	86.81	78.53	82.46
本书提出的算法	82.41	94.23	87.92	86.65	92.41	89.44	85.89	91.59	88.65

表 3-11 观点词识别的对比实验结果

项目	手机评论			数码相机评论			笔记本电脑评论		
	P(%)	R(%)	F(%)	P(%)	R(%)	F(%)	P(%)	R(%)	F(%)
基线方法 1	77.15	70.43	73.64	77.92	72.54	75.13	75.61	69.73	72.55
基线方法 2	84.73	75.62	79.92	85.58	77.89	81.55	83.04	76.37	79.56
本书提出的算法	85.71	91.40	88.46	89.25	87.79	88.51	86.75	88.84	87.78

通过综合分析表 3-10 和表 3-11 中的结果，可得出以下结论：

(1) 总的来说，在三类产品的测试语料上，不论是特征词识别还是观点词识别，基于 SA-LDA 主题模型的算法的调和评价值都显著高于两个基线方法，充分说明了本书对于特征词与观点词识别方法的改进与提高。其原因在于，SA-LDA 主题模型能够很好地挖掘词语在评论片段中的共现模式，聚类效果明显优于关联规则与语法规则。需要说明的是，虽然基于语法规则与 HowNet 词典的特征词识别准确率略高于本方法，但是其综合表现(即调和评价值)却显著低于本方法，这也反映了本方法的优越性。

(2) 基于关联规则与邻近匹配原则的算法和基于语法规则与 HowNet 词典的算法都只把名词或名词短语当作特征词。然而，在中文产品评论中，特征词还包括描述产品使用行为的动词，如“操作”和“使用”等。

(3) 两个基线方法都仅将形容词作为观点词。然而，根据《统计自然语言处理》对情感词词性的统计[155]，其中形容词约占 53.4%，名词约占 18%，动词约占 27.1%，副词约占 1.5%。因此，本书认为观点词还应包括名词、动词和副词，如“垃圾”、“还行”、“问题”、“给力”等。

(4) 在三类产品的测试语料上，不论是特征词识别还是观点词识别，基于关联规则与邻近匹配原则的算法在准确率、召回率和调和评价值上都比较低。这反映了该方法在特征词与观点词识别上具有以下两点不足：

① 该方法利用关联规则中的频繁项集提取高频特征词，它们有可能是评论中用于介绍背景或连接上下文的非特征词（例如“送货速度”），从而影响特征词识别的准确率。

② 该方法获取观点词的过程具有经验性，用邻近匹配原则衡量特征词与观点词的关系过于简单和粗糙，使得观点词识别的准确率较低。

（5）相比之下，基线方法 2 在三类产品的测试语料上的实验效果都优于基线方法 1。这间接地反映了挖掘词语的共现模式要比单纯考虑它们在评论句中出现的频率与位置更有价值。然而，该算法的特征词识别准确率虽然较高，但其召回率却明显不足，使得其调和评价值显著低于本书提出的算法。这反映了该方法在特征词与观点词识别上具有以下三点不足：

① 该方法利用语法规则与词典识别特征词与观点词，针对性较强，但是却不一定适用于口语化严重和语法不规范的中文产品评论，其识别的性能受到既定规则的影响较大。

② 该方法制定的语法规则过于简单，无法完全涵盖所有可能的词语共现实例，所以在特征词识别上虽然具有较高的准确率，但是其召回率却较低。

③ 词典通常包含歧义词语，面临一词多义的问题，特别是当上下文语境发生改变时，同一个词语可能表达不同的含义，从而不利于观点词的识别。

（6）根据特征词与观点词识别的平均调和评价值，基于 SA－LDA 主题模型的算法和两个基线方法在不同产品语料上的变化都不大。尤其是本书提出的算法在特征词识别与观点词识别上都取得了大于 85%的调和评价值，说明其具有良好且稳定的领域可移植性。

3.5　本章小结

针对现有特征词与观点词配对研究中存在的问题，本章从统计自然语言处理的角度出发，在设计科学研究方法论的指导下，提出了基于 LDA 主题模型的中文产品评论特征词与观点词识别算法。具体来说，首先在对标准 LDA 主题模型进行分析的基础上，以评论片段为单位，构建面向产品评论的 SA－LDA 主题模型；然后利用 SA－LDA 主题模型进行词语聚类，生成“情感-属性对”在词语向量空间上的概率分布矩阵，提取产品属性及其对应的情感类型；最后，以此为基础，进行特征词与观点词的识别。

本章提出的方法利用 LDA 主题模型的学习性，模拟产品评论的生成过程。从而减少人工干预的成分，提高特征词与观点词识别的查准率和查全率，并且具有较好的领域可移植性。此外，SA－LDA 主题模型对词语的聚类效果明显优于关联规则与语法规则，适用于挖掘口语化严重和语法不规范的中文产品评论。

在实验评价阶段，本章构建了涵盖手机、数码相机和笔记本电脑三类产品的实验语料库，并且对训练语料和测试语料进行人工标注，标注结果的 Kappa 值在可以接受的范围之内，保证了语料标注的一致性与有效性。实验语料库在本章的研究中共有两个作用：作用一是训练 SA－LDA 模型，为模型中关键参数的初始化工作提供支持；作用二是将算法标注结果与人工标注结果进行对比，从而验证本书提出算法的有效性。

在此基础上，本书还分别以基于统计自然语言处理和基于语义分析的代表性方法为基线方法，设计对比实验。实验结果验证了基于 LDA 主题模型的特征词与观点词识别算法的有效性和领域可移植性，以及在现有研究基础上的改进。

第4章 基于领域本体的中文产品评论特征词与观点词配对

4.1 基于领域本体的特征词与观点词配对研究框架

4.1.1 现有研究的不足

在第 3 章的基础上，本章对已经识别的特征词与观点词进行配对，从而生成特征观点对。根据第 2 章文献综述，现有特征词与观点词配对的研究大致可以分为两类：基于统计自然语言处理的方法和基于语义分析的方法。这两类研究方法主要是根据语料中词语的位置、共现性或者语法规则等，匹配特征词与观点词。这种方法的不足是只考虑了特征词与观点词在语料中表现的表面关系，却忽略了它们之间的潜在语义关系。现有研究的不足具体表现在以下两个方面：

(1) 基于统计自然语言处理的方法仅仅根据特征词和观点词在语料中出现的位置或者共现性衡量二者的搭配关系，导致配对的准确性不高。此外，该方法只针对语料中出现的词语进行统计分析，无法有效地识别隐式特征词。

(2) 基于语义分析的方法受到人工干预较大，领域可移植性不强。该方法依赖于大量规范标注的语料，但是在中文情感分析领域中，还没有规范标注的、用来进行特征词和观点词配对的语料库。此外，语法规则库需要人工定义和扩展，具有一定的局限性，无法很好地覆盖所有可能的实例。

由于领域本体定义了特定领域中相关概念，以及概念之间的抽象关系，所以能够较好地描述特征词与观点词之间潜在的语义关系。因此，本章通过自动构建面向产品评论的领域本体，进行特征词与观点词的配对。

4.1.2 本章的研究框架

针对现有特征词与观点词配对的不足，本章借鉴语义分析方法，提出基于领域本体的特征词与观点词配对算法。本章以设计科学研究方法论为指导，分为模型设计、模型实现和模型评价三个阶段。阶段一，依据半结构化的产品参数说明提取基本的领域概念，通过语义计算量化领域概念之间的关系，并且利用产品评论中已经识别的特征词与观点词，自动构建面向产品评论的领域本体；阶段二，通过将产品评论中的特征词和观点词映射到领域本体的概念空间，识别特征词与观点词之间的语义关系，以此进行特征词与观点词的配对，以及隐式特征词的识别；阶段三，分别以基于统计自然语言处理和基于语义分析的代表性方法为基线方法，通过对比实验，验证本书提出的特征词与观点词配对算法的有效性。本章的基本流程如图 4－1 所示。

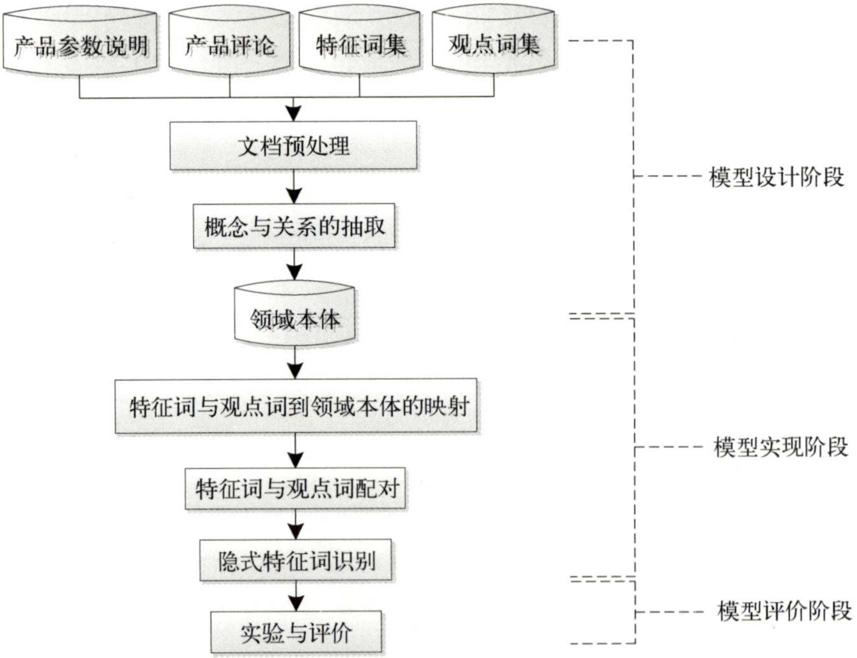

图 4－1　基于领域本体的中文产品评论特征词与观点词配对的基本流程

4.2　面向产品评论的领域本体

4.2.1　领域本体的基本结构

1. 本体的基本概念

在人工智能的研究领域中，最早给出本体定义的是 Neches 等人[157]。他们将本体定义为："构成相关领域词汇的基本术语和关系，以及规定领域词汇外延的规则。"1993 年，Grubcr[158]重新将本体定义为："概念模型明确的规范说明。"该定义得到了学术界的普遍认可，并且被广泛地引用。因此，本体应该包含以下四层含义：

(1) 概念模型(Conceptualization)：通过抽象出客观世界中一些现象的相关概念而得到的模型。

(2) 明确(Explicit)：本体中的概念及使用这些概念的约束都有明确定义。

(3) 形式化(Formal)：本体是计算机可读的。

(4) 共享(Share)：本体的目标是捕获相关领域的知识，提供对该领域知识的共同理解，确定该领域内共同认可的术语，并且通过不同层次的形式化模型描述这些术语及其相互关系。

作为一种能够有效地表现概念层次结构和语义的模型，本体被广泛地应用到计算机科学的众多领域。在自然语言处理领域中，本体是描述现实生活的概念及其相互关系的词语表。这种词语表采用精确的形式语言和明确定义的语义来阐述概念及其相互之间的关系，以形成各种事物代理人之间交换信息的共同语言。

在英文中，应用比较多的本体库是 WordNet[86-87]，它按照单词的语义将单词分组，同一组的单词成为一个同义词集合(Synset)。中文的本体库主要有 HowNet，它是一个以汉语和英语词语所代表的概念为描述对象，以揭示概念与概念之间以及概念所具有的属性之间的关系为基本内容的常识知识库。它使用树状结构将中文词语和字联系在一起。

2. 领域本体的基本定义

领域本体是利用一组概念及其相互关系来描述特定领域知识的一种专门本体。其中领域相关的概念及其相互关系是领域本体的主要组成部分。领域本体可以表示为 $Ont = \{C, R\}$，其中 C 表示领域概念，R 表示概念之间的相互关系。

产品评论具有很强的领域相关性，其评价对象和评价观点都是由该领域内共同认可的术语构成。面向产品评论的领域本体的构建就是对描述产品各个属性及其属性值的术语进行归纳，形成定义产品评论相关概念以及概念之间抽象关系的词语表。该领域本体采用形式化语言和明确定义的语义，描述产品评论中的相关概念及其相互关系，有利于抽取特征词与观点词之间潜在的语义关系。

在不同领域中，本体的概念及其层次结构具有较大的差别。所以人工构建领域本体的成本将会很高，而且也不利于本体在不同领域之间的迁移与转换。因此，自动或半自动地构建领域本体将为本体的相关研究提供有益的借鉴价值。

3. 面向产品评论的领域本体的基本结构

Perez 等人[160]认为本体可以按分类法来定义，包含类、关系和实例等基本的建模原语(Modeling Primitive)。为了便于构建面向产品评论的领域本体，本书在此基础上加入"术语(Term)"作为本体定义的基本建模元语。这些建模元语的含义如下：

(1) 类(Classes)或概念(Concepts)：从语义上讲，它表示的是对象的集合。其定义一般采用框架结构，包括概念的名称，与其他概念之间的关系集合，以及基于自然语言的概念描述。

(2) 关系(Relations)：是领域概念之间的交互作用。被定义为 n 维笛卡儿积的子集，即 $R: C_1 \times C_2 \times \cdots \times C_n$，比如子类关系(subclass-of)。中文产品评论的语言具有一定的复杂性，常有多个词语表达同一个概念，或者多个词语都是隶属于同一个概念的子类。因此，领域概念之间关系的定义与量化对于领域本体的自动化构建至关重要。

(3) 实例(Instances)：在产品评论中表现特定概念的词语，与概念具有相似的含义。例如"价钱"和"价位"都是"价格"这一领域概念的实例。

(4) 术语(Term)：在产品评论中用于描述相关概念的词语，与概念具有关联关系[161]。术语可能是概念的组成部分、属性或者属性值。同时，每个术语也可以作为一个概念由其他术语描述。如此重复迭代，领域本体便可通过不断提取产品评论的领域术语，实现自我学习与扩展。

本书采用一个五元组来表示领域概念[162]，即 $C = \{CId, CName, CTerm, CInstance, R(CId(n))\}$。其中，$CId$ 表示概念的全局唯一标识；$CName$ 表示在产品评论中表现概念的通用词语；$CTerm$ 表示描述概念的领域术语；$CInstance$ 表示概念在产品评论中的具体表现形式；R 表示概念之间的关系。

通过对产品评论进行语义分析，在面向产品评论的领域本体中，概念之间存在以下五种基本关系，如表 4-1 所列。

表 4-1　领域概念之间基本关系的定义

关系名	定　义	举　例	OWL 描述
subClassOf	概念的子类，继承概念的所有属性，与概念存在隶属关系	“触摸屏”为“屏幕”的子类	(触摸屏 fa：is-subClassOf 屏幕)
Part-of	概念的组成部分，与概念存在关联关系	“屏幕”是“手机”的部件	(屏幕 fa：is-Part-of 手机)
Attribute-of	概念的属性，与概念存在关联关系	“分辨率”是“屏幕”的属性	(分辨率 fa：is-Attribute-of 屏幕)
Value-of	概念的属性值，与概念存在关联关系	“高”是“分辨率”的属性值	(高 fa：is-Value-of 分辨率)
sameAs	概念的实例，与概念存在同义关系	“外形”是“外观”的同义词，也是实例	(外形 fa：is-sameAs 外观)

4.2.2　领域本体的初始化

本章采用本体学习(Ontology Learning)技术自动构建领域本体。本体学习是半自动或者自动构建本体的一系列技术及方法，用于解决手工建立本体容易导致知识获取的瓶颈等问题。常用的方法包括基于字典的本体学习方法，基于文本的本体学习方法，基于半结构化数据的本体学习方法，以及基于知识库的本体学习方法[161-164]。

本书主要结合基于文本和基于半结构化数据的方法，进行本体学习。先根据已有的半结构化产品参数说明，提取领域本体的基本概念，以实现领域本体的初始化；再结合产品评论的文本特点，利用信息检索领域常用的语义计算方法，量化领域概念之间的关系，实现领域本体的自动学习与扩展。

根据本体的定义，概念具有规范化的表达形式，是领域内共同认可的词语。所以本书依据特定领域中通用的说明性文本，进行领域概念的抽取。目前国内各大电子商务网站(如中关村在线和淘宝商城等)都使用较为统一的产品参数说明，为用户提供不同产品之间的对比评测服务。因此，本书从产品参数说明中提取面向产品评论的领域概念。

产品参数是以词组的形式存在。词组中包含一个中心词，以决定该词组的基本含义。由于领域概念一般是产品评论中的常用特征词，所以本书通过词语在评论中出现的频率(Term Frequency, TF)来确定词组的中心词。将词频较高的中心词作为产品的基本概念，而其他词语则被当作与概念相关的领域术语。若有两个或以上的单词具有相近的词频，则将该词组作为领域概念进行提取。

4.2.3 领域本体的扩展

1. 领域术语的识别——关联度计算

根据本章 4.2.1 节中的定义，领域术语是描述相关概念的词语，可能是概念的部件、属性或者属性值，与概念之间存在关联关系。由于两个词语在评论中的位置越接近，其相互之间的关联关系越紧密。因此，本章以产品的基本概念为中心，将上下文中邻近的词语作为候选领域术语，通过计算基本概念与候选领域术语的语义关联度，识别产品评论中的领域术语。

根据第 3 章 3.3.1 节中提出的领域术语提取方法，本章也根据词语的共现模式(包括共同出现、共同不出现以及二者仅出现其一等多种模式)，采用平衡互信息法(BMI)计算语义关联度，详见式(3－39)。

对于每个基本概念，将其相关的候选领域术语以关联度从高到低排序，仅保留前30个关联的术语，生成该基本概念的领域术语集。在此基础上，以已经识别的领域术语作为新的概念，利用同样的算法寻找更多的术语。通过这一过程，将产品评论抽象为一个概念网络，并且量化概念之间的关系，实现领域本体的扩展与延伸。

此外，本章还利用概念的领域术语集构建文本向量，以概念与术语的关联度为向量值，以便于以下的语义计算工作。

2. 概念子类的识别——隶属度计算

根据本章 4.2.1 节中的定义，概念的子类与概念之间具有不同逻辑层次上的种属继承关系。子类将继承概念的所有属性，并且对概念的隶属关系为非对称关系。因此，结合 Lau[165] 提出的非对称关联规则算法进行隶属度计算，以识别概念 c 的子类 a。

$$mem(a,\ c) = \frac{\sum_{i=1}^{n} ass(a,\ t_i) \times ass(c,\ t_i)}{\sum_{i=1}^{n} ass(a,\ t_i)} \tag{4-1}$$

其中，$(t_1,\ t_2,\ \cdots,\ t_n)$ 为概念 c 的相关术语，$ass(a,\ t_i)$ 和 $ass(c,\ t_i)$ 表示概念与术语的关联度，详见式(3－39)。此外，还需要进一步对隶属度进行线性缩减，即 $mem_{normal} = \dfrac{mem - mem_{\min}}{mem_{\max} - mem_{\min}} \in [0,\ 1]$，以确保语义隶属度取值在单位区间[0, 1]。

3. 概念实例的识别——相似度计算

根据 4.2.1 节中的定义，概念与其在产品评论中的实例表达相近的意思，所以概念的相关术语与该概念的实例也存在关联关系。因此，采用余弦相似度算法确定概念 c 的实例 b。

$$sim(b, c) = \cos\theta = \frac{\sum_{i=1}^{n} ass(b, t_i) \times ass(c, t_i)}{\sqrt{\left(\sum_{i=1}^{n} ass(b, t_i)^2\right)\left(\sum_{i=1}^{n} ass(c, t_i)^2\right)}} \tag{4-2}$$

其中，$(t_1, t_2, \cdots, t_n)$ 为概念 c 的相关术语，$ass(b, t_i)$ 和 $ass(c, t_i)$ 表示概念与术语的关联度(详见公式(3-39))。此外，还需要进一步对相似度进行线性缩减，即 $sim_{normal} = \frac{sim - sim_{\min}}{sim_{\max} - sim_{\min}} \in [0, 1]$，以确保语义相似度取值在单位区间[0, 1]。

4. 领域本体的更新

随着评论的更新，领域术语在概念描述中的权重将发生变化，同时新的、关联度更高的术语被识别出来。因此，需要对每一个领域概念，添加新的相关术语，并且去掉权重低的术语。在此基础上，还需要对领域本体进行实时更新。

本书采用一种类似于 Rocchio 学习的方法[166]，实现领域本体概念空间的自动更新。令 R_{new} 表示新增语料，$\vec{r}$ 表示新增语料 R_{new} 中领域概念 c 的术语向量，其中向量值为概念与相关术语在新增语料中的语义关联度。

$$\vec{C}_{i, t+1} = \alpha \times \vec{C}_{i, t} + \frac{\beta}{|R_{\text{new}}|} \times \sum_{r \in R_{\text{new}}} \frac{\vec{r}}{\|\vec{r}\|} \tag{4-3}$$

其中，$\vec{C}_{i, t} = (ass(c, t_1), ass(c, t_2), \cdots, ass(c, t_n))$ 为原有的术语向量，$\vec{C}_{i, t+1}$ 为更新值，$|R_{new}|$ 为新增的评论总数，$\|\vec{r}\|$ 为向量 $\vec{r}$ 的模。令 $\alpha = \beta = 0.5$，以保证评论学习的均衡与一致。

4.3　基于领域本体的特征词与观点词配对

4.3.1　产品评论与领域本体的关联

本章利用产品评论中已经识别的特征词与观点词，构建面向产品评论的领域本体，以此识别特征词与观点词之间的潜在语义关系，从而进行特征词与观点词的配对。

基于领域本体的特征词与观点词配对的基本思想是以领域概念为中心，利用领域本体定义的语义关系，建立产品评论与领域本体相互联系的桥梁。产品评论与领域本体的联系如图 4-2 所示。

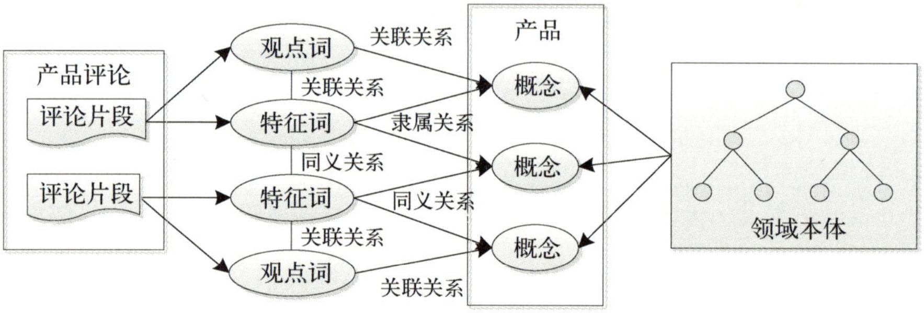

图 4-2 产品评论与领域本体的关联图

从图 4-2 可以看出，特征词、观点词和产品的概念之间存在着一定的语义关系。因此，本书利用领域本体定义中的语义计算方法(包括语义关联度、语义隶属度和语义相似度算法)，量化特征词与观点词之间的语义关系。此外，还可以通过对新增评论进行挖掘，将特征词和观点词映射到领域本体的概念空间，从而实现领域本体的自动学习与扩展。

4.3.2 特征词与观点词到领域本体的映射

1. 特征词到领域本体的映射

根据本书对基本概念的定义(详见第一章 1.4.1)，特征词为描述产品组成、功能及其属性的词语，与领域概念之间存在关联关系、隶属关系和同义关系(图 4-2)。因此，本书利用特征词与领域概念之间的语义关系，将特征词映射到领域本体的概念空间。具体的映射方式如下：

(1) 判断特征词是否为领域概念的相关术语。通过关联度算法(式(3-39))，计算特征词与概念的关联关系，如果关联度大于该概念的相关术语集的最小值 ($ass(c, t)_{min}$)，则确定该特征词为概念的相关术语，并且将特征词映射到领域本体中的相应位置。

(2) 判断特征词是否为概念的子类。通过隶属度算法(式(4-1))，计算特征词与概念的隶属关系，将高于阈值 T_1(根据已有的研究，$T_1 = 0.025$[167]) 的特征词判定为概念的子类，并且映射到领域本体中的相应位置。

（3）判断特征词是否为概念的实例。通过对中文产品评论的语言进行分析，发现概念的实例具有相似的表现形式（例如“价格”的实例“价钱”和“价位”都包含字符“价”）。所以先将特征词分解为字符组合，再根据这些字符查询领域本体的概念空间。如果领域本体中存在含有相同字符的概念或概念实例，则利用相似度算法（式(4－2)），计算该特征词与概念的同义关系，并且将高于阈值 T_2（根据已有研究，$T_2=0.3$[168]）的特征词判定为该概念的实例，映射到领域本体中的相应位置。

在将特征词映射到领域本体的概念空间后，还可以利用本体的分层结构对特征词进行汇总，以便于对评论挖掘的结果进行统计分析。领域本体的下一级概念为上一级概念的组成部分、属性或属性值，相当于上一级概念在抽象层次上的分解与细化。所以除根节点外，领域本体第一层的概念是对其所在分支的高度概括。在确定特征词在领域本体中的位置后，可以沿着其所在的分支，层层向上追溯，最终将其映射到位于该分支根节点上的概念。

2. 观点词到领域本体的映射

根据本书对基本概念的定义（详见第 1 章 1.4.1），观点词是表达用户情感的、用于评价特征词的词语，与其修饰的特征词之间存在着关联关系。类似于特征词的映射方法，本书利用关联度算法（式(3－39)）计算观点词与特征词的关联关系。如果关联度大于该特征词的相关术语集合中的最小值，则确定该观点词为特征词对应概念的相关术语，并且将其映射到领域本体的相应位置。

$$
\begin{aligned}
ass(f, o) = \beta \times \Bigg[& Pr(o, t_i) \times \log_2\left(\frac{Pr(f, o)}{Pr(f)Pr(o)}\right) + Pr(\neg f, \neg o) \\
& \times \log_2\left(\frac{Pr(\neg f, \neg o)}{Pr(\neg f)Pr(\neg o)}\right)\Bigg] - (1-\beta) \times \Bigg[Pr(f, \neg o) \\
& \times \log_2\left(\frac{Pr(f, \neg o)}{Pr(f)Pr(\neg o)}\right) + Pr(\neg f, o) \times \log_2\left(\frac{Pr(\neg f, o)}{Pr(\neg f)Pr(o)}\right)\Bigg]
\end{aligned}
\tag{4-4}
$$

其中，$Pr(f)=n_f/N$ 为特征词 f 出现在窗口（大小为 8 个字符）中的概率（n_f 为包含特征词 f 的窗口数量，N 为语料中的窗口数量）。同理，$Pr(o)$ 为观点词 o 出现在窗口中的概率，$Pr(\neg f)$ 与 $Pr(\neg o)$ 分别为特征词 f 与观点词 o 未出现在窗口中的概率，$Pr(f, o)$ 为特征词 f 与观点词 o 同时出现在窗口中的联合概率，$Pr(\neg f, \neg o)$ 为特征词 f 与观点词 o 均未出现在窗口中的联合概率。

此外,由于特征词与观点词之间的关联度取值在单位区间[0, 1],因此需将原值进行线性缩减 $ass_{normal}=\frac{ass-ass_{min}}{ass_{max}-ass_{min}}\in[0,1]$。

4.3.3 特征词与观点词配对

利用第 3 章生成的特征词集与观点词集,对产品评论进行特征词和观点词的识别。将特征词标记为(F),观点词标记为(O),以形成特征词与观点词序列。以逗号“,”为标记将序列划分为多个片段,并且以片段为单位对特征词与观点词进行配对。但是特征词与观点词可能存在不同的组合,需要采取相应的策略进行配对。具体的配对策略如下:

(1) 特征词与观点词一一对应(FO),如“外观漂亮”和“大屏幕”,则直接进行配对。

(2) 多个特征词对应单个观点词(FFO),则通过将特征词映射到领域本体的概念空间,获取特征词之间的语义关系。根据不同的语义关系,进行配对:

① 如果特征词之间存在 *Attribute-of* 关系,即一个特征词为另一个特征词的属性(如在“屏幕分辨率高”中,“分辨率”为“屏幕”的属性),则去掉作为属性的特征词,将剩下的特征词与观点词配对。

② 如果特征词之间存在 *Part-of* 关系,即一个特征词为另一个特征词的组成部分(如在“手机屏幕大”中,“屏幕”为“手机”的部件),则将每个特征词与观点词进行配对。

(3) 多个观点词对应单个特征词(FOO),例如在“屏幕大而清晰”中,“大”和“清晰”都是评价“屏幕”的词语,所以将特征词与每个观点词进行配对。

(4) 多个特征词与多个观点词的组合形式($FFOO$),通过计算特征词与观点词之间的语义关联度 $ass(f, o)$ (式(4-4)),为每个观点词选择与其关联度最高的特征词进行配对。

(5) 如果评论片段中多出尚未配对的特征词(F),则计算其与其他片段中未配对观点词的关联关系,并选择与其关联度最高的观点词进行配对。

4.3.4 隐式特征词识别

根据本书对基本概念的定义(详见第 1 章 1.4.1),特征词还被分为显式特征词和隐式特征词,其中显式特征词是直接出现在评论中的词语,而隐式特征词是未出现在评论中,但可由上下文隐含地指示的词语。例如手机评论:“小巧,美观，颜色漂亮”，其中“小巧”与“美观”指示未出现的特征词“外观”，所以“外观”为隐式特征词，而“颜色”为显式特征词。

如果评论中出现无法配对的观点词，则认为该评论存在隐式特征词。通过隐式特征词的识别，将其与观点词进行配对，以处理产品评论中主语缺失的问题。

为了有效地识别隐式特征词，本书引入了特征指示观点词的概念。根据本书对基本概念的定义（详见第 1 章 1.4.1），按照观点词是否具有明确的指代对象，将其划分为特征指示观点词和通用观点词。其中，通用观点词可用于评价所有特征词，如“好”为所有特征词公用的观点词，而特征指示观点词则只用于评价有限的特征词，对隐式特征词有指示作用，如“漂亮”通常用于指示“外观”。

由于特征指示观点词可用于指代其评价对象，所以它对与其关联的领域概念具有一定的区分与指示能力。在信息检索的研究领域中，通常使用 TFIDF（Term Frequency-Inverse Document Frequency）算法计算词语在文本中的权重，也就是词语对文本类别的区分能力。因此，本书在传统权重计算方法的基础上，提出 TFIPF（Term Frequency-Inverse Phrase Frequency）算法，用于计算观点词 o 对概念 c 的指示能力。设定阈值 T_3，将大于阈值 $(\mu(o) > T_3)$ 的观点词识别为特征指示观点词。

$$\mu(o) = \sum_{w \in C} tf_p(o) \times tf(p) \times \log_2 \frac{N}{pf(o)} \qquad (4-5)$$

其中，概念 C 为一个词语集合，集合中的 w 分别为概念本身、同义词及其相关术语，p 表示词组或短语，由观点词 o 与指示对象 w 组合而成，$tf_p(o)$ 为观点词 o 在词组 p 中出现的频率，$tf(p)$ 为词组 p 在语料中出现的频率，$pf(o)$ 为语料中包含观点词 o 的词组总数，$N = \sum p_i$ 为语料中的词组总数。换句话说，式(4-5)是计算观点词 o 在与概念 C 的所有相关术语组合而成的词组中占有的权重，该权重值表示观点词 o 对概念 C 的识别与区分能力。

在产品评论中，特征指示观点词与其评价的隐式特征词都是用于描述同一个产品属性，所以这两个词语具有相似的含义。因此，在识别特征指示观点词的基础上，通过查询领域本体，获得与特征指示观点词相关的特征词，再进行语义相似度计算，将与特征指示观点词最相似的特征词识别为隐式特征词。

然而，特征指示观点词不是概念的同义词，与概念的相关术语之间也并不一定都存在关联关系，所以无法用余弦相似度算法计算其与隐式特征词的相似关系。现有研究常采用中文自然语言处理中的常用知识本体库 HowNet，根据描述概念的相关义原在本体中的位置，计算概念间的相似程度[169-170]。因此，本书根据与词语相关的领域术语在领域本体中的位置，并且结合二者之间的关联关系，计算词语的语义相似度。

$$sim(o,\ f) = \sum_{x=1}^{n} \sum_{y=1}^{m} sim_{ont}(t_x,\ t_y) \times \frac{ass(o,\ t_x) \times ass(f,\ t_y)}{ass(o,\ t_x) + ass(f,\ t_y)} \tag{4-6}$$

其中，o 为特征指示观点词，并且有 n 个与之相关的领域术语，f 为特征词，并且有 m 个与之相关的领域术语，ass 为领域术语与词语的语义关联度（式(3-39)）。$sim_{ont}(t_a,\ t_b)$ 的计算结果依赖于与词语相关的领域术语在本体中的位置，以及相互之间的距离，如式(4-7)所示。

$$sim_{ont}(t_a,\ t_b) = \frac{2 \times spd(t_a,\ t_b)}{(dis(t_a,\ t_b) + 2 \times spd(t_a,\ t_b))} = \frac{2 \times spd(t_a,\ t_b)}{(dep(t_a) + dep(t_b))} \tag{4-7}$$

其中，$spd(t_a,\ t_b)$ 为领域术语 t_a 和 t_b 在领域本体中所拥有的共同父节点的路径长度，$dis(t_a,\ t_b)$ 为领域术语 t_a 和 t_b 在领域本体中的最短距离，$dep(t_a)$ 和 $dep(t_b)$ 分别为领域术语 t_a 和 t_b 在领域本体中所处的层数位置（根节点深度为 0，其子节点深度为 1，依次类推）。

求平均值 $\overline{sim} = \sum_{j=1}^{n} sim(o,\ f) / |f|$（其中 $|f|$ 为与特征指示观点词相关的特征词个数），并且进行线性缩减 $sim_{normal} = (sim - sim_{\min}) / (sim_{\max} - sim_{\min}) \in [0,\ 1]$，以确保语义相似度取值在单位区间[0, 1]。

最后，将具有最大平均值 $\overline{sim}_{\max}$ 的候选特征词作为隐式特征词补充到评论中，并且将隐式特征词及其特征指示观点词进行配对。

4.3.5 特征词与观点词配对算法的实现

图 4-3 为基于领域本体的特征词与观点词配对算法实现的流程图。本章通过将产品评论中的特征词与观点词映射到领域本体的概念空间，实现领域本体的自动学习与更新。因此，该算法使用的产品评论是在第 3 章构建的实验语料库中的测试语料，输入的特征词集与观点词集也分别为测试语料中已经识别的特征词与观点词。

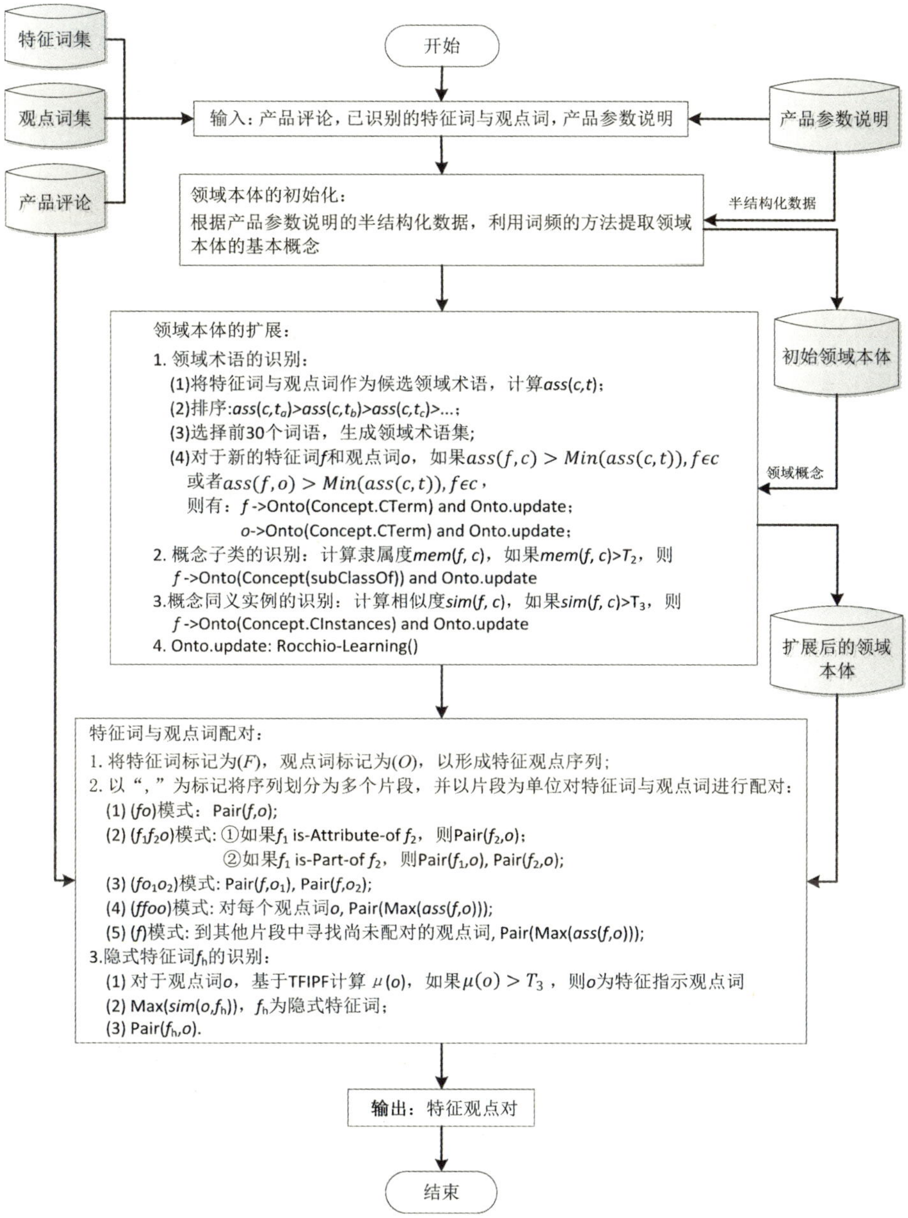

图 4-3　基于领域本体的特征词与观点词配对算法流程图

4.4 实验与评价

4.4.1 实验步骤设计

本章仍然以手机、数码相机和笔记本电脑的评论为实验对象，并且共享第 3 章建立的实验语料库。本次实验主要分为以下几个步骤：

(1) 利用第 3 章提出的基于 LDA 主题模型的特征词与观点词识别算法，从实验语料库的测试语料中提取特征词与观点词；

(2) 根据半结构化的产品参数说明，以及识别的特征词与观点词，利用语义计算方法，自动构建面向产品评论的领域本体；

(3) 将产品评论映射到领域本体的概念空间，并且根据领域本体中描述的特征词与观点词之间的语义关系，将二者进行配对；

(4) 选择具有代表性的相关研究作为基线方法，设计对比实验，验证基于领域本体的特征词与观点词配对算法的有效性。

本次实验的基本流程如图 4－4 所示。

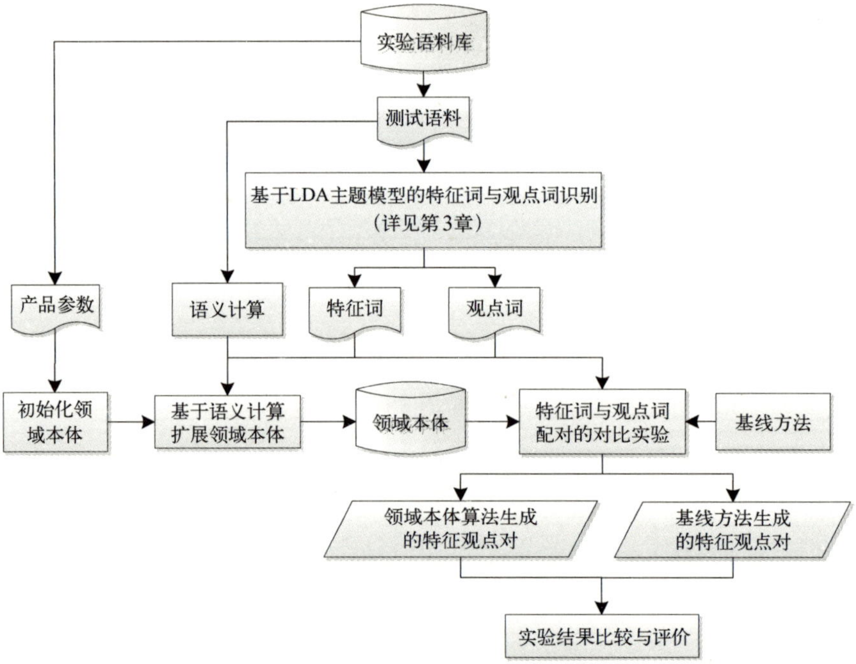

图 4－4　实验基本流程图

4.4.2　实验语料处理

1. 文档预处理

文档预处理主要包括：分词、去停用词，如“的”、“呢”等，以及词性标注。类似于第 3 章的实验方法，本章同样采用 ICTCLAS 软件对中文产品评论自动进行分词和词性标注。用逗号“，”替代评论中的空格、“～”、“/”等符号，并且以此为界将产品评论划分成多个评论片段。

2. 实验语料统计结果

由于本章是在第 3 章的基础上，对已经识别的特征词与观点词进行配对，所以本章使用的实验语料为第三章构建的实验语料库中的测试语料，包含手机、数码相机和笔记本电脑三类产品的评论各 1 000 条。

为了保证实验结果的有效性与一致性，本次实验选择与前次实验相同的三名语料标记人员，对实验语料中的特征观点对进行手工标注，尤其是对隐式特征词的理解、识别与标记。为了测试标记结果的一致性，随机选择 20 条语料来计算 Kappa 统计量。结果显示 Kappa 值约为 0.809，高于 0.8 表明语料标注结果的一致性可以接受。对人工标注的实验语料进行统计，结果如表 4－2 所列。

表 4－2　实验语料的统计结果

统　计　项　目	手　机	数码相机	笔记本电脑
所有评论总数	1 000	1 000	1 000
所有评论片段总数	9 613	10 119	10 987
含有特征观点对的评论片段总数	5 729	6 095	5 933
所含特征观点对总数(包括重复出现)	5 614	5 787	5 247
平均每条评论包含特征观点对的数量	5.6	5.8	5.2
含有特征观点对的评论片段所占百分比	60%	60%	54%

根据表 4－2 的统计结果，可以得到以下结论：

(1) 大约 58%的评论片段包含特征观点对，说明将产品评论划分为多个片段，有利于特征词与观点词的配对；

(2) 平均每条评论大约含有 5～6 个特征观点对，说明特征观点对是产品评论的基本情感评价单元；

(3) 相较于其他两类产品，笔记本电脑的评论中包含特征观点对的评论片段所占比例较小，说明在笔记本电脑的评论中包含较多与产品无关的叙述(例如用户对电子商务网站的售后服务等的评价)，在一定程度上加大了评论挖掘的难度。

4.4.3 实验评价方法

本书同样使用信息检索标准的评价准则：准确率(P)、召回率(R)和调和评价值(F)来对实验结果进行评价。具体定义为：$P=|A\cap B|/|A|$；$R=|A\cap B|/|B|$；$F=(\beta^2+1)\times P\times R/\beta^2\times(P+R)$。其中，$A$ 表示算法识别出的特征观点对集合，B 表示人工标注的特征观点对集合，β 为准确率与召回率的调节因子，通常令 $\beta=1$ 来平衡这两个评价指标。

4.4.4 实验 1：设定特征指示观点词识别的阈值

由于隐式特征词的识别依赖于特征指示观点词，所以其识别性能直接受到特征指示观点词识别精度的影响。本实验并未对特征指示观点词进行标记，而是通过隐式特征词识别的对比实验，确定特征指示观点词识别时的阈值，以保证隐式特征词识别具有较高的准确率。

实验 1 是在三类产品的测试语料上进行对比实验，通过比较算法自动识别的隐式特征词与人工标注结果，衡量在不同阈值下得到的特征指示观点词用于识别隐式特征词的精度，从而确定阈值 T_3。实验结果如表 4-3—表 4-5 所列。

表 4-3 不同阈值下的隐式特征词识别比较结果(手机评论)

阈值 T_3	算法自动识别的隐式特征词数量	同时被人工和算法识别的隐式特征词数量	准确率	增长率
0.6	188	113	60.11%	—
0.55	200	133	66.50%	10.63%
0.5	207	142	68.60%	3.16%
0.45	210	145	69.05%	0.66%
0.4	201	137	68.16%	−1.43%

表 4 - 4　不同阈值下的隐式特征词识别比较结果(数码相机评论)

阈值 T_3	算法自动识别的隐式特征词数量	同时被人工和算法识别的隐式特征词数量	准确率	增长率
0.35	122	66	54.10%	—
0.3	131	79	60.31%	11.47%
0.25	138	87	63.04%	4.54%
0.2	141	90	63.83%	1.25%
0.15	136	86	63.24%	−0.93%

表 4 - 5　不同阈值下的隐式特征词识别比较结果(笔记本电脑评论)

阈值 T_3	算法自动识别的隐式特征词数量	同时被人工和算法识别的隐式特征词数量	准确率	增长率
0.25	99	51	51.52%	—
0.2	108	62	57.41%	11.44%
0.15	113	68	60.18%	4.82%
0.1	117	71	60.68%	0.84%
0.05	115	69	60.00%	−1.13%

通过分析表 4 - 3—4 - 5 中的结果，在三类产品的测试语料上，特征指示观点词识别的阈值 T_3 越小，隐式特征词识别的准确率越高。但是其增长幅度却越来越小，说明算法渐趋于稳定。当达到一定阈值后，隐式特征词识别的准确率反而开始下降，说明阈值 T_3 过小可能会导致将一些通用观点词误认为特征指示观点词，使得隐式特征词的识别过程产生杂音，从而影响最终的识别精度。因此，令手机评论挖掘时的阈值 $T_3=0.45$，数码相机评论挖掘时的阈值 $T_3=0.2$，以及笔记本电脑评论挖掘时的阈值 $T_3=0.1$。

4.4.5　实验 2：构建领域本体模型

实验 2 采用 RDF 模式(Resource Description Framework Schema)和 OWL 语言(Web Ontology Language)构建面向产品评论的领域本体。其中，RDF 模式(RDFS)是在 RDF 数据模型的基础上发展起来的，它不仅能定义概念的属性词语，还能定义其描述的概念类型及其取值范围。从功能上讲，RDFS 本身并没有定义与领域相关的词语，它仅仅提供了一组核心概念和一套机制，并且支持进一步的领域建模。

OWL 语言是 W3C 开发的一种网络本体语言，用于对本体进行语义描述。作为 RDFS 的扩展，OWL 的目的是提供更多的建模原语以支持更加丰富的语义表达，并且保证描述逻辑(Description Logic, DL)的可判定推理。

本实验采用 OWL 的自语言 OWL Lite，描述面向产品评论的领域本体。表 4-6 列出了领域本体的主要构造子，包括类、属性和实例等。

表 4-6　面向产品评论的领域本体构造子

构　造　子			定　义
类(概念)	命名类	owl: Class rdf: ID	以表达概念的通用词语为该类的名称，ID 为概念的全局唯一标识
	属性	owl: is-Part-of	概念的组成部分，例如“屏幕”是“手机”的部件
		owl: is-Attribute-of	概念的属性，例如“价格”是“手机”的属性
		owl: is-Value-of	概念的属性值，例如“贵”是“价格”的属性值
	子类	rdfs: subClassOf	隶属于概念的子类，与概念之间具有不同逻辑层次上的种属继承关系，例如“触摸屏”为“屏幕”的子类
属性	领域	rdfs: domain	声明属性的领域
	范围	rdfs: range	声明属性的范围
实例	同义	owl: sameAs	同义词，表示语义相同的两个词语，例如“外形”和“外观”同义词

在实验 2 中，以手机、数码相机和笔记本电脑的评论为对象，依据产品参数说明以及已经识别的特征词与观点词，提取领域概念与领域术语，并且采用语义计算方法量化概念间的语义关系，从而构建面向产品评论的领域本体。手机、数码相机和笔记本电脑评论的领域本体的图形化表示结果如图 4-5—4-7 所示。

根据领域概念之间的语义关系，制定相应的本体推理规则，并且基于此进行特征词与观点词的配对。

具体的 Jena Rule 推理规则如下所示。

```
Rule #1: [find FeatureOpinionPairs:
        (?a<owl: is-Value-of>?b)(?b<owl: is-Attribute-Of>?c)→
        (?c<owl: is-PairedWith>?a)]
```

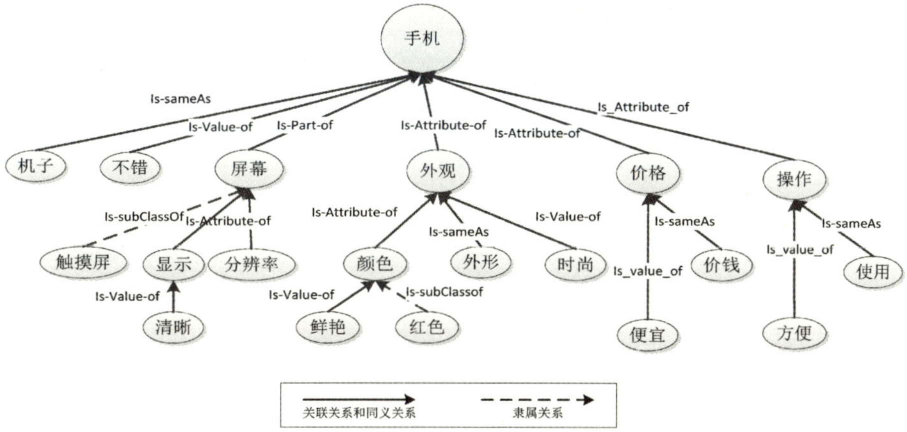

图 4-5　面向手机评论的领域本体(部分示例)

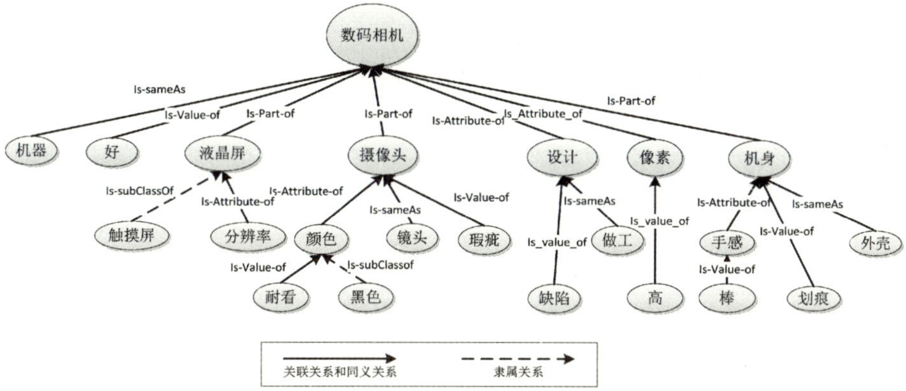

图 4-6　面向数码相机评论的领域本体(部分示例)

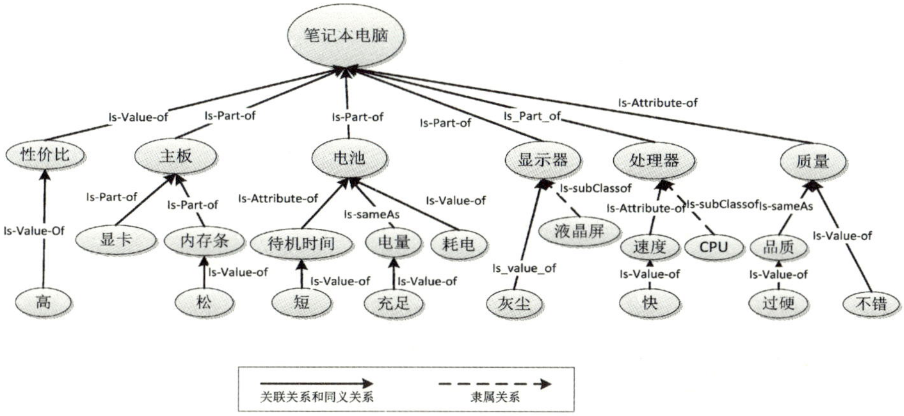

图 4-7　面向笔记本电脑评论的领域本体(部分示例)

Rule ＃2：[find FeatureOpinionPairs：
(?a＜owl：is-Value-of＞?b)(?b＜owl：is-Part-of＞?c)→(?b＜owl：is-PairedWith＞?a＞)(?c＜owl：is-PairedWith＞?a＞)]

Rule ＃3：[find FeatureOpinionPairs：
(?a＜owl：is-Value-of＞?b)(?b＜owl：is-Attribute-Of＞?c)(?c＜owl：is-Part-of＞?d)→(?d＜owl：is-PairedWith＞?a＞)(?c＜owl：is-PairedWith＞?a＞)]

Rule ＃4：[find FeatureOpinionPairs：
(?a＜owl：is-Value-of＞?b)(?b＜owl：is-Part-of＞?c)(?c＜owl：is-Part-of＞?d)→(?d＜owl：is-PairedWith＞?a＞)(?c＜owl：is-PairedWith＞?a＞)(?b＜owl：is-PairedWith＞?a＞)]

Rule ＃5：[find FeatureOpinionPairs：
(?a＜owl：is-Value-of＞?b)(?b＜owl：is-Attribute-Of＞?c)(?c＜owl：is-Attribute-Of＞?d)→(?d＜owl：is-PairedWith＞?a＞)]

Rule ＃6：[find FeatureOpinionPairs：
(?a＜owl：is-Value-of＞?b)(?a＜owl：is-Value-of＞?c)(?b＜owl：is-Part-of＞?d)(?c＜owl：is-Part-of＞?d)→(?d＜owl：is-PairedWith＞?a＞)(?c＜owl：is-PairedWith＞?a＞)(?b＜owl：is-PairedWith＞?a＞)]

Rule ＃7：[find FeatureOpinionPairs：
(?a＜owl：is-Value-of＞?b)(?a＜owl：is-Value-of＞?c)(?b＜owl：is-Attribute-Of＞?d)(?c＜owl：is-Attribute-Of＞?d)→(?d fa：(?d＜owl：is-PairedWith＞?a＞))

Rule ＃8：[find FeatureOpinionPairs：
(?a＜owl：is-Value-of＞?c)(?b＜owl：is-Value-of＞?c)(?c＜owl：is-Part-of＞?d)→(?d＜owl：is-PairedWith＞?a＞)(?d＜owl：is-PairedWith＞?b＞)(?c＜owl：is-PairedWith＞?a＞)(?c＜owl：is-PairedWith＞?b＞)

Rule ＃9：[find FeatureOpinionPairs：
(?a＜owl：is-Value-of＞?c)(?b＜owl：is-Value-of＞?c)(?c＜owl：is-Attribute-Of＞?d)→(?d＜owl：is-PairedWith＞?a＞)

(?d<owl：is-PairedWith>?b>)

实验 2 采用 Protégé 软件构建面向产品评论的领域本体。该软件由斯坦福大学利用 Java 语言开发，是一个开放式架构的知识建模工具，可用于创建、编辑、可视化和操纵各种表现形式的本体，以获取相关知识。它不仅具有良好的可扩展性和简单灵活的用户定制界面，还具有其他一些特性，例如图形化本体编辑模式、支持多种数据库的存储模式、支持多种逻辑检测功能的推理机等。

作为面向产品评论的领域本体中最核心的模块，Jena 推理机的加载过程如下：

(1) 读取 Protégé 构建好的初始本体，创建 OntoModel 对象，将本体库中所有的数据以五元组的形式保存；

(2) 读取规则文件，解析并创建 Rule 对象，再通过 Jena 创建 Reasoner 对象；

(3) 通过前面得到的 OntoModel 对象和 Reasoner 对象调用 Jena 的 ModelFactory 工厂类，并且创建 InfModel 对象。

当用户提交查询并且从 OWL 领域本体获取数据时，不仅能得到领域本体自身存放的数据，还可以得到由推理机产生的、蕴涵知识的数据。推理机模块的核心代码如下所示。

```
publicvoid populateOntology(){
    ontoModel = ModelFactory.createOntologyModel();
        InputStream inFoafInstance =
        FileManager.get().open("D://ontologies/OnlineReivew.owl");
ontoModel.read(inFoafInstance, defaultNameSpace);
        Reasoner reasoner = PelletReasonerFactory.theInstance().
create();
        Model infModel = ModelFactory.createInfModel(reasoner,
                        ModelFactory.createDefaultModel());
        ontoModel = ModelFactory.createOntologyModel(
                    OntModelSpec.OWL_DL_MEM, infModel);
        runJenaRule();
    }
privatevoid runJenaRule()
    {
        String rules = "[add_FeatureOpinionPair:
```

```
    (?x<http://www.owl-ontologies.com/OnlineReivew.owl#is-Value-of>?y),
    (?y<http://www.owl-ontologies.com/OnlineReivew.owl#is-Attribute-of>
?z)→(?x
    <http://www.owl-ontologies.com/OnlineReivew.owl#is-PairedWith>?z);
        ...]";
        Reasoner ruleReasoner = new
                            GenericRuleReasoner(Rule.parseRules(rules));
            ruleReasoner= ruleReasoner.bindSchema(ontoModel);
            OntModelSpec s = new OntModelSpec(OntModelSpec.OWL_MEM);
            s.setReasoner(ruleReasoner);
            ontoModel = ModelFactory.createOntologyModel(s, ontoModel);
    }
```

4.4.6 实验 3：特征词与观点词配对的对比实验

1. 基线方法

在特征词与观点词配对的对比实验中，分别从统计自然语言处理和语义分析这两类研究中选取具有代表性的算法作为基线方法，与基于领域本体的方法进行对比。

基于互信息与聚类的算法：在基线实验 1 中，重现 Su 等提出的方法[46]。首先，根据特征词之间的互信息对特征词进行聚类，同时根据观点词与特征词的互信息对观点词进行聚类；然后，根据观点词的聚类信息，通过计算特征词与观点词的互信息，重新对特征词聚类，反之亦然；最后，反复迭代直至特征词集合与观点词集合都稳定不变，从而获得特征词与观点词的潜在关系，并基于此对二者进行配对。

基于句法路径的算法：在基线方法 2 中，重现赵妍妍等人提出的方法[63]。首先，对产品评论进行句法分析，获取句法依存树，并且统计特征词与观点词之间的候选句法路径；然后，基于编辑距离计算路径相似度，从而将每条候选句法路径和句法路径库中的标准句法路径进行精确匹配；最后，根据匹配度确定正确的句法路径，并且将该句法路径链接的特征词与观点词进行配对。

2. 实验结果比较与评价

表 4 - 7 列出了本章提出的特征词与观点词配对方法与两个基线方法的对

比实验结果。结果显示在三类产品的测试语料上，基于领域本体的算法都具有较高的特征词与观点词配对能力。

表 4 - 7　特征词与观点词配对的对比实验结果

项　目	手机评论			数码相机评论			笔记本电脑评论		
	P(%)	R(%)	F(%)	P(%)	R(%)	F(%)	P(%)	R(%)	F(%)
基线方法 1	72.16	80.57	76.13	73.68	78.96	76.23	74.34	80.49	77.29
基线方法 2	80.87	78.19	79.51	82.67	76.53	79.48	80.62	77.35	78.95
本书提出的算法	79.11	85.92	82.38	81.45	87.79	84.50	80.14	82.18	81.14

通过对表 4 - 7 中的结果进行分析，可得出以下结论：

(1) 总的来说，在三类产品的测试语料上，基于领域本体的特征词与观点词配对算法的调和评价值都显著高于两个基线方法，充分说明了本书对于特征词与观点词配对的改进与提高。其原因在于，本书提出的算法弥补了两个基线方法无法识别隐式特征的不足。需要说明的是，虽然基于句法路径的算法在准确率上略高于本方法，但是其综合表现(即调和评价值)明显低于本方法，这也反映了本方法的优越性。

(2) 在三类产品的测试语料上，基于互信息与语法规则的算法在调和评价值上都比较低。其原因在于互信息仅考虑了两个词语的共现性，却忽略了两个词语都不出现在评论中，以及二者仅其一出现的情况，即遗漏了词语之间潜在的关联关系，从而影响特征词与观点词的聚类效果，导致配对能力不佳。

(3) 相比之下，基于句法路径的算法在三类产品的测试语料上的实验效果都要好于基于互信息与聚类的算法。这间接地反映了挖掘词语之间潜在的语义关系比单纯考虑它们的共现性更有价值。然而，该算法的实验结果仍然低于本书提出的算法，尤其是召回率明显低于准确率，说明该方法对于特征词与观点词的配对能力不足。这反映了基于句法路径的算法在挖掘特征词与观点词的语义关系上还具有以下两点不足：

① 人工定义的句法和语法关系能较好地处理句型比较简单、句法固定、语法规范的句子，却并不一定适用于口语化严重、语法不规范的中文产品评论。

② 现有用于中文文本挖掘的标准句法路径库尚处于建设阶段，无法全面地覆盖所有可能的句法路径实例，导致基于句法路径的算法虽然具有较高的准确率，但是召回率却明显不足。因此，还需要专门构建针对中文产品评论的句法路径库。

(4) 根据特征词与观点词配对的调和评价值,基于领域本体的算法与两个基线方法在三类产品测试语料上的变化都不大。尤其是前者在多次实验中都取得了大于 80%的调和评价值,说明其具有良好且稳定的领域可移植性。

(5) 相较于另外两类产品,基于领域本体的算法在笔记本电脑的测试语料上的召回率较低。这是因为相较于另外两类产品,笔记本电脑的评论长度较长,评论片段较多,并且包含较多与产品评论无关的叙述,使得特征词与观点词的分布稀疏,从而加大了二者配对的难度。

4.5 本章小结

在第 3 章的基础上,本章对已经识别的特征词与观点词进行配对,以生成特征观点对。针对现有特征词与观点词配对研究中存在的问题,从语义分析的角度出发,提出基于领域本体的中文产品评论特征词与观点词配对算法。首先,依据半结构化的产品参数说明初始化领域本体,并且设计语义计算方法量化领域概念间的关系;然后,利用产品评论中已经识别的特征词与观点词,自动构建面向产品评论的领域本体;最后,通过将评论中的特征词和观点词映射到领域本体的概念空间,识别特征词与观点词之间的语义关系,以此进行特征词与观点词的配对,以及隐式特征词的识别。

本章提出的方法自动构建领域本体,并且利用领域本体分析特征词与观点词之间潜在的语义关系,从而避免因语法不规范而造成的词语相距较远、语义关系模糊等问题。此外,该方法还能识别因主语缺失而产生的隐式特征词。

在实验评价阶段,使用第 3 章构建的实验语料库中的测试语料作为本章的实验语料。分别以基于统计自然语言处理和基于语义分析的代表性方法为基线方法,设计对比实验。实验结果验证了基于领域本体的特征词与观点词配对算法的有效性和领域可移植性,以及在现有研究基础上的改进。

第5章

面向中文产品评论"特征观点对"的情感分析

5.1 面向"特征观点对"的情感分析研究框架

5.1.1 现有研究的不足

在第 4 章的基础上，本章将已经识别的特征观点对作为产品评论的基本情感评价单元，进行情感强度计算与情感极性分类。根据第 2 章文献综述，现有情感强度计算与极性分类的研究大致可以分为两类：基于语料的方法和基于情感词典的方法。这两类研究方法的不足主要是未能考虑上下文语境对观点词情感的影响，尤其是特征词、否定词、双重否定词和程度副词对观点词情感强度与情感极性的限制与调节作用。现有研究的不足具体表现在以下两个方面：

(1) 基于语料的方法仅仅考虑了连接词等简单的语法要素，并不足以体现上下文语境在观点词情感分析中的作用，还需要分析观点词的评价对象以及观点修饰词对其情感强度与极性的影响。此外，虽然采用更加复杂的句法分析能够在一定程度上提高情感分析的准确率，却受到依存句法分析器精度的影响，使得情感强度计算与极性分类的性能提高受到限制。同时，对于口语化严重和语法不规范的中文产品评论，句法分析方法需要对语料进行复杂的计算，运行速度较慢，效率较低。

(2) 基于情感词典的方法只根据观点词在词典中的定义计算情感强度，以及判断情感极性，却未将观点词放到语料中，分析情感强度与极性随上下文语境的不同而发生的动态变化。该类方法极大程度地依赖于通用的或者面向特定领域人工构建的情感词典，使得情感分析的性能在很大程度上受到词典定义的准确性的影响与限制。此外，该类方法还无法计算与判断产品评论中一些口语化词语和流行新词的情感强度与极性。

针对现有研究的不足，本章将特征词与观点词视作一个整体，通过分析上下文语境对观点词情感强度与情感极性的影响，提出基于上下文语义计算的特征观点对情感分析方法。

5.1.2 本章的研究框架

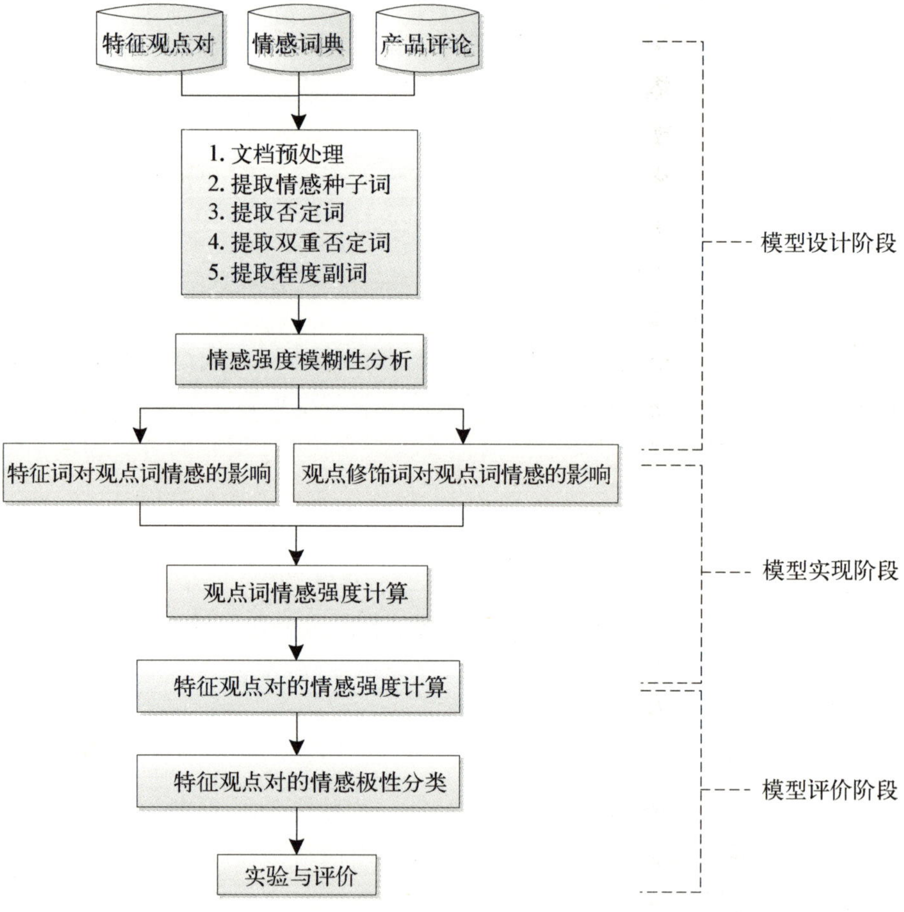

图 5-1 面向“特征观点对”的情感分析基本流程

在细粒度情感分析中，情感词典（如英文的 SentiWordNet 和中文的 HowNet）作为基础词典为情感分析提供支持。在不考虑情感强度的情况下，可以借助情感词典对特征观点对进行情感极性分类。然而，这种方法却丢失了特征观点对自身表达的情感强弱程度的差异，忽略了语言的本质。因此，为了提高特征观点对情感极性分类的准确率，需要先对特征观点对的情感强度进行计算。

本章的基本思路：先计算特征观点对的情感强度，再确定情感强度的临界值，用于情感极性分类。以设计科学研究方法论为指导，分为模型设计、模型实现和模型评价三个阶段。阶段一，对观点词和观点修饰词的情感强度模糊性进行分析，并且从情感词典中提取情感种子词、否定词、双重否定词和程度副词；阶段二，通过分析上下文语境（包括特征词与观点修饰词）对观点词情感强度与情感极性的影响，提出基于上下文语义计算的特征观点对情感强度计算方法；阶段三，通过实验确定情感强度的临界值，以便进行情感极性分类，并且分别以基于语料和基于情感词典的代表性方法为基线方法，通过对比实验，验证本书提出方法在情感强度计算和情感极性分类上的有效性。

本章的基本流程如图 5 - 1 所示。

5.2　情感强度模糊性分析

5.2.1　情感强度模糊性概述

人类对世界的认识经历了从模糊到精确的过程。所谓模糊性是指事物类属的不清晰，人类无法制定精确的分类标准，对于特定事物隶属类别的判断具有较强的主观性。语言是表现模糊性的重要载体，在日常生活中事物的模糊性都可以通过语言表达出来。也可以说，模糊性是人类自然语言的本质特征，其产生的根源在于语言符号的离散性和客观事物的连续性之间的矛盾。

自然语言的模糊性主要表现在语音、语义和语法三个方面。情感强度的模糊性在本质上就是情感词的语义模糊。例如，在对手机外观的评论中，表达正面情感的观点词“漂亮”和“好看”虽然具有相近的语义与相同的情感极性，但是情感强度却不同。当人们在阅读用户发表的产品评论时，对于评论表达的语义理解不同，所感知到的用户情感也不相同。很难判断到底“漂亮”和“好看”哪一个表达的正面情感更加强烈，更能反映用户对手机外观的肯定态度。

此外，在语料库的标注工作中，不同标注人员的标注结果也很难达成一致。对于这一问题，一般采用统计手段，取最大可能性或者最大概率的结果作为最终标注结果。但是这样的处理方式却容易遗漏情感强度所蕴含的丰富信息。

因此，如何量化情感强度是情感分析领域的一个重要任务，同时也是一个难题。情感强度的取值是连续而非离散的，它是一个区间分布值，并非一个独立的坐标点。现有研究在计算情感强度时，通常将情感强度划分为多个级别，比如高、中、低等三个级别，通过设计隶属度算法判断情感强度属于哪个级别[173-175]。然而，不论是情感强度级别的划分还是隶属度阈值的设定，都是依据常识通过人工定义，使得该类研究方法面临着情感强度的模糊性和人工定义的主观性问题。因此，本书从上下文语境分析的角度出发，设计语义计算的算法，为评论中的评价对象及其对应的评价观点的情感强度赋值，以此量化用户表达的情感。

5.2.2 观点词的情感强度模糊性

在产品评论中，用户观点实际上是观点词本身及其修饰词组合而成的复合短语。其中，观点词是情感表达的基础词，观点修饰词是情感的调节器，起到调整观点词情感强度和情感极性的作用。例如，在“好”的前面加上程度副词“很”，使得“很好”表达的积极情感程度增强。

观点词的情感强度表现出模糊性。在评价产品价格的褒义观点词中，虽然都是表达正面的情感，但是它们表达的情感强度却不相同。从观点词的语义上看，“廉价”比“便宜”所描述的价格更低，其表达的肯定态度更强，但是增强的程度却是一个模糊值。

在情感强度模糊性的研究中，大部分学者通过人工标注语料库，对词语的情感强度进行量化。在语料库标注时，受人为的主观因素影响，不同语料库之间乃至不同标注者之间都很难达成一致。这种不一致主要表现在以下两个方面：

（1）多个语料库之间的不一致。Andreevskaia 等[87]对 GI - H4[173]和 HM[78]两个观点词词表进行了一致性研究，两个词表的一致性仅达到 78.7%。也就是说，观点词情感强度的模糊性和不确定性在两个词表中达到了 21.3%。

（2）不同的标注者之间的不一致。Wilson 等人[174-175]在 MPQA 语料库中，将观点词标注为 4 个级别：中立、低、中、高。在标注过程中，标注者之间由于理解的不同很难在标注结果上达成一致。最终在整个语料库中达成一致的标注仅占 61%。

综合上述，观点词的情感强度具有模糊性。因此，在细粒度情感分析中，量化观点词的情感强度，将有助于全面和真实地反映特征观点对的情感，使分析结果更加接近实际情况。

5.2.3 观点修饰词的情感强度模糊性

从词语的词性上看，观点修饰词通常为否定词、双重否定词和程度副词。其中，否定词会改变观点词的情感极性，双重否定词保持观点词的情感极性不变，而程度副词则会调节观点词的情感强度。

程度副词是限制性副词的一种，能够表示词语表达某种含义的程度量级，是体现情感强度的重要指标。虽然观点词自身具有一定的情感强度，但是具有相同含义的观点词之间的情感强度差别不大，而差异更多的是通过程度副词表示出来。

在细粒度情感分析中，程度副词对观点词的情感强度起到限制作用。这种限制可以分为两类：强化限制和弱化限制。其中，强化限制对被限制词的情感程度起到增强作用，比如将“非常”、“十分”、“很”等加在被限制词前，使被限制词的情感强度得到了加强；弱化限制则对被限制词的情感程度起到减弱作用，比如将“比较”、“稍微”、“有点”等加在被限制词前，减弱了被限制词的情感强度。

由此可见，对程度副词的强化作用和弱化作用进行区分，有助于情感强度的计算。然而，在具有强化或弱化作用的程度副词之间，强化或弱化的程度是不同的。例如，“非常”、“十分”和“很”之间的强化作用不同，“比较”、“稍微”和“有点”之间的弱化作用也不相同。

因此，需要对程度副词的强化或者弱化程度进行量化。在相关研究中，各位学者试图对程度副词表达的强度进行分类，但是各种分类方法在程度副词的强度级别划分上存在不同的看法，具有一定的主观性。更复杂的是，即使级别数量相同，级别内的词语数量和分类结果也不相同。造成这种不一致的根本原因是程度副词本身的模糊性。在一定的取值范围内，各个程度副词的强度是连续分布的，使得类别之间的界限模糊。因此，采用离散级别的形式对程度副词进行分类，不可避免会出现亦此亦彼的情况。此外，研究者们对程度副词进行分类的依据多是学者自身的专业知识，具有极强的主观性，这也成为分类不统一的原因之一。

从语义的角度，王力[176]将程度副词分为绝对程度副词和相对程度副词两类。在此基础上，张桂宾[177]将相对程度副词和绝对程度副词划分为四个级别：最高级、更高级、比较级、较低级；蔺磺[178]也划分了四个级别：极量、高量、中量、低量；马真[179]将程度副词的强度分为两类：程度深和程度浅（即程度轻微）。

从认知和语义结合的角度，陈颖将程度副词分为客观程度副词和主观程度副词两类。客观程度副词的级别由高到低分别是极度、甚度、递度、微度，主观程度副词则被划分为三个级别：超量、高量和渐高量[180]。

综上所述，程度副词对情感强度起强化或弱化作用，而其自身的强度也具有模糊性。在细粒度情感分析中，分析和处理程度副词情感强度的模糊性，也将有助于全面和真实地反映特征观点对的情感强度。

5.3 基于上下文语义计算的“特征观点对”情感强度计算

5.3.1 上下文语境对观点词情感的影响

1. 特征词对观点词情感的影响

现有的研究利用情感词典判断观点词的情感极性[86-99]。这种方法认为观点词的情感极性不会随着上下文语境的不同而发生变化。然而，在实际的产品评论中，观点词的情感极性可能会随其评价对象的不同而发生逆转。例如，在手机评论中，观点词“大”在与特征词“容积”搭配时表达正面的情感，在与特征词“噪声”搭配时却表达负面的情感；观点词 “高”在与特征词“分辨率”配对时表达正面的情感，在与特征词“价格”配对时却表达负面的情感；观点词“长”在与特征词“待机时间”配对时表达正面的情感，在与特征词“开机时间”配对时却表达负面的情感。

用户对产品各个属性的偏好不同，使得同一个观点词在与不同的特征词搭配时，可能表达不同强度的情感。以手机为例，在“屏幕不错”和“操作不错”这两个特征观点对中，对于偏好手机屏幕的用户而言，“屏幕不错”表达的正面情感比“操作不错”更加强烈；而对于更加在意手机操作性能的用户而言，“操作不错”则比“屏幕不错”表达的正面情感更加强烈。

因此，需要将用户群看作一个整体，对大量产品评论中的特征观点对进行统计，分别利用其在正面情感与负面情感的产品评论中出现的情况，进行情感强度计算。

2. 程度副词对观点词情感的影响

在现有量化程度副词情感强度的相关研究中，大多采用等级划分方式，为程度副词赋予对应的作用系数值。在产品评论的情感分类研究中，这种方法被用于计算产品评论的句子或者文档的情感极性，使得情感分类的准确率得到了较大的提高[178,181]。因此，本书按照程度副词的等级，为其赋予相应的作用强度，并且将强度值作为观点词的系数代入特征观点对的情感强度计算中，以此提高计算结果的准确性。

一般认为与观点词邻近的程度副词会对其情感强度产生影响，所以本书采用虚拟窗口模式，将观点词的上下文语境都考虑在内。具体规则为：给定一个虚拟窗口(根据前文所述(详见第 3 章 3.3.1 节),窗口大小为 8 个字符,并且字符包括标点),滑动虚拟窗口以遍历产品评论,如果观点词与程度副词都出现在窗口中,那么将二者结合生成新的词语。

对于程度副词作用强度的分类,本书采用张桂宾[177]和蔺璜[178]的研究成果,将其划分成四个级别:极量、高量、中量、低量。同时,按照从高到低的等级,依次为相应的程度副词赋予作用强度值:1.3,1.1,0.9,0.7。程度副词的分类结果如表 5-1 所列。

表 5-1　程度副词分类

相对程度副词	极量	最、最为
	高量	更、更加、更其、越、越发、越加、倍加、愈、愈发、愈加、愈为、愈益、格外、益发
	中量	较、比较、较为、较比、还;
	低量	稍、稍稍、稍微、稍许、略、略略、略微、些许、多少
绝对程度副词	极量	太、极、极为、极其、极度、极端、至、至为、顶、过、过于、过分、分外、万分
	高量	很、挺、怪、老、非常、特别、相当、十分、好、好不、甚、甚为、颇、颇为、异常、深为、大、大为、何等、何其、尤其、无比、尤为、不胜
	中量	蛮、够、多、多么、殊
	低量	有点、有些

3. 否定词和双重否定词对观点词情感的影响

在产品评论中,否定词几乎可以出现在句子的任何地方,并且改变观点词的情感极性与强度。例如,“这款手机的外形太不好看”,“这款手机的外形不太好看”和“这款手机的外形不是不好看”,其中前两句使用了否定词“不”,使得对手机外形的评价发生了改变,评价观点由强烈的否定(“太不”)变化为略微的肯定(“不太”);而最后一句使用了双重否定“不是不”,仍然表示肯定,但是观点的情感强度还是发生了改变。

现有研究大多对否定词采用极性取反的方式,例如,Saur 为考虑否定词的作用,简单地将其修饰的观点词的情感极性取反[182]。但是这种方法却忽略了双重否定以及“否定+程度副词”的情况,还有待进一步改进。

对于“否定词+程度副词+观点词”和“程度副词+否定词+观点词”这两种复合观点词,按照否定词和程度副词出现的位置,分别计算复合观点词的情感强度，如式(5 - 1)所示。

$$Strength'(o)=\begin{cases}[(w_{\min}+w_{\max})-w_i]\times Strength(o) & \text{程度副词位于否定词和观点词之间}\\ w_i\times(-Strength(o)) & \text{否定词位于程度副词和观点词之间}\end{cases} \tag{5-1}$$

其中，$Strength(o)$ 表示观点词 o 原来的情感强度，$Strength'(o)$ 表示加入修饰词后复合观点词的情感强度；w_i 表示程度副词的作用强度，i 为程度副词所属的分类级别，所以有 $w_i\in(0.7,0.9,1.1,1.3)$；$w_{\min}$ 和 $w_{\max}$ 分别表示程度副词作用强度范围内的最小值和最大值。

以“不太好看”为例，假设“好看”的情感强度为 0.8。根据表 5 - 1 显示的程度副词“太”的等级，“太”是绝对程度副词，其级别为“极量”，作用强度值为 1.1。通过式(5 - 1)的计算，“不太好看”的情感强度为：$((0.7+1.3)-1.1)\times 0.8=0.56$。

由于在第 3 章基于 LDA 主题模型的特征词与观点词识别算法中(详见第 3 章 3.3.1 的表 3 - 4)，已经从相关文献建立的情感极性词典[144]中提取了否定词与双重否定词。因此，本章使用第 3 章中建立的否定词集和双重否定词集进行情感强度计算。

5.3.2 观点词的情感强度计算

根据词语之间的语义关联关系，计算观点词的情感强度。基本思路是：与具有正面情感的词语之间存在关联关系的词语也表达正面情感，反之，与具有负面情感的词语之间存在关联关系的词语也表达负面情感。其中，与正面情感强度最高的情感词之间的关联度越强，该词语表达的正面情感强度越高；反之，与负面情感强度最高的情感词之间的关联度越强，该词语表达的负面情感强度越高。因此，通过计算观点词与一组具有高强度正面情感和高强度负面情感的种子词之间的语义关联度，量化观点词的情感强度。

基于以上思路，Turney[100]分别计算词语与正面情感种子词(如“好”等)的点互信息(Point Mutual Information, PMI)，以及与负面情感种子词(如“差”等)的点互信息，最后通过求差值的方式来量化观点词的情感强度。在此基础上，Turney 还以情感强度等于 0 为临界点，对形容词进行情感分类，准确率为 82.8%。

然而，基于 PMI 计算词语之间语义关联度的算法却忽略了两个词语同时不出现在评论中的概率，以及二者仅其一出现的概率，即遗漏了词语之间隐性的关联关系。因此,结合第 3 章 3.3.1 采用的平衡互信息法(BMI)[140],本书提出 SO-BMI(Sentiment Orientation-Balanced Mutual Information)算法,计算观点词的情感强度。如式(5-2)所示。

$$\begin{aligned} SO\text{-}BMI &= BMI(o,\ t_p) - BMI(o,\ t_n) \\ &= \left(\beta \times \left[Pr(o,\ t_p) \times \log_2\left(\frac{Pr(o,\ t_p)}{Pr(o)Pr(t_p)}\right) + Pr(\neg o,\ \neg t_p)\right.\right. \\ &\quad \left.\times \log_2\left(\frac{Pr(\neg o,\ \neg t_p)}{Pr(\neg o)Pr(\neg t_p)}\right)\right] - (1-\beta) \times \left[Pr(o,\ \neg t_p)\right. \\ &\quad \left.\left.\times \log_2\left(\frac{Pr(o,\ \neg t_p)}{Pr(o)Pr(\neg t_p)}\right) + Pr(\neg o,\ t_p) \times \log_2\left(\frac{Pr(\neg o,\ t_p)}{Pr(\neg o)Pr(t_p)}\right)\right]\right) \\ &\quad - \left(\beta \times \left[Pr(o,\ t_n) \times \log_2\left(\frac{Pr(o,\ t_n)}{Pr(o)Pr(t_n)}\right) + Pr(\neg o,\ \neg t_n)\right.\right. \\ &\quad \left.\times \log_2\left(\frac{Pr(\neg o,\ \neg t_n)}{Pr(\neg o)Pr(\neg t_n)}\right)\right] - (1-\beta) \times \left[Pr(o,\ \neg t_n)\right. \\ &\quad \left.\left.\times \log_2\left(\frac{Pr(o,\ \neg t_n)}{Pr(o)Pr(\neg t_n)}\right) + Pr(\neg o,\ t_n) \times \log_2\left(\frac{Pr(\neg o,\ t_n)}{Pr(\neg o)Pr(t_n)}\right)\right]\right) \end{aligned} \tag{5-2}$$

同样使用滑动窗口遍历评论,并且根据前文所述(详见第 3 章 3.3.1),窗口大小设为 8 个字符。在式(5-2)中,t_p 表示正面情感种子词,t_n 表示负面情感种子词,$Pr(o) = n_o/N$ 为观点词 o 出现在窗口中的概率(n_o 为包含观点词 o 的窗口数量,N 为语料中的窗口数量)。同理,$Pr(t_i)(i = p,\ n)$ 为情感种子词 t_i 出现在窗口中的概率,$Pr(\neg o)$ 与 $Pr(\neg t_i)$ 分别为观点词 o 与情感种子词 t_i 未出现在窗口中的概率,$Pr(o,\ t_i)$ 为观点词 o 与情感种子词 t_i 同时出现在窗口中的联合概率,$Pr(\neg o,\ \neg t_i)$ 为观点词 o 与情感种子词 t_i 均未出现在窗口中的联合概率。权重因子 $\beta \in [0.5,\ 0.7]$ 用于调节正、负关联度的相对权重。

最后,对观点词与所有情感种子词的 SO-BMI 值进行算术平均,将平均值作为其情感强度值,如式(5-3)所示。

$$Strength(o) = \frac{\sum_{j=1}^{k}\sum_{i=1}^{l}(BMI(o,\ t_{pj}) - BMI(o,\ t_{ni}))}{k \times l} \tag{5-3}$$

其中,k 表示正面情感种子词的数量,l 表示负面情感种子词的数量。

此外，在选择情感种子词时，根据观点词情感强度计算的需要，其情感强度必须为公认的最高，即强度的绝对值接近于 1。由于在第三章基于 LDA 主题模型的特征词与观点词识别算法中（详见第 3 章 3.3.1 的表 3－3），已经从产品评论中提取了高频情感种子词。因此，只需要从情感种子词集中选取情感强度最高的一组种子词。

本书邀请 9 位语言学专家，对原有的情感种子词进行情感强度打分。情感强度的分数取值范围要求在－1 到 1 之间，并且以 0 为界限。将大于 0 的分值赋予表达正面情感的观点词，其中将分值 1 赋予正面情感强度最高的词语。同理，将小于 0 的分值赋予表达负面情感的观点词，其中将分值－1 赋予负面情感强度最高的词语。最后，对每个观点词的分值求平均值（对负面观点词的分值取绝对值），将总分从高到低排序，取前 10 个情感词作为情感强度最高的、用于观点词情感强度计算的种子词。结果如下表所列。

表 5－2　用于观点词情感强度计算的种子词集

正类情感种子词	好，佳，喜欢，爱，满意，不错，棒，爽，赞，值
负类情感种子词	差，糟糕，问题，弱，垃圾，耗，坏，失望，烂，后悔

5.3.3　“特征观点对”的情感强度计算

根据 5.3.1 节的分析，当观点词与不同的特征词搭配时，观点词的情感极性和情感强度都可能发生变化。因此，将特征词当作观点词的情感修正器，以观点词的情感强度为基础，特征词对观点词的修正作用为系数，共同计算特征观点对的情感强度。

假设正面的特征观点对能够对正面评论产生正向的作用，而对反面评论产生负向的作用；同理，负面的特征观点对能够对负面评论产生正向的作用，而对正面评论产生负向的作用。基于 Lau 等的研究结论[164-165]，特征观点对与其所在评论之间存在如下关系：正面的特征观点对在正面评论中出现的概率大于其在负面评论中出现的概率，反之亦然。

因此，本书提出基于上下文语境分析的语义计算方法，量化特征词对观点词情感的作用。根据 KL 距离理论（Kullback-Leibler divergence，KL）[183]，本书采用词语距离（Word Divergence，WD）衡量特征词对观点词的情感影响系数。该方法的有效性已经在 Kindo 等[184] 和 Lau 等[164-165，199] 的研究中得到了验证。与原 KL 距离理论不同的是，WD 并非求特征观点对在正面与负面的评论中出现的条件概率之和，而是反过来求差，以表现特征观点对排斥与其情感相反的评论的能力，这恰好与本书的假设条件相符。

特征词对观点词的情感影响系数如式(5-4)所示。

$$w(f, o) = \tan\left(\frac{df(f, o)}{df(pos)} \times Pr(pos \mid (f, o)) \times \log_2 \frac{Pr(pos \mid (f, o))}{Pr(pos)} - \frac{df(f, o)}{df(neg)} \times Pr(neg \mid (f, o)) \times \log_2 \frac{Pr(neg \mid (f, o))}{Pr(neg)}\right) \tag{5-4}$$

对方程求双曲正切函数 tan，是为确保影响系数 $w(f, o)$ 的取值在单位区间[0, 1]内。在式(5-4)中，$Pr(pos \mid (f, o)) = \frac{df(pos, (f, o))}{df(fop)}$ 与 $Pr(neg \mid (f, o)) = \frac{df(neg, (f, o))}{df(fop)}$ 分别计算特征观点对 (f, o) 出现在正面情感与负面情感的评论中的条件概率。其中，$df(pos, (f, o))$ 与 $df(neg, (f, o))$ 分别表示包含该特征观点对的正面评论数与负面评论数，$df(f, o)$ 则表示包含该特征观点对的评论总数。$Pr(pos) = \frac{df(pos)}{df(pos) + df(neg)}$ 与 $Pr(neg) = \frac{df(neg)}{df(pos) + df(neg)}$ 分别计算评论的整体情感为正面与负面的先验概率，其中，$df(pos)$ 和 $df(neg)$ 分别表示正面评论与负面评论的数量。

此外，每新增一批测试语料，需要自动更新特征词对观点词的情感影响系数：$w'(f, o) = \alpha \times w(f, o) + \beta \times w_{new}(f, o)$，其中，$w_{new}(f, o)$ 为对新语料进行计算所得的情感影响系数，并且 $\alpha = \beta = 0.5$。

最后，将特征词对观点词的情感影响系数，以及程度副词的作用强度(详见式(5-1))，代入观点词的情感强度计算公式中(详见公式(5-3))，得到整个特征观点对的情感强度值，如式(5-5)所示。

$$Strength(f, o) = \begin{cases} [(w_{min} + w_{max}) - w_i] \times w(f, o) \times Strength(o) \\ \quad \text{程度副词位于否定词和观点词之间} \\ w_i \times w(f, o) \times (-Strength(o)) \\ \quad \text{否定词位于程度副词和观点词之间} \end{cases} \tag{5-5}$$

其中，w_i 表示程度副词的作用强度，$w(f, o)$ 表示特征词对观点词的影响程度。

5.4 实验与评价

5.4.1 实验步骤设计

本章仍然以手机、数码相机和笔记本电脑的评论为实验对象，并且共享第 3 章建立的实验语料库。本次实验主要分为以下几个步骤：

(1) 利用第 3 章提出的基于 LDA 主题模型的特征词与观点词识别算法，以及第 4 章提出的基于领域本体的特征词与观点词配对算法，从实验语料库的测试语料中提取特征观点对；

(2) 以情感词典 HowNet 为辅助资源，从不同类型产品的评论中提取有限数量的情感种子词、否定词、双重否定词和程度副词；

(3) 采用基于平衡互信息的语义关联度算法计算观点词的情感强度，利用词语距离衡量特征词对观点词的情感影响系数，最后共同计算特征观点对的情感强度；

(4) 选择具有代表性的相关研究作为基线方法，设计对比实验，验证基于上下文语义计算的方法在特征观点对情感强度计算和情感极性分类上的有效性。

本次实验的基本流程如图 5-2 所示。

5.4.2 实验语料处理

1. 文档预处理

文档预处理主要包括：分词、去停用词，如“的”、“呢”等，以及词性标注。类似于第 3 章和第 4 章的实验方法，本章同样采用 ICTCLAS 软件对中文产品评论自动进行分词和词性标注，并且用逗号“，”替代评论中的空格、“～”、“/”等符号。

2. 实验语料统计结果

本章是在第 4 章的基础上，对已经识别的特征观点对进行情感强度计算，并且基于此进一步判断其情感极性。因此，本章使用的实验语料仍然为第 3 章建立的实验语料库中的测试语料，包含手机、数码相机和笔记本电脑三类产品的评论各 1 000 条。

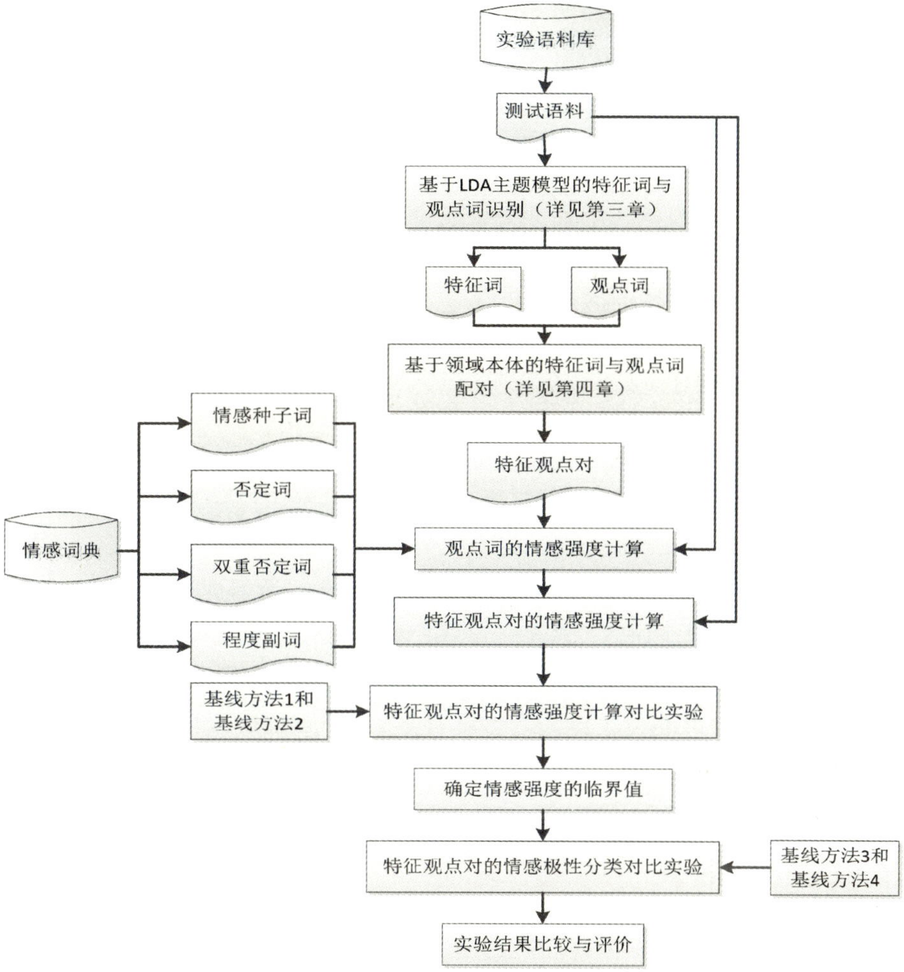

图 5－2　实验基本流程图

为了保证实验结果的有效性与一致性，本次实验选择与前面实验中相同的三名语料标记人员，对实验语料中的特征观点对的情感极性（正面或者负面）与情感强度进行手工标注。将特征观点对的情感强度的取值范围设定为[－1，1]，步长为 0.1。正面情感的强度越高，特征观点对的情感强度值越接近 1，反之，负面情感的强度越高，特征观点对的情感强度值越接近－1。如果三人对某个特征观点对情感极性的判断一致，则该特征观点对的情感强度以三位标注者的平均值为最终标记结果；如果对该特征观点对情感极性的判断存在不一致的情况，则由三人讨论后进行修改，确定最终的情感强度。实验语料的人工标注结果如表 5－3 所列。

表 5-3　实验语料的统计结果

统 计 项 目	手 机	数码相机	笔记本电脑
所有评论总数	1 000	1 000	1 000
正面评论总数	572	605	413
负面评论总数	428	395	587
所含特征观点对总数(包括重复出现)	5 614	5 787	5 247
正面特征观点对总数(包括重复出现)	2 947	3 703	2 025
负面特征观点对总数(包括重复出现)	2 667	2 084	3 222
平均每条评论包含特征观点对的数量	5.6	5.8	5.2
平均每条评论包含的正面特征观点对数量	2.9	3.7	2.0
平均每条评论包含的负面特征观点对数量	2.7	2.1	3.2
每条评论的平均字数	97.16	106.02	295.02

从表 5-3 可以看出，数码相机的正面评论包含的特征观点对总数小于其正面特征观点对的数量($605\times5.8=3\ 509<3\ 703$)，而笔记本电脑的负面评论包含的特征观点对总数小于其负面特征观点对的数量($587\times5.2=3\ 052.4<3\ 222$)。这说明正面评论中可能包含负面的特征观点对，而负面评论中也可能包含正面的特征观点对。

5.4.3　实验评价方法

对于特征观点对情感强度计算结果的评价，将依据算法计算得到的情感强度值与人工标注结果进行对比，以此衡量算法的准确率。由于特征观点对的情感强度具有模糊性，人工标注的结果也存在主观性，所以允许情感强度的计算结果在情感极性判定正确的前提下存在一定的误差。设误差系数 α，只要保证情感极性判断正确，并且算法计算出的情感强度值与人工标注结果的差值属于误差系数范围之内，就认为特征观点对的情感强度计算结果正确。反之，如果情感极性判断错误，或者算法计算出的情感强度值与人工标注结果之差超出误差系数 α 的取值范围，则认为该计算结果错误。

对于特征观点对情感极性分类的评价，将算法标记的情感极性分类结果与人工标注结果进行对比，计算特征观点对情感极性分类的准确率。其中，总体分类准确率 $P=(A+D)/(A+B+C+D)$，正面情感分类的准确率 $P_p=A/(A+B)$，负面情感分类的准确率 $P_n=D/(C+D)$。A, B, C, D 的含义如表 5-4 所列。

表 5 - 4　情感极性分类准确率的评价标准

	人工标注为正面的特征观点对数量	人工标注为负面的特征观点对数量
算法标记为正面的特征观点对数量	A	B
算法标记为负面的特征观点对数量	C	D

5.4.4　实验 1：计算“特征观点对”的情感强度值

通过基于上下文语境分析的语义计算方法，计算特征观点对的情感强度，分别得到三类产品评论中排名前 10 的正、负类特征观点对。结果如表 5 - 5—表 5 - 7所列。

表 5 - 5　前 10 对正、负类特征观点对的情感强度(手机评论)

正面情感的特征观点对			负面情感的特征观点对		
特征词	观点词	情感强度	特征词	观点词	情感强度
手机	不错	0.999	手机	差	—0.861
手机	好	0.999	功能	烂	—0.859
价格	便宜	0.998	质量	问题	—0.854
性价比	高	0.997	电池	耗	—0.843
外观	不错	0.997	后盖	紧	—0.836
外观	漂亮	0.995	后盖	缝隙	—0.830
功能	强大	0.993	屏幕	小	—0.829
屏幕	大	0.991	待机	短	—0.827
电池	耐用	0.987	反应	慢	—0.807
价格	实惠	0.972	杂音	大	—0.799

表 5 - 6　前 10 对正、负类特征观点对的情感强度(数码相机评论)

正面情感的特征观点对			负面情感的特征观点对		
特征词	观点词	情感强度	特征词	观点词	情感强度
电池	好	0.999	质量	问题	—0.858
相机	不错	0.998	镜头	损坏	—0.857
摄像头	满意	0.998	液晶屏	指纹	—0.853

续 表

正面情感的特征观点对			负面情感的特征观点对		
特征词	观点词	情感强度	特征词	观点词	情感强度
相机	棒	0.997	价格	高	−0.846
性价比	高	0.995	像素	低	−0.844
机身	无划痕	0.994	液晶屏	坏点	−0.839
价格	便宜	0.991	摄像头	脏	−0.828
电池	长	0.989	快门	指纹	−0.807
设计	时尚	0.982	机身	划痕	−0.791
像素	高	0.980	成像	不好	−0.787

表 5－7　前 10 对正、负类特征观点对的情感极性值(笔记本电脑评论)

正面情感的特征观点对			负面情感的特征观点对		
特征词	观点词	情感强度	特征词	观点词	情感强度
笔记本	棒	0.999	笔记本	垃圾	−0.853
键盘	好	0.999	笔记本	损坏	−0.839
电池	不错	0.997	无线	问题	−0.824
电脑	好	0.997	保修	损坏	−0.823
电池	长	0.995	电池	缺陷	−0.795
硬盘	大	0.993	主板	差	−0.782
重量	轻	0.989	笔记本	蓝屏	−0.782
使用寿命	长	0.986	寿命	短	−0.737
键盘	简单	0.972	售后	不好	−0.732
外观	大气	0.966	维修	多	−0.732

通过对表 5－5—5－7 的分析，得到以下结论：

(1) 负面特征观点对情感强度值的绝对值小于正面特征观点对。这可能是因为用户在表达正面观点时，通常使用标准化的、通用的观点词(比如“外观不错”和“相机好”等)。但是在表达负面观点时，却经常从细节上描述该产品的弱点，并且表达方式多样，由此产生多种特征词与观点词的配对组合，从而降低了特定组合在产品评论中出现的概率，也就降低了负面特征观点对的情感强度值。

（2）同一观点词的情感极性可能随着特征词的不同而改变。比如在表 5-5 中，当“大”与“屏幕”搭配时表达正面情感，而与“杂音”搭配时则表达负面情感，这与 5.3.1.1 节的分析结果相符，特征词可能影响观点词的情感极性。

（3）同一观点词的情感强度也可能随着特征词的不同而发生变化。比如在表 5-6 中，“高”与“性价比”搭配时的情感强度为 0.995，而与“像素”搭配时的情感强度则变为 0.980，这也与 5.3.1.1 节的分析结果相符，特征词可能影响观点词的情感强度。

（4）特征词不仅包括名词还包括动词（如“设计”），观点词不仅包括形容词还包括名词和动词（如“垃圾”和“损坏”）。

5.4.5　实验 2：“特征观点对”情感强度计算的对比实验

1. 基线方法

在特征观点对情感强度计算的对比实验中，分别从基于语料和基于情感词典的研究中选取具有代表性的算法作为基线方法，与本书提出的方法进行对比。

（1）基于语料的方法：基线方法 1 重现 Turney 和 Littman 提出的情感强度计算方法[76]。首先将“好”与“差”作为情感种子词；然后分别计算特征观点对与“好”的点互信息值和潜在语义分析值，以及与“差”的点互信息值和潜在语义分析值；最后计算特征观点对与两个情感种子词的点互信息值和潜在语义分析值的差值，作为情感强度值。

（2）基于情感词典的方法：基线方法 2 重现 Kamps 提出的情感强度计算方法[86]。首先，以 HowNet 中所有形容词为节点，代表两个词同义关系的连接为边，建立无向图；然后，将图中词 w_1 和 w_2 的距离 $d(w_1, w_2)$ 定义为连接 w_1 和 w_2 的最短路径长度，如果 w_1 和 w_2 不相连，则 $d(w_1, w_2)=+\infty$；最后，通过观点词 o 与两个情感种子词“好”和“差”的相对距离，计算特征观点对的情感强度 $(so(o)=(d(o, \text{差})-d(o, \text{好}))/d(\text{差}, \text{好}))$。

2. 实验结果比较与评价

为了削弱人工标注结果的主观性对实验的影响，本书借鉴了相关研究的实验设计方法，为误差系数 α 设定不同的数值。表 5-8 列出了在不同的误差系数条件下，基于上下文语境分析的语义计算方法与两个基线方法的对比实验结果。结果表明在三类产品的测试语料上，本书提出的方法都取得了较高的情感强度计算准确率。

表 5－8　特征观点对情感强度计算的对比实验结果

项　　目	手机评论			数码相机评论			笔记本电脑评论		
	α=0.1	α=0.2	α=0.3	α=0.1	α=0.2	α=0.3	α=0.1	α=0.2	α=0.3
基线方法 1	38.36%	57.83%	68.72%	39.91%	59.87%	71.47%	37.81%	59.85%	69.91 %
基线方法 2	31.05%	46.84%	61.32%	30.85%	47.73%	60.09%	34.27%	54.26%	63.14%
本书提出的算法	44.16%	68.36%	80.51%	43.52%	67.03%	79.02%	39.76%	63.02%	78.65 %

通过对表 5－8 中的对比实验结果进行分析，可得出以下结论：

(1) 相较于两个基线方法，对于三类产品的测试语料以及不同的误差系数，本书提出的方法在特征观点对的情感强度计算中都取得了最好的结果。尤其是该方法比两个基线方法提高了超过 10%的准确率，充分说明了本书较大程度地改进了对情感强度的量化。

(2) 对于三类产品的测试语料以及不同误差系数，基于情感词典的方法在特征观点对情感强度计算上的准确率都最低。原因在于该方法只根据观点词在情感词典中的定义计算情感强度，而未将观点词放到语料中，分析其情感强度随上下文的不同而发生的动态变化。换句话说，该方法忽略了观点词的评价对象，以及否定词、双重否定词和程度副词等观点修饰词，在特征观点对情感强度计算中的作用。此外，基于情感词典的方法还无法计算评论中的口语化词语和流行新词(例如“垃圾”等)的情感强度。

(3) 相比之下，基于语料的方法比基于情感词典的方法更能准确地计算特征观点对的情感强度，这间接地反映了上下文的语境信息比词典中一成不变的释义信息更有价值。然而，该方法在所有测试语料上的准确率都显著低于本书提出的方法。原因在于该方法仍然未能充分分析上下文语境，忽略了特征词和观点修饰词对特征观点对情感强度的限制、调节和修正作用。

(4) 随着误差系数 α 取值的增加，本书提出的方法与两个基线方法在情感强度计算的准确率上都得到了较大程度的提升。根据情感强度的相关研究，[−0.3, 0.3]是可以接受的误差范围[172-175]。只要算法计算的结果与人工标注的结果同为正值或者负值，那么二者之差在[−0.3, 0.3]之间，就认为算法计算结果是正确的。

(5) 在三类产品的测试语料上，本书提出的方法与两个基线方法的情感强度计算准确率变化都不显著。其中本书提出的方法的变化幅度最小，并且取得了约 80%的情感强度计算准确率，说明其具有良好的稳定性和领域可移植性。

5.4.6　实验 3：设定“特征观点对”的情感强度临界值

在实验 1 的基础上，本书还设计实验，通过确定情感强度的临界值，进一步判断特征观点对的情感极性。

在情感极性分类中，通常需要预先设定分类的临界点。在相关研究中，大部分学者都从人们判断情感极性的常识出发，将临界值设为 0[81,91-93,96,100,171]。这样的做法虽然具有一定的合理性，但是却鲜有研究者用实验证明是否还有其他的阈值比 0 更适合成为情感极性分类的临界点。因此，本书在对特征观点对进行情感极性分类之前，先通过实验确定最佳的情感强度临界值。

本书将情感极性分类临界点的取值范围设定为[−0.15，−0.1，−0.05，0，0.05，0.1，0.15]，并且在三类产品的测试语料上，进行特征观点对情感分类的对比实验。表 5 - 9 列出了在不同情感强度临界值的条件下情感分类的准确率，包括正面情感分类准确率、负面情感分类准确率和总体情感分类准确率。

表 5 - 9　在不同临界值下的特征观点对情感极性分类准确率

临界值	手机评论			数码相机评论			笔记本电脑评论		
	正面	负面	总体	正面	负面	总体	正面	负面	总体
$T=0.15$	97.49	68.82	69.49	98.67	76.23	77.66	98.73	56.66	57.49
$T=0.1$	94.65	80.96	81.76	96.73	84.70	88.25	94.93	70.82	71.86
$T=0.05$	92.80	89.96	90.84	**95.77**	**89.16**	**93.89**	92.17	83.32	84.54
$T=0$	**91.88**	**94.69**	**93.65**	92.90	90.05	91.07	90.36	92.58	91.89
$T=-0.05$	87.29	95.16	88.50	85.47	90.95	87.43	**89.73**	**96.44**	**95.22**
$T=-0.1$	78.56	96.59	79.65	74.36	92.77	76.06	85.25	97.40	88.56
$T=-0.15$	66.77	99.01	67.30	60.97	95.55	62.37	76.72	99.35	77.49

根据表 5 - 9 的实验结果，不难发现在不同的测试语料上，最高的情感极性分类准确率对应的临界值并不相同，分别为 $T_{手机}=0$，$T_{数码相机}=0.05$ 和 $T_{笔记本电脑}=-0.05$。

造成这一现象的主要原因可能与测试语料中正面评论与负面评论所占比重

相关。由于本章提出的方法依赖于对语料的统计，所以特征观点对情感强度的取值与语料库中不同情感的语料所占比例密切相关。

根据 5.4.2 对测试语料的统计结果（表 5-3），在三类产品的测试语料中，手机评论中的正、负情感分布情况相对比较平衡。具体来说，手机的正、负面评论数量之差最小，并且正、负面特征观点对的数量之差也最小；数码相机的正面评论比负面多，正面特征观点对也比负面多；而笔记本电脑则相反，其正面评论比负面评论少，正面特征观点对也比负面特征观点对少。

以上这种情况可能造成了情感强度的临界值发生偏移。数码相机语料中存在相对较多的正面特征观点对，使得总体情感分类结果受正面情感分类结果的影响相对较大，所以当 $T=0.05$ 时正面情感分类的准确率较高，也使得总体情感分类的准确率达到最高；反之，笔记本电脑语料中存在相对较多的负面特征观点对，使得总体情感分类结果受负面情感分类结果的影响相对较大，所以 $T=-0.05$ 可以提高负面情感分类的准确率，也就增加了总体情感分类的准确率。

此外，不同产品评论的人工标注结果也存在主观性，从而产生一定的误差，也可能使得情感强度临界值 $T\neq 0$。通过对表 5-9 的实验结果进行分析，在三类产品的测试语料上，$T=0$ 时都能取得较高的情感极性分类准确率，并且正面、负面和总体情感分类准确率也比较平均，说明该临界值下的情感极性分类效果相对比较良好和稳定。因此，本书仍然以 $T=0$ 作为情感极性分类的临界值。

5.4.7　实验 4:“特征观点对”情感极性分类的对比实验

1. *基线方法*

在特征观点对情感极性分类的对比实验中，分别从基于语料和基于情感词典的两类研究中选取具有代表性的算法作为基线方法，与本书提出的方法进行对比。

（1）基于语料的方法：基线方法 3 重现刘鸿宇等提出的情感极性判别方法[21]。首先人工选择情感种子词，再根据每个特征观点对所在评论句的句型来判断其情感极性。具体来说，如果特征观点对所在句子带有明显的情感极性，那么特征观点对的情感极性与句子的情感极性相同；如果该句子的褒义和贬义情感种子词的个数相同，那么特征观点对的情感极性为与其相距最近的情感种子词的情感极性；如果该句子没有情感种子词，但邻近的句子带有明显的情感极性，则以该句子的情感极性为优先判断标准。

(2) 基于情感词典的方法：基线方法4重现Andreevskaia和Bergler提出的STEP算法(Semantic Tag Extraction Program)[87]。首先，人工选择情感种子词；然后，基于HowNet对词语的定义，使用情感种子词的同义词、反义词和下位词来扩充种子词集；最后，对于特征观点对，在HowNet中查找相关的定义，如果该特征观点对的释义中包含情感种子词，则根据情感种子词的情感类别判断该特征观点对的情感极性。

2. 实验结果比较与评价

根据实验3的结果，本实验将情感极性分类的临界点设定为 $T=0$。表5-10列出了本书提出的方法与两个基线方法的对比实验结果，包括正面情感分类准确率、负面情感分类准确率和总体情感分类准确率。实验结果反映了本书提出的算法具有较好的特征观点对情感极性判断能力。

表5-10　特征观点对情感极性分类的对比实验

项　目	手机评论			数码相机评论			笔记本电脑评论		
	正面	负面	总体	正面	负面	总体	正面	负面	总体
基线方法3	82.36%	81.58%	82.61%	83.13%	84.37%	83.83%	81.52%	79.83%	80.48%
基线方法4	73.47%	71.22%	71.67%	75.68%	76.39%	76.27%	72.06%	72.58%	72.46%
本书提出的算法	91.88%	94.69%	93.65%	92.90%	90.05%	91.07%	90.36%	92.58%	91.89%

通过对表5-10中的对比实验结果进行分析，可得出以下结论：

(1) 在三类产品的测试语料上，本书提出的方法在特征观点对正面情感分类、负面情感分类和总体情感分类的准确率上都显著高于两个基线方法。尤其是该方法比两个基线方法提高了约10%的准确率，充分说明了本书较大程度地改进了对情感极性的判断。

(2) 在三类产品的测试语料上，基于情感词典的方法在正面情感分类、负面情感分类和总体情感分类的准确率上都是最低的。原因在于该方法在判断特征观点对的情感极性时，忽略了特征词对观点词的影响，以及否定词对特征观点对情感极性的反作用。此外，该方法还无法对评论中的流行新词和口语观点词进行情感极性分类。

(3) 相比之下，基于语料的方法在正面情感分类、负面情感分类和总体情感分类的准确率上都明显优于基于情感词典的方法。这间接地反映了评论的上下文语境对特征观点对情感分类的重要作用。然而，该方法的实验结果仍然低于本书提出的方法。这是由于该方法利用人工定义的句型规则判断特征观点对的情感极性，其制定的规则相对比较简单，无法涵盖所有可能存在的评论句型，并且不一定适用于口语化严重、语法不规范的中文产品评论。

(4) 在三类产品的测试语料上，特征观点对的总体情感分类准确率几乎都比较接近于负面情感分类的准确率。这说明整体分类效果受负面情感分类的影响较大。这可能是因为在负面语料中，用户对负面观点的表达方式比较多样，由此产生较多的负面特征观点对，从而影响总体情感分类的效果。

(5) 在三类产品的测试语料上，本书提出的方法与两个基线方法的情感极性分类准确率变化都不显著。其中本书提出的方法的变化幅度最小，并且取得了高于 90%的情感极性分类准确率，说明其具有良好的稳定性，以及在不同产品之间的可移植性。

5.4.8 实验 5：基于“特征观点对”情感分析的产品对比评测

通过对产品评论中的特征观点对进行识别与情感分析，能够为消费者提供详细的用户评价与反馈信息。因此，本实验以手机为对象，对产品评论进行细粒度情感分析，以此实现不同手机之间的对比评测。

在亚马逊网站上选择热门手机 iPhone5S 和 Nokia1050，并且下载相关评论各 200 条。细粒度情感分析的结果如表 5－11 所列。

表 5－11　手机评论中的特征观点对及其情感极性与情感强度

情感极性	特　征　观　点　对	
正面情感	外观	(外观不错，0.997)，(外观漂亮，0.995)，(外观时尚，0.948)，(外观好看，0.807)
	操作	(操作方便，0.646)，(操作流畅，0.477)，(操作简单，0.701)，(操作还行，0.382)
	基本功能	(功能齐全，0.572)，(功能强大，0.993)，(功能一般，0.360)，(通话好，0.970)，(通话不错，0.970)，(通话流畅，0.897)
	屏幕	(屏幕大，0.991)，(屏幕清晰，0.963)，(屏幕灵敏，0.729)
	摄像	(摄像好，0.948)，(摄像不错 0.943)，(摄像清晰，0.904)
	价格	(价格便宜，0.998)，(价格实惠 0.775)，(性价比高，0.997)，(价格合理，0.744)

续　表

情感极性	特征观点对	
正面情感	性能	(性能卓越,0.673),(性能强劲 0.550),(性能稳定,0.729)
	配件	(配件齐全,0.735),(配件好 0.957),(配件足够,0.584)
	质量	(质量高,0.760),(质量好,0.966),(质量一般 0.423)
	重量	(重量轻,0.791)
	电池	(电池耐用,0.990),(电池持久 0.947),(电池强,0.633),(电池不耗电,0.819)
	系统	(系统完善,0.798),(系统快,0.680),(系统稳定,0.815),(系统人性化,0.539)
负面情感	外观	(外观难看,−0.705),(外观一般,−0.452),(后盖缝隙,−0.830),(后盖,紧,−0.836)
	操作	(操作费劲,−0.673),(操作复杂−0.764),(反应慢,−0.807)
	基本功能	(功能烂,−0.859),(功能死板,−0.584),(功能落伍,−0.633),(功能简单,−0.497),(通话差,−0.764),(通话有杂音,−0.783),(杂音大,−0.799)
	屏幕	(屏幕小,−0.829),(屏幕指纹,−0.705),(屏幕问题,−0.783)
	摄像	(摄像不佳,−0.553),(摄像模糊,−0.468),(摄像差,−0.673)
	价格	(价格高−0.726),(价格离谱,−0.758),(性价比低,−0.791),(价格不值,−0.589)
	性能	(性能欠佳,−0.625),(性能不出色,−0.471),(性能不行,−0.588)
	配件	(配件少,−0.485),(配件不齐,−0.510)
	质量	(质量差,−0.783),(质量低,−0.572),(质量问题,−0.854)
	重量	(重量笨重,−0.630)
	电池	(电池不耐用,−0.741),(电池短,−0.664),(电池耗电,−0.843)
	系统	(系统不稳定,−0.480),(系统烂,−0.759),(系统不给力,−0.531)

在此基础上,对产品各个特征的正面和负面评价进行统计(表 5－12 和图 5－3),为消费者提供产品对比评测所需的信息。表 5－12 中的机型 1 和机型 2 分别代表 iPhone5S 和 Nokia1050。

表 5－12　两款手机的对比评测

项目	机型	手机	价格	配件	性能	质量	重量	电池
总体	1	17.87	−9.41	0.97	4.16	3.17	1.04	−6.85
	2	13.35	7.36	−1.05	2.65	3.15	0.91	5.96
正面	1	24.18	1.88	1.46	5.82	4.44	1.67	2.06
	2	20.63	8.83	0.74	3.45	3.72	1.09	7.15
负面	1	−6.31	−11.29	−0.49	−1.66	−1.27	−0.63	−8.91
	2	−7.28	−1.47	−1.79	−0.80	−0.57	−0.18	−1.19
项目	机型	屏幕	基本功能	摄像	系统	操作	外观	
总体	1	6.31	2.09	7.36	5.30	−0.14	10.72	
	2	−1.36	2.31	0	0	2.33	0.36	
正面	1	9.47	2.95	8.83	7.42	0.62	12.86	
	2	1.22	3.47	0	0	3.00	0.81	
负面	1	−3.16	−0.86	−1.47	−2.12	−0.76	−2.14	
	2	−2.58	−1.16	0	0	−0.67	−0.45	

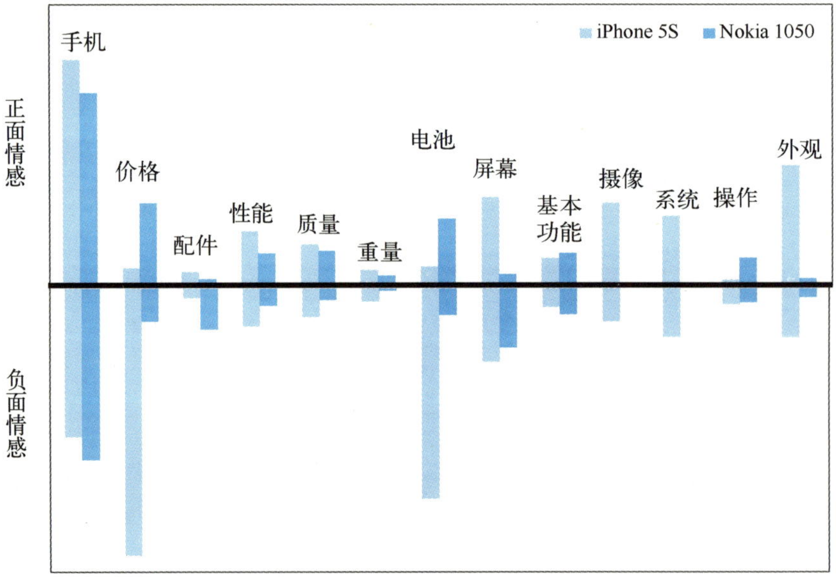

图 5－3　两款手机对比评测结果的图形化输出

根据表 5-12 和图 5-3 的对比评测结果，可以得到以下结论：

(1) 对于 iPhone5S，分别从特征观点对的正面情感与负面情感的累积数值上看，用户对手机整体、屏幕、摄像和外观等特征给予了相对较高的积极评价，而对价格和电池却持有相对较强烈的消极态度。这与该手机具有价格高、外观漂亮、功能强大以及待机时间不长等实际特点相符。

(2) 对于 Nokia1050，同样从特征观点对的正面情感与负面情感的累积数值上看，用户对价格、电池和操作等特征给予了相对较高的积极评价，而对屏幕却持有相对较强烈的消极态度。这与该手机注重基本功能、待机时间长和价格便宜等实际特点相符，并且被公认为经典的“老人机”。此外，由于该手机不带有摄像头，所以评论中并未出现相关的评价。

5.5　本章小结

在第 4 章的基础上，本章对已经识别的特征观点对进行情感强度计算与情感极性分类。针对现有研究的不足，本书将特征词与观点词作为一个整体，提出基于上下文语义计算的特征观点对情感分析方法。该方法不仅量化上下文语境对观点词情感强度与极性的影响，还计算与判断口语观点词的情感强度和极性。

具体来说，首先对观点词和观点修饰词的情感强度模糊性进行分析，并且从情感词典中提取情感种子词、否定词、双重否定词和程度副词；然后分析上下文语境(包括特征词与观点修饰词)对观点词情感强度与极性的影响作用；接着利用平衡互信息法，计算观点词的情感强度；最后根据特征观点对所在产品评论的情感极性，计算特征词对观点词的情感影响系数，并且结合观点词的情感强度，计算特征观点对的情感强度。

在实验评价阶段，使用实验语料库中的测试语料作为实验语料。以基于语料和基于情感词典的代表性方法为基线方法，分别设计情感强度计算与情感极性分类的对比实验。实验结果验证了基于上下文语义计算的特征观点对情感分析方法的有效性和领域可移植性，以及在现有研究基础上的改进。尤其是在三类产品的测试语料上，特征观点对情感强度计算和情感极性分类的准确率都比基线方法提高了约 10 个百分点。

为了保证情感极性分类的准确率，还对情感强度的临界值设置进行了实验。结果表明在三类产品的测试语料上，$T=0$ 时都能取得较高的情感极性分类准确率，并且正面、负面和总体情感分类的准确率比较平均，说明该临界值下的情感分类效果比较良好和稳定。

此外，本章还设计了实验，将特征观点对情感分析的结果应用到产品的对比评测中，初步探讨了产品评论细粒度情感分析的商业价值。

第6章

细粒度情感分析的应用——中文产品评论对商家销量的影响

6.1 产品评论对销量影响的基本思路

6.1.1 产品评论的口碑效应

产品评论的口碑效应是指消费者之间关于产品的、非正式的信息沟通[109]。消费者在购买产品时，总是希望借鉴他人对产品的评价[185]。德勤咨询的调查显示，有67%的网民会浏览产品评论，其中82%认为产品评论影响了他们的购买决策。根据美国DoubleClick.com的研究显示，近一半以上的消费者在制定购买决策之前，会收集有关产品的介绍以及其他消费者对产品的评价等信息。另据CNNIC《2013年中国网络购物市场研究报告》显示，对于80后和90后的消费者而言，产品评论在其购买决策的所有影响因素中占据主导地位。

CIC在2009年6月的一项研究中发现，81.2%的网络用户在过去一年实际购买商品时，都查询过相关的产品评论[186]。从产品的类别来看，在购买手机、数码产品、化妆品和母婴产品时，消费者尤其关注产品评论信息，评论对消费者产生影响的概率都在50%以上。即使在没有特定购买意愿的情况下，这些评论仍然会影响消费者的决策。

CIC调查的结果还表明，89.8%的被访者表示对产品评论会持续地关注；48.7%的被访者会关注自己喜爱的品牌；40.8%的被访者对特定的产品会保持关注。因此，从购买前搜索产品评论到购买后发表评论，产品评论已经影响到消费者购买决策的各个环节(图6-1)。

产品评论的口碑效应还能在一定程度上影响甚至转变消费者对商家的态度。其中，正面的产品评论可以使一个商家有接近50%的机会去改善其原本在

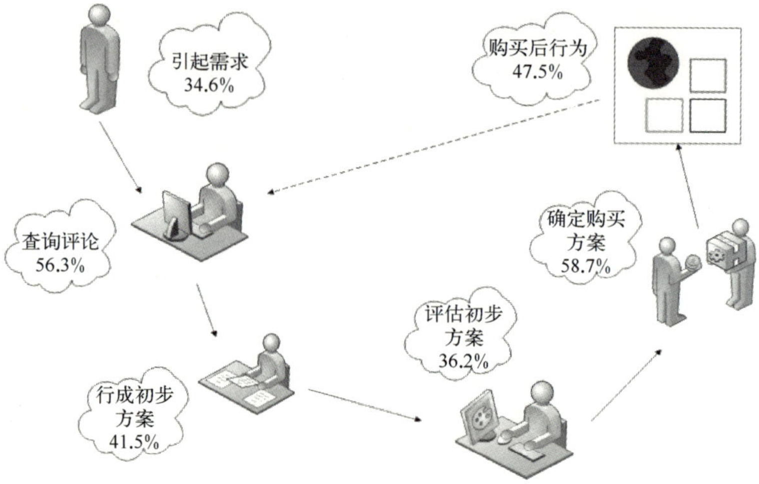

图 6-1　产品评论对消费者购买决策各环节的影响[186]

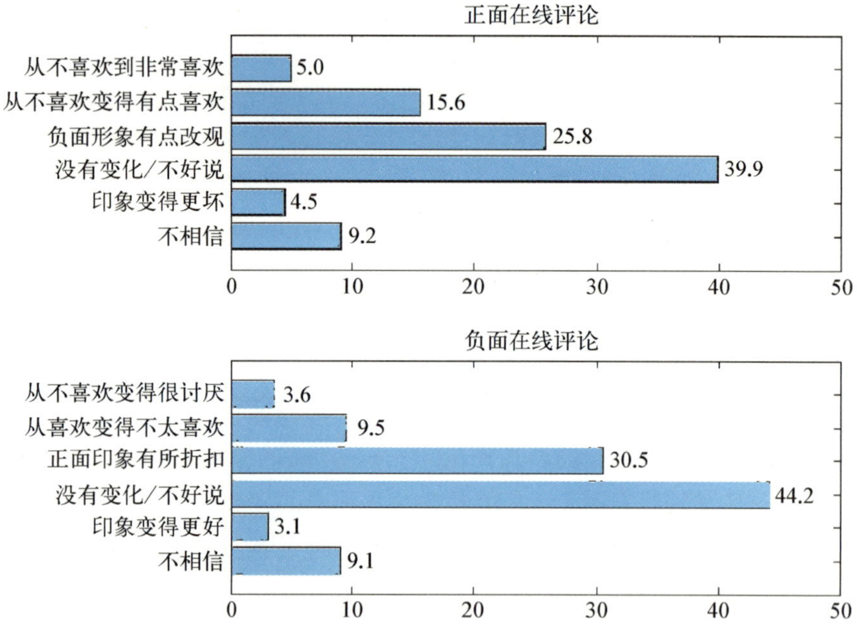

图 6-2　产品评论影响消费者对商家的印象[176]

消费者心中的不良形象(图 6-2),从而为商家带来潜在的商机;相对而言,持续接受负面的产品评论可能损害一个商家在超过 40%的消费者心目中的美好形象。消费者甚至在购买商品后还会保持对产品评论的浓厚兴趣,有47.5%的被访者在购买之后仍然会上网查询产品评论[186]。

综合上述，产品评论已经成为消费者购买决策的重要依据。因此，对于产品的正面评价和负面评价会在一定程度上影响商家的销售业绩。

6.1.2　消费者的购买决策过程

消费者的购买决策是指消费者为了满足某种需求，在一定的购买动机支配下，在可供选择的多个购买方案中，经过分析、评价、选择并且实施最佳的购买方案，以及购物后发布评价的活动过程。它是一个系统的决策活动过程，包括需求的确定、购买动机的形成、购买方案的抉择和实施、购物后发布评价等环节。

影响消费者购买决策的因素可以分为两类：可观测的稳定因素（比如消费者的年龄、性别和收入等内生性因素，以及产品价格和性能等外生性因素）和不可观测的随机因素（往往由消费者所处的环境决定）。

假定消费者在采购中为理智的决策者，对于由不确定性情况所带来的风险持规避的态度。消费者会尽可能地获取产品相关信息，尤其是用户市场的反馈信息，以此了解候选产品不同属性的边际效用，降低决策时的不确定性，从而选择期望效用最大的候选产品。互联网上层出不穷的产品评论正好为消费者提供了最便捷的信息获取渠道，使其得以不断地学习与更新对备选产品的认知，降低决策风险。

6.1.3　产品评论对销量影响的研究框架

现有相关研究主要利用产品评论的数值信息（如星级评分和评论数量等），或者采用粗粒度情感分析技术，挖掘产品评论的整体情感极性，量化产品评论的口碑效应[105-117]，却鲜有挖掘产品评论的文本信息（即不同产品属性以及其对应的正、负面评价），并且分析其对评论口碑效应的作用，以及与产品销量的关系。

因此，本章以产品评论的细粒度情感分析为基础，通过分析产品评论的文本信息为消费者购买决策带来的边际效用，研究产品评论对销量的影响。首先，以描述消费者购买决策的多属性离散选择为理论基础，建立产品评论对销量影响的计量模型；然后，以产品评论的细粒度情感分析结果为样本数据，对模型进行多元回归分析，并且通过面板数据的固定效应模型和工具变量法处理内生性问题；最后，根据回归分析的结果，分析产品评论中的不同评价对象及其评价观点对销量的影响，并且基于此为商家实施口碑营销提供管理建议。

由于产品销量是对市场上所有消费者购买选择的总和，所以整个计量分析过程经历了从微观到宏观的演变。先从微观层面上分析单个消费者在不确定条件下的购买决策，再累积成消费者群体的选择概率，最后转换为宏观层面的产品销量。

与其他相关研究不同的是，本书将不同产品属性的正、负面评价作为目标解释变量，量化产品评论的口碑效应。因此，本章将与产品评论口碑效应有关的信息分为文本信息和数值信息。根据基本概念的界定（详见第一章 1.4.1），文本信息是指通过细粒度情感分析，从产品评论中挖掘出的不同产品属性及其对应的正、负面评价；数值信息是指除文本信息以外的、与产品评论相关的信息，包括评论的星级评分、评论数量、评论长度和有用评论的数量等。

6.2 中文产品评论对销量影响的计量模型：基于多属性离散选择

6.2.1 多属性离散选择的建模方法

在经济学中，离散选择问题是指消费者面对两个或者两个以上的同等消费选择的问题，比如购买哪款手机等。离散选择模型与标准消费模型不同：标准消费模型假设每种消费品的销量为一个连续型变量，通过计算得出最优解；而离散选择模型的出发点是消费者的选择而非销量，其结果可以用来进行数量分析，比如根据结果统计可能选择 A 款手机的消费者有多少等。

离散选择模型（Discrete Choice Model）与消费者的个人属性（比如年龄、职业和收入等）以及选择对象的属性（比如品牌、价位与样式等）密切相关。其主要任务是解释这些属性与选择之间的关系。模型的形式多种多样，包括二元选择模型、多元选择模型和混合选择模型等。本章建立的多属性离散选择模型为多元选择模型。

现有对于多属性离散选择建模的研究还存在一定的不足。例如，Roberts 和 Urban[187]采用控制实验环境的方式，通过调查问卷收集样本数据，利用多属性离散选择模型研究消费者对汽车的品牌选择。Archak，Ghose 和 Ipeirotis[124-125]也采用多属性离散选择模型，研究产品评论对销量的影响。然而，Archak，Ghose 和 Ipeirotis 的研究采用众包（Crowdsourcing）的方法，通过亚马逊网站提供的 Amazon Mechanical Turk（AMT）平台雇佣人力，对评论中的产品特征和评价观点进行人工识别与打分，并且提取前 20 对特征观点对作为样本数据。这些研究采用调查问卷与人工评分的方法收集样本数据，其结果带有较强的主观性，使得样本质量不高，从而影响实证研究结果的有效性。

与现有研究不同的是，本书利用细粒度情感分析方法，以第三方电子商务网站上的产品评论为第一手资料，提取产品评论中的特征观点对作为样本数据。通过这样的操作，提高样本数据来源的可信度，以及实证结果的有效性和客观性。

6.2.2 基于细粒度情感分析的产品评价矩阵

本书利用细粒度情感分析技术对产品评论进行挖掘，从而获得用户对产品的详细评价信息。因此，基于特征观点对的识别和情感分析，生成产品评价矩阵，以此将非结构化的产品评论转化成结构化的用户评价数据。

在特征观点对情感强度计算的实验中，对于计算结果的准确性判断允许存在一定的误差，并且根据已有研究的经验数据设定可接受的误差系数。这样的做法虽然能够有效地检验情感强度计算的准确率，但是为了保证实证研究结果的可靠性和可信度，本章采用特征观点对的情感极性分类结果作为样本数据。

为了研究产品评论对销量的影响，本书将特征观点对作为主要的解释变量，代入基于多属性离散选择的产品销量模型中，分析不同特征观点对对产品销量的作用程度和方向（即促进或者降低销量）。因此，产品评价矩阵以特征词为列向量，以观点词为行向量，向量值为特征观点对在评论中出现的数量。以手机为例，通过手机评论的细粒度情感分析，生成手机评价矩阵。其结果如下图所示。

	不错	便宜	…	贵	漂亮	差
手机	1	1	…	1	1	1
机子	1	1	…	1	1	1
…	…	…	…	…	…	…
价位	1	1	…	1	0	1
价格	1	1	…	1	0	1
外观	1	0	…	0	1	1

图 6－3 手机评价矩阵（示例）

由于产品评论包含的特征观点对数量众多，使得产品评价矩阵的维度过高，无法直接将其作为解释变量代入产品销量的计量模型中。因此，还需要对产品评价矩阵的列向量和行向量进行降维。

对产品评价矩阵的列向量进行降维，也就是将描述同一产品属性的特征词进行合并。根据基本概念的界定（详见第 1 章 1.4.1），产品属性为产品具有的各个方面，也是用户在评价产品时的关注点，所以将产品属性作为产品评价矩阵的新列向量。基于第 3 章提出的特征词与观点词识别算法，通过对 SA - LDA 主题模型输出的“情感-属性对”进行 k -均值聚类(详见第 3 章 3.3.2)，识别产品评论中带有正、负面情感的产品属性。同时，由于词语归属于“情感-属性对”的概率反映了该词语对相应产品属性的隶属程度，所以可以根据特征词在聚类后的“情感-属性对”下的概率分布，将特征词映射到概率最高的产品属性。

对产品评价矩阵的行向量进行降维，也就是按照观点词的正、负面情感极性进行合并。就常识而言，产品的正面评价通常对销售产生积极的作用，而负面评价则通常产生消极作用，所以可以分别对不同产品属性的正面观点和负面观点进行统计。针对每一个产品属性，分别合计正面情感的观点词数量和负面情感的观点词数量，以此作为产品评价矩阵中的向量值。

经过对产品评价矩阵的列向量和行向量进行降维，手机评价矩阵的转化结果如图 6 - 4 所示。

	正面	负面
手机	6	4
…	…	…
价格	4	4
外观	2	1

图 6 - 4　降维后的手机评价矩阵(示例)

值得注意的是，“情感-属性对”的聚类结果在一定程度上影响产品属性的识别，并且进一步决定评论对销量影响的计量模型的有效性。因此，为了获得较好的聚类结果，需要确定最佳的聚类数 k_{opt}。

在第 3 章特征词与观点词的识别算法中，提出了为 k -均值聚类确定最佳聚类数的方法(详见第 3 章 3.3.2)。针对“情感-属性对”集合，在确定的聚类数搜索范围内，运行聚类算法产生不同聚类数目的聚类结果，选择合适的有效性指标来评价聚类算法产生的哪个聚类结果是最优的，并将最优的聚类结果对应的聚类数目作为最佳聚类数。具体步骤如下：

(1) 选择聚类数的搜索范围是 $[k_{\min}, k_{\max}]$，其中 $k_{\min}=2$，$k_{\max}=\text{int}(\sqrt{n})$ (其中 n 为样本数($S\times A$))。

(2) 从 $(k_{\min} \sim k_{\max})$ 依次为 k 赋值：

① 选取距离所有样本中心(均值)最近的一个样本作为初始聚类中心 z^*；

② 运用 k -均值聚类算法，更新计算成员关系矩阵和聚类中心；

③ 检查终止条件，如不满足，则转向步骤(2)；

④ 利用聚类结果计算平均 Silhouette 指标值，转向步骤 2。

(3) 比较平均的 Silhouette 指标值，最大的平均指标值所对应的 k 即为最佳聚类数 k_{opt}。

(4) 输出聚类结果：最佳聚类中心、最佳成员关系矩阵和最佳聚类数。

综上所述，通过产品评论的细粒度情感分析，将产品评论转换为以产品属性为列向量和以正、负面情感为行向量的产品评价矩阵，再基于此建立产品评论对销量影响的计量模型。

6.2.3　不确定条件下多属性离散选择模型的构建

1. 不确定条件下的消费者购买决策

令产品 $z=(z_1, z_2, \cdots, z_n)$，其中 $z_k(k=1, 2, \cdots, n)$ 表示用户对产品属性 k 的评价。此外，消费者由于自身偏好对产品各个属性给予不同程度的重视，所以对不同产品属性的评价进行加权求和，可以得到产品的综合评价，如式(6－1)所示。

$$Z_j = F_j(z_{j1}, z_{j2}, \cdots, z_{jn}) = \sum_{k=1}^{n} \beta_k z_{jk} \tag{6-1}$$

其中，Z_j 为产品 j 的综合评价，β_k 为产品属性 k 在产品价值感知中的权重，F_j 为产品 j 的评价累积分布函数。假定所有消费者共享同一信息集(即阅读同一网站上的产品评论)，那么每个消费者都能获得相同的产品评价信息，即 $F_j(i)(i=1, 2, \cdots)$ 具有独立同分布。

即使互联网上有海量的产品评论，消费者对于产品的认识仍然是不确定的。也就是说没有一个产品得到公众一致的意见，对产品的评价总是见仁见智、褒贬各异。因此，消费者对产品的认知是有限的。对于消费者 i 而言，不能确定产品 j 的价值，所以又将产品 j 的评价值表示为 $\widetilde{Z_j}$。

在不确定情况下，假定所有消费者都是风险规避的，但是他们的风险规避程度不同。冯·纽曼·摩根斯坦(von Neumann-Morgenstern)效用函数是一个经常被用于描述风险规避型消费者效用的指数型效用函数，所以用它来描述不确定性对消费者购买决策的影响。因此，消费者在不确定条件下选择产品的效用函数如式(6－2)所示。

$$U_k(\widetilde{Z_j}) = -\exp\left(-\gamma^{(i)}(b^{(i)} - p_j) - \beta^{(i)} \cdot \tilde{z}^{(i)} + \varepsilon_{ij}\right) \tag{6-2}$$

其中，$b^{(i)}$ 是消费者 i 的支出预算，p_j 是产品 j 的价格，$\gamma^{(i)}$ 是预算与价格对消

费者 i 的边际效用(由消费者的收入决定)，$\beta^{(i)}$ 是不同产品属性对消费者 i 的边际效用(由消费者的偏好决定)，$\beta^{(i)} \cdot \tilde{z}^{(i)}$ 表示边际效用向量与评价向量的内积(即考虑消费者偏好与产品评论的相互影响)，ε_{ij} 表示随机误差(比如影响消费者购买决策的随机因素)。通常假设随机误差 ε_{ij} 服从正态分布，即 $\varepsilon_{ij} \sim N(0, \sigma^2)$。

2. 消费者认知的贝叶斯学习过程

消费者对产品的认知取决于从产品评论中获得的不同属性的正、负面评价信息。随着产品评论的更新，消费者对产品各个属性的认知也在不断地发生变化。

假设 1: 考虑到有限的实验数据，假设各个产品属性之间具有相互独立性，不存在相互作用。

根据 Roberts and Urban[187] 的研究，消费者对不同产品属性的认知服从正态分布，其表达式为对角协方差矩阵。

$$F_j \sim N\left(\begin{bmatrix}\mu_{1j}\\ \mu_{2j}\\ \cdots\\ \mu_{nj}\end{bmatrix}\begin{bmatrix}\sigma_{1j}^2 & 0 & 0 & \cdots\\ 0 & \sigma_{2j}^2 & 0 & \cdots\\ \cdots & \cdots & \cdots & \cdots\\ \cdots & \cdots & 0 & \sigma_{nj}^2\end{bmatrix}\right) \tag{6-3}$$

其中，μ_{kj} 和 σ_{kj}^2 分别表示消费者对产品 j 第 k 个属性认知的先验分布的期望与方差。

本章采用贝叶斯学习法描述产品评论的更新所引起的消费者认知变化。根据贝叶斯定理，产品属性的评价观点先验分布与后验分布之间存在以下线性关系。

定理 1: $P(\theta \mid X) = \dfrac{P(X \mid \theta)P(\theta)}{P(X)}$，其中 $P(\theta)$ 表示先验分布，$P(\theta \mid X)$ 表示后验分布，$P(X \mid \theta)$ 表示似然函数。

定理 2: 如果先验分布和似然函数可以使得先验分布和后验分布具有相同的形式，那么就称先验分布与似然函数是共轭的。

在一定正则性条件下，递归的贝叶斯学习过程所得到的后验分布渐近于正态分布。因此，本章选择共轭先验为似然函数，同样也服从正态分布。

由于产品评论中的正面观点和负面观点对消费者认知具有不同程度和方向的影响，其中正面评价可能提高消费者对产品的期望，而负面评价则可能降低消费者的期望，所以需要分别研究产品各个属性的正面观点和负面观点对消费者认知的影响。如果产品 j 第 k 个属性的评价为 $z_{jk} \sim N(\mu_{kj}, \sigma_{kj}^2)$，似然函数的

方差为 τ_k^2，并且按照评价的不同情感极性 $z_{jk}=(x_{kj1},x_{kj2})$（其中，x_{kj1} 表示产品 j 属性 k 的正面观点，x_{kj2} 表示产品 j 属性 k 的负面观点），那么产品 j 属性 k 的正、负面评价后验分布如式(6-4)所示。

$$N\left(\mu_{kj}+\frac{1}{2+\eta_{kj}}\sum_{s=1}^{2}(x_{kjs}-\mu_{kj}),\ \frac{1}{2+\eta_{kj}}\sigma_{kj}^2\right) \tag{6-4}$$

其中，$\eta_{kj}=\dfrac{\tau_k^2}{\sigma_{kj}^2}$ 表示消费者对产品属性 k 的认知强度。如果 $\eta_{kj}=\infty$，表示消费者已获取关于产品属性 k 的所有信息，对该属性已有最终的认知，不再受产品评论的影响；如果 $\eta_{kj}=0$，则表示消费者对产品属性 k 毫无概念。

6.2.3.3 消费者的期望效用函数

假定产品各个属性的效用可以叠加，那么消费者 i 选择产品 j 的总体期望效用如式(6-5)所示。

$$E_{F_j}\{U_i\}=-\exp(-\gamma^{(i)}(b^{(i)}-p_j)-\sum_{k=1}^{n}\beta_k^{(i)}\mu_{jk}+\sum_{k=1}^{n}\frac{1}{2}(\beta_k^{(i)})^2\sigma_{jk}^2+\varepsilon_{ij}) \tag{6-5}$$

定理 3： 对于产品 j 和产品 l，当且仅当 $E_{F_j}\{U_i\}>E_{F_l}\{U_i\}$，$\forall j\neq l$ 时，消费者 i 会选择产品 j，即：

$$\varepsilon_{ij}-\varepsilon_{il}>-\gamma^{(i)}(p_j-p_l)+\sum_{k=1}^{n}\beta_k^{(i)}(\mu_{jk}-\mu_{lk})-\frac{1}{2}\sum_{k=1}^{n}(\beta_k^{(i)})^2(\sigma_{jk}^2-\sigma_{lk}^2) \tag{6-6}$$

或者

$$\varepsilon_{ij}-\varepsilon_{il}>(-\gamma^{(i)}p_j+R_{F_j}^{(i)})-(-\gamma^{(i)}p_l+R_{F_l}^{(i)}) \tag{6-7}$$

其中，

$$R_{F_j}^{(i)}=\sum_{k=1}^{n}\beta_k^{(i)}\mu_{jk}-\frac{1}{2}\sum_{k=1}^{n}(\beta_k^{(i)})^2\sigma_{jk}^2 \tag{6-8}$$

不难看出，消费者的期望效用函数与 $R_{F_j}^{(i)}$ 单调一致，因此可以推出下一定理。

定理 4： 对于产品 j 和产品 l，当且仅当 $R_{F_j}^{(i)}>R_{F_l}^{(i)}$，$\forall j\neq l$ 时，消费者 i 会选择产品 j。

当 $R_{F_j}^{(i)}$ 最大时，消费者选择产品 j 能获得最大的期望效用。在最大化消费者的期望效用时，采用 $R_{F_j}^{(i)}$ 能够减少不确定因素(包括消费者收入 ($b^{(i)}$)，产品价格 (p_j) 以及随机误差 (ε_{ij}) 等)产生的影响。因此，又将 $R_{F_j}^{(i)}$ 称作消费者的“风险偏好函数(Risk-adjusted Preference Function)”[187]。

根据 6.2.3 节的贝叶斯学习，消费者通过浏览产品评论，不断改变其对产品各个属性的认识。所以当新增一系列关于产品 j 属性 k 的正、负面评论 (x_{kj1}，x_{kj2}) 时，消费者的风险偏好函数 $R_{F_j}^{(i)}$ 也会随着发生改变。根据产品属性 k 的正、负面评价后验分布(详见式(6－4))，可以得到新的风险偏好函数：

$$R_{F_j}^{(i)} = \sum\nolimits_{k=1}^{n} \beta_k^{(i)} \left(\mu_{kj} + \frac{1}{2+\eta_{kj}} \sum\nolimits_{s=1}^{2} (x_{kjs} - \mu_{kj})\right) - \frac{1}{2} \sum\nolimits_{k=1}^{n} (\beta_k^{(i)})^2 \left(\frac{1}{2+\eta_{kj}} \sigma_{kj}^2\right) \tag{6-9}$$

4. 消费者偏好同质性假设

考虑到计算复杂度以及数据收集上的限制，无法获取每个消费者的偏好信息，也就无法估计产品价格以及不同产品属性对每个消费者的边际效用(即模型中的参数 $\gamma^{(i)}$ 与 $\beta_k^{(i)}$ ($k=1, \cdots, n$))。为了便于处理模型，根据相关研究的建模方法[124-125]，本章对消费者的偏好进行同质性假设。

假设 2： 同一类产品的不同消费者具有相似的偏好。

该假设具有一定的事实依据。由于本章研究的电子产品为水平差异型产品，产品之间的替代性强(即产品属性有限，且不同产品各个属性的性能差异并不明显)。同时，电子产品消费者偏好差异也不显著，大众化程度高。比如对于手机而言，近年来“苹果”一直高居热门手机排行榜首，说明大多数消费者对品牌的偏好成为其购买决策的主导因素。因此，可以对同一类产品的消费者偏好进行同质性假设。

5. 消费者对产品的选择概率

由于存在离散的解释变量，并且数量较大，所以本章采用 logit 模型来近似估计消费者的产品选择概率，这样可以减小计算的复杂度。此外，假设随机误差 ε_{ij} 与产品属性无关，并且服从标准 I 型极值分布。因此，消费者选择产品 j 的概率如式(6－10)所示。

$$P_j = \frac{\exp(-\alpha p_j + R(F_j))}{\sum\nolimits_n \exp(-\alpha p_n + R(F_n))} \tag{6-10}$$

通过对消费者的选择概率积分得到产品的市场占有率，如式(6-11)所示。

$$s_j = \int \frac{\exp(-\alpha p_j + R(F_j))}{\sum_n \exp(-\alpha p_n + R(F_n))} dH(I)G(v) \tag{6-11}$$

其中，$H(I)$ 和 $G(v)$ 分别是消费者收入与偏好的累积分布函数。对于式(6-11)中的复杂积分问题，根据消费者偏好的同质性假设，可以将消费者群体进行归一化处理，从而将产品的销量近似为：

$$s_j \triangleq \frac{\exp(-\alpha p_j + R(F_j))}{\sum_n \exp(-\alpha p_n + R(F_n))} \tag{6-12}$$

6.2.4　基于多属性离散选择的产品销量模型

本书构建的产品销量模型是用于分析不断更新的产品评论对销量的动态影响，所以产品销量模型是以新增产品评论为主要的解释变量。在消费者对产品的选择概率计算中，产品价格并不会像评论那样不断变化，而是基本保持稳定，并且以月为单位略有起伏。此外，新出现的产品评论会影响消费者对产品的认知，并且改变消费者风险偏好函数 R_F 的值。

因此，将式(6-9)代入式(6-12)中，并且进行对数化处理，得到基于多属性离散选择的产品销量模型，如式(6-13)所示。

$$\ln(\hat{s}_j) = \ln(s_j) + \sum_{k=1}^{n} \beta_k \frac{1}{2+\eta_{kj}} \sum_{r=1}^{2} (x_{kjr} - \mu_{kj}) + \frac{1}{2} \sum_{k=1}^{n} \beta_k^2 \left[\left(1 - \frac{1}{2+\eta_{kj}}\right) \sigma_{kj}^2 \right] + \epsilon_j \tag{6-13}$$

其中，β_k 表示产品属性 k 对消费者的边际效用(即消费者对产品属性 k 的偏好)，(x_{kj1}, x_{kj2}) 为评论中对产品属性 k 的正面观点和负面观点，$\frac{1}{2}\sum_{k=1}^{n}\beta_k^2\left[\left(1-\frac{1}{2+\eta_{kj}}\right)\sigma_{kj}^2\right]$ 表示消费者群体对产品整体评价的混杂度，只依赖于新增评论的数量，而不受 (x_{kj1}, x_{kj2}) 的影响。

由于 (x_{kj1}, x_{kj2}) 为发表评论的用户对产品 j 属性 k 的正、负面评价，并非阅读评论的消费者对产品 j 属性 k 的价值感知。根据本章的研究思路，产品评论通过改变潜在消费者对产品的认知，进而影响产品销售。因此，需要从消费者的角度重新为产品属性的正、负面观点赋值，如式(6-14)所示。

$$Evaluation(k, s) = \beta_k(x_{k,s} - \mu_k) \tag{6-14}$$

其中 $x_{k,s}$ 表示用户对产品属性 k 的情感，μ_k 表示消费者对产品属性 k 的期望。

式(6-14)将消费者对不同产品属性的偏好系数 β_k 从产品整体评价（即 $\sum_{k=1}^{n}\beta_k\frac{1}{2+\eta_{kj}}\sum_{s=1}^{2}(x_{kjs}-\mu_{kj})$）中分离出来，以便于计算产品属性 k 及其对应的正、负面评价 s 在新增产品评论中占有的权重 w，如式(6-15)所示。

$$w(k, s) = \frac{\sum_{s\in S}N(k, s)}{\sum_{s\in S}N(k, s) + \eta_k} \tag{6-15}$$

其中，S 表示观点集合(包含正面观点和负面观点)，$N(k, s)$ 表示产品属性 k 及其评价 s 在新增评论中出现的次数，η_k 表示消费者对属性 k 的认知强度，用于最大化模型的似然函数。

例 1： 手机评论："这款机子的质量高，使用方便，尤其是触摸屏太棒了，又大又清晰，反应还很快……"，经过细粒度情感分析，将特征观点对转换为相应的产品属性及其正、负面评价，得到{(手机，正面，1)，(操作，正面，1)，(屏幕，正面，4)}。假设 $\eta=0$，根据公式(6-15)可以得到：w(手机，正面)$=1/1=1.0$，w(操作，正面)$=1/1=1.0$，w(屏幕，正面)$=4/4=1.0$。

因此，式(6-13)被转化为式(6-16)。

$$\ln(\hat{s}_j) = \ln(s_j) + \sum_{k\in A}\sum_{s\in S}[Evaluation(k, s) - \mu_k]\cdot w(k, s) + \frac{1}{2}\sum_{k=1}^{n}\beta_k^2\left[\left(1-\frac{1}{2+\eta_{kj}}\right)\sigma_{kj}^2\right] \tag{6-16}$$

其中，A 表示产品属性集合，$[Evaluation(k, s) - \mu_k]\cdot w(k, s)$ 表示产品属性 k 及其评价向量与权重向量的内积。值得注意的是，权重系数 w 与 β_k 的区别在于：β_k 是从消费者的角度出发，表现产品属性在消费者对产品价值感知中的重要性，而 w 则是从发表评论的用户角度出发，表现产品属性及其正、负面评价在整个评论中所占的比重。

根据式(6-16)可以得出以下结论：消费者对不同产品属性的评价 $Evaluation(k, s)$ 与消费者的期望(μ_k)的差值影响产品销量。也就是说，产品评论中出现过低的评价或者消费者对产品抱有过高的期望都会导致产品销量的下降。与现有文献的研究相比，本模型将消费者对产品的预期考虑在内，更符合现实情况。

6.3　中文产品评论对销量影响的回归分析

6.3.1　内生性问题的分析

在计量模型中，内生性的存在将导致解释变量系数的估计结果产生偏误。产生内生性的一个主要原因是某些变量难以被观测或者度量，从而使得模型中遗漏了重要的相关变量[188]。如果这个被遗漏的变量同时与因变量以及目标自变量相关，那么解释变量与随机扰动项的无关性假定就不再成立，从而使得最小二乘的估计方法不再有效，并且目标自变量的估计结果是有偏的[189]。

近年来，很多相关研究都发现内生性问题会对研究结果产生重要的影响。例如，Oberholzer-Gee 和 Strumpf[190]在研究中发现，对音乐行业而言，控制内生性的影响后，音乐文件的网络下载次数对专辑销量的影响由显著变为不显著。其原因是难以观测的变量（如音乐质量和受欢迎程度）同时影响着音乐的网络下载量和专辑销量。

在产品评论与销量关系的研究中，内生性也是一个重要的问题。原因在于影响产品销量的可能并非是产品评论，而是其他一些产品本身的内在因素，例如 Oberholzer-Gee 和 Strumpf[190]提到的产品受欢迎程度，以及 Basuroy 等人[191]提到的产品年龄。

现有关于产品评论与销量关系的研究也印证了这一说法。Duan 等[110-111]在对电影行业口碑效应的研究中指出，对内生性的思考会显著影响口碑效应的分析结果。他们的研究结果发现，控制内生性后，只有评论数量对评论的口碑效应具有显著影响，而评论分数的影响并不显著。Chintagunta 等[192]也考虑了内生性问题。他们将电影产业的口碑研究细化到区域市场，并且指出在控制内生性后，评论数量对总体市场具有显著的影响，而评论分数则对区域市场产生显著的影响。

因此，在基于多属性离散选择的产品销量模型中，也存在内生性问题。本书主要通过在模型中添加控制变量，以控制更多的因素，从而减小内生性的影响。

大多数现有相关研究将产品评论的数量(Volume)、情感极性(Valence)和情感极性混杂度(Variance)作为度量产品评论口碑效应的指标[105-117]。其中,产品评论的情感极性主要是以星级评分的平均值来判断,产品评论的情感极性混杂度主要是以星际评分的方差来衡量。此外,其他控制变量还包括:

(1) 产品年龄: Basuroy 等人[191]指出处于生命周期不同阶段的产品在销量上存在很大差异。

(2) 受欢迎程度: Oberholzer-Gee 和 Strumpf[190]提出产品的受欢迎程度也会影响产品销量。

(3) 产品类型: Li 和 Hitt[116]、Liu[108]以及 Jung Lee 和 Jae-Nam Lee[128]都认为产品类型决定该产品的目标市场,并且不同的细分用户群在购买力和购买行为上可能存在较大差异,从而影响产品的销量。

(4) 零售商的竞争: Chevalier 和 Goolsbee[193]还提出网络零售商之间激烈的竞争也会影响产品的销量。

因此,本书在基于多属性离散选择的产品销量模型(详见公式(6-16))中加入了价格、评论的星级评分平均值、评分的方差、评论数量、评论平均长度、有用评论的数量、产品年龄、受欢迎程度、产品类型和网络零售商的竞争等多个控制变量来削弱内生性的影响。

然而,还有一些因素可能因为难以观测和度量而无法直接进行控制。例如产品自身的质量,产品的目标市场定位,以及通货膨胀加剧等因素都容易被忽略或者难以直接获得,却可能对产品定价以及消费者购买能力等产生影响,这些遗漏变量可能使得产品评论这一目标自变量与随机误差项相关,从而产生内生性问题,高估产品评论对销量的作用。

产品质量、目标市场以及宏观经济增长等因素的变化缓慢,对产品销量的影响并非"立竿见影",而是需要经过一段较长的时期才能起到作用。因此,本书将这些因素视作不随时间而变的遗漏变量,并且通过面板数据的固定效应模型(Fixed Effects Model)来控制它们造成的内生性问题[197]。

综合上述,本书采用的控制变量包括:

(1) 产品零售价格:用以控制销量随价格波动的情况;

(2) 产品评论的数值信息:用以控制用户的星级评分等对产品整体评价的影响,包括评论的星级评分的平均值、评分的方差、评论数量、评论平均长度和有用评论的数量;

(3) 产品年龄:以产品的发布时间来计算产品的年龄,用以控制产品生命周期对销量的影响；

(4) 受欢迎程度：以产品在电子商务网站提供的热门排行榜中的排名来衡量，用以控制市场潮流等无法预测的周期性因素对产品销量的影响；

(5) 产品类型：通常根据购买产品的细分市场，对其进行分类(例如手机被分为触摸屏手机、滑盖手机和翻盖手机等不同类型)，用以控制产品分类对产品销量的影响；

(6) 网络零售商的竞争：在网络购物过程中，消费者价格敏感性通常较高，由于在不同网站间的搜索成本和转换成本很低，所以该变量是用于控制网络渠道竞争对产品销量的影响；

(7) 固定效应(FE)：该变量是个体固定效应，由产品个体决定，具有在横截面上变化、在时间序列上不变的特点。

产品销量模型中相关变量的定义如表 6－1 所列。

表 6－1　产品销量计量模型中相关变量的定义

变量名称	变量类型	变量记号	变量定义
产品销量	被解释变量	$Sales_{jt}$	t 时段的销量
产品属性的评价	解释变量	$Evaluation_{j,(t-1,t)}$	$t-1$ 到 t 时段内新增不同产品属性的评价
产品零售价格	控制变量	$Price_{jt}$	t 时段的零售价格
星级评分平均值	控制变量	$AveRating_{jt}$	t 时段的星级评分均值
星级评分的方差	控制变量	$VarRating_{jt}$	t 时段的星级评分方差
评论数量	控制变量	$ReviewNum_{jt}$	t 时段的新增评论数量
评论平均长度	控制变量	$ReviewLen_{jt}$	t 时段的评论平均长度
有用评论的数量	控制变量	$Helpful_{jt}$	t 时段内新增被消费者认为有用的评论数量
产品年龄	控制变量	Age_{jt}	从产品发布时间开始到 t 时段的时间长度
受欢迎程度	控制变量	$Popular_{jt}$	产品在热门排行榜中的排名
产品类型	控制变量	$Type_{jt}$	所属的产品类型
网络零售商的竞争	控制变量	$Competition_{jt}$	在线销售所面临的竞争状况
固定效应	控制变量	$Fixed_j$	无法观测的、在时间上恒定的影响因素

6.3.2 多元回归模型的构建

借鉴 Liu[108]、龚诗阳等人[109,198]以及 Ghose 和 Ipeirotis[194]的处理方法，本书对零售价格、评论数量、有用评论的数量、产品年龄和受欢迎程度均取自然对数。这种变换有三个好处：一是符合多阶段消费者购买决策过程的理论模型；二是尽可能将潜在的非线性关系变为线性关系，使得回归模型的结果更加稳健；三是因为数据的对数化压缩了变量的量纲，控制了潜在离群值的影响。

根据 6.2.4 节构建的基于多属性离散选择的产品销量模型（详见式(6-16)），以及表 6-1 定义的控制变量，可以得到产品评论与销量关系的多元回归模型，如式(6-17)所示。

$$\begin{aligned}\ln(Sales_{jt}) = {} & \ln(Sales_{jt-1}) + \sum_{k\in A}\sum_{s\in S}[Evaluation_{j,(t-1,t)}(k,s) - \mu_{t-1}^{k}]\cdot \\ & w'_{j,(t-1,t)}(k,s) + \frac{1}{2}\sum_{k=1}^{n}\beta_k^2\left[\left(1-\frac{1}{2+\eta_{kj}}\right)\sigma_{kj}^2\right] + \alpha_2\ln(Price_{jt}) + \\ & \alpha_3 AveRating_{jt} + \alpha_4 VarRating_{jt} + \alpha_5\ln(ReviewNum_{jt}) + \\ & \alpha_6 ReviewLen_{jt} + \alpha_7\ln(Helpful_{jt}) + \alpha_8\ln(Age_{jt}) + \\ & \alpha_9\ln(Popular_{jt}) + \alpha_{10}\ln(Type_{jt}) + \alpha_{11}\ln(Competition_{jt}) + \\ & Fixed_j + \epsilon_{jt} \end{aligned} \tag{6-17}$$

其中，
$$\begin{cases} Evaluation_{j,(t-1,t)}(k,s) = \beta_k(x_{t-1,t}^{k,s} - \mu_{t-1}^{k}) \\ w'_{j,(t-1,t)}(k,s) = \dfrac{\sum_{s\in S}N_{t-1,t}(k,s)}{\sum_{s\in S}N_{t-1,t}(k,s) + \eta_{t-1}^{k}} \end{cases}$$

由于评论数量 $ReviewNum_{jt}$ 和星级评分的方差 $VarRating_{jt}$ 已经反映了消费者群体对产品 j 整体评价的混杂度，所以从模型中去掉重复的情感极性混杂度衡量指标 $\left(\frac{1}{2}\sum_{k=1}^{n}\beta_k^2\left[\left(1-\frac{1}{2+\eta_{kj}}\right)\sigma_{kj}^2\right]\right)$，得到式(6-18)。

$$\begin{aligned}\ln(Sales_{jt}) = {} & \ln(Sales_{jt-1}) + \sum_{k\in A}\sum_{s\in S}\frac{\sum_{s\in S}N_{t-1,t}(k,s)}{\sum_{s\in S}N_{t-1,t}(k,s)+\eta_{t-1}^{k}} \\ & \times[\beta_k(x_{t-1,t}^{k,s} - \mu_{t-1}^{k}) - \mu_{t-1}^{k}] + \alpha_2\ln(Price_{jt}) + \alpha_3 AveRating_{jt} \\ & + \alpha_4 VarRating_{jt} + \alpha_5\ln(ReviewNum_{jt}) + \alpha_6 ReviewLen_{jt} \\ & + \alpha_7\ln(Helpful_{jt}) + \alpha_8\ln(Age_{jt}) + \alpha_9\ln(Popular_{jt}) \\ & + \alpha_{10}\ln(Type_{jt}) + \alpha_{11}\ln(Competition_{jt}) + Fixed_j + \epsilon_{jt} \end{aligned} \tag{6-18}$$

面板数据兼有横截面与时间序列数据的特点，所以在转换后的方程中，各个变量都具有时间序列和横截面的两个维度。下标 $(t-1, t)$ 表示变量从 $t-1$ 到 t 的变化值。

6.3.3　多元回归模型的参数估计与显著性检验

1. 固定效应方法

在产品评论对销量影响的多元回归模型中，存在着难以观测和度量的固定效应变量。同时，多元回归模型中目标解释变量的系数 $\dfrac{\sum_{s\in S}N_{t-1,t}(k, s)}{\sum_{s\in S}N_{t-1,t}(k, s)+\eta_{t-1}^{k}}$ 还与时间序列相关。因此，为了消除非观测效应对销量的影响，估计可观测变量的系数，本书采用固定效应方法对多元回归模型进行参数估计[124,198]。

固定效应方法通过从模型在各个时段的观测值中减去其组内平均值，以去除一些短时间内不会发生变化的变量对销量的影响。

因此，时间间隔取 $0\sim t$，对公式(6-18)进行固定效应转换。

$$
\begin{aligned}
\ln(Sales_{jt})-\overline{\ln(Sales_{j})}=&\sum_{k\in A}\sum_{s\in S}\frac{\sum_{s\in S}N_{jt}(k, s)}{\sum_{s\in S}N_{jt}(k, s)+\eta_{t}^{k}}\\
&\times\beta_{k}(x_{jt}^{k,s}-\overline{x_{j}^{k,s}})+\alpha_{2}(\ln(Price_{jt})-\overline{\ln(Price_{j})})\\
&+\alpha_{3}(AveRating_{jt}-\overline{AveRating_{j}})+\alpha_{4}(VarRating_{jt}\\
&-\overline{VarRating_{j}})+\alpha_{5}(\ln(ReviewNum_{jt})-\overline{\ln(ReviewNum_{j})})\\
&+\alpha_{6}(ReviewLen_{jt}-\overline{ReviewLen_{j}})+\alpha_{7}(\ln(Helpful_{jt})\\
&-\overline{\ln(Helpful_{j})})+\alpha_{8}(\ln(Age_{jt})-\overline{\ln(Age_{j})})\\
&+\alpha_{9}(\ln(Popular_{jt})-\overline{\ln(Popular_{j})})+\epsilon_{jt}-\overline{\epsilon_{jt}}
\end{aligned}
\tag{6-19}
$$

其中，$x_{jt}^{k,s}$ 表示 t 时段内新增的产品 j 属性 k 及其对应的正、负面评价 s，$\overline{x_{j}^{k,s}}$ 表示 t 时段内新增的对产品 j 属性 k 的平均评价，β_k 表示消费者对产品属性 k 的偏好，μ_0^k 表示消费者对产品属性 k 的期望初始值（这里假设消费者群体对产品属性 k 持有相似的期望，即具有相同的 μ_0^k 和 η_0^k），$N_{jt}(k, s)$ 表示 t 时段内产品 j 属性 k 及其评价 s 在新增评论中出现的次数，η_k 表示消费者对产品属性 k 的认知强度。

通过固定效应转换，固定效应($Fixed$)不再出现在模型中，所以消除了那些难以直接观测和度量的变量对销量的影响。此外,产品类型通常不会随着时间而改变,网络零售商之间存在着长期的竞争关系,其竞争状态在短时期内也不会发生变化。因此,产品类型($Type$)和网络零售商的竞争($Competition$)等两个控制变量(也是哑变量)在公式(6－19)中都被去除了。

2. 估计量的无偏一致性分析

如果面板数据模型中的随机误差能满足以下 3 个假设,那么模型系数的固定效应估计量是最优线性无偏估计量。

假设 3:(严格外生性假设)对每个时段 t 内,在给定所有时期的解释变量和非观测效应的条件下,误差的期望值是零。

假设 4:(等方差假设)在给定所有时期的解释变量和非观测效应的条件下,误差的方差在所有时期都相等 (σ_{μ}^2)。

假设 5:(相互独立假设)在给定所有时期的解释变量和非观测效应的条件下,对于所有 $t_m \neq t_n$,误差是不相关的,并且其协方差为 0。

除了模型中考虑到的解释变量,还可能存在随时间变化的、被忽略的或者难以观测的遗漏变量。例如,产品广告和促销活动等外部因素可能同时影响产品销量和评论。这些遗漏变量与解释变量相关,从而产生内生性问题,使得随机误差项不满足严格外生性、等方差与相互独立的假设条件,导致 OLS 估计的不一致。

3. 两阶段最小二乘估计法

本章采用两阶段最小二乘法(Two Stage Least Squares,2SLS)进行参数估计。两阶段最小二乘法本质上属于工具变量法(Instrumental Variable, IV),它包括两个阶段:第一阶段,首先是找到一组工具变量,并且分别将模型中的每个解释变量关于这组工具变量进行最小二乘法回归;第二阶段,所有变量的取值采用第一个阶段回归得到的拟合值,然后对原方程作回归,得到的回归系数就是 2SLS 的估计值。因此,两阶段最小二乘法的估计量是一致估计量。

在产品销量的多元回归模型中(详见公式(6－19)),产品价格 $Price_{jt}$ 可能与随机误差项 ε_{jt} 相关,即 $E(\varepsilon_{jt} \mid p_{jt}) \neq 0$。根据龚诗阳等人[109,198]和 Archak 等人[124-125]的研究,本章将价格的滞后项(即 $t-1$ 期的价格)当作工具变量。

具体来说,分两阶段计算价格 $Price_{jt}$ 的系数 α_2:第一阶段,把 $Price_{jt}$ 分解成两部分,一部分(记作 y_{jt})与随机误差项 ε_{jt} 相关,另一部分 ($Price_{jt-1}$) 与 ε_{jt} 无关,即 $Price_{jt} = \pi_0 + \pi_1(Price_{jt-1}) + y_{jt}$;第二阶段,利用与随机误差项无关的 ($\pi_0 + \pi_1(Price_{jt-1})$) 进行估计。

此外，由于系数 $\left(\sum_{s\in S}N_{jt}(k, s)/\sum_{s\in S}N_{jt}(k, s)+\eta_k\right.$，即产品 j 属性 k 及其正、负面评价 s 在新增评论中的权重$\left.\right)$ 依赖于无法确定的参数 η，使得模型存在非线性问题。由于 $\eta_k=\tau_k^2/\sigma_k^2$，其中 τ_k^2 为似然函数的方差，所以本章采用最大似然法来估计参数 η，也就是将对参数 η 的估计转换为拟合优度 R^2 的最大化。

4. 显著性检验

本书假设产品评论的文本信息对产品销量具有显著的影响，并且不同产品属性的正、负面评价对产品销量具有不同的作用。因此，对该假设进行显著性检验。本章采用 F 检验方法进行假设检验，其中原假设 H_0 和备选假设 H_1 分别是：

H_0：$\dfrac{\sum_{s\in S}N_{jt}(k, s)}{\sum_{s\in S}N_{jt}(k, s)+\eta_t^k}\neq 0$，即产品评论的文本信息对产品销量具有显著影响。

H_1：H_0 不正确。

F 统计量为：

$$F=\frac{(SSE_r-SSE_{ur})/q}{SSE_{ur}/(n-k-1)} \tag{6-20}$$

其中，SSE_r 表示受约束模型(以产品评论文本信息为解释变量的产品销量模型)的随机误差项平方和，SSE_{ur} 表示不受约束模型(不包含产品评论文本信息的产品销量模型)的随机误差项平方和，n 为样本容量，$k+1$ 为不受约束模型的参数个数，$q=1$。所以，F 统计量服从自由度为 $(q, n-k-1)$ 的随机变量分布。

给定显著性水平 ($\alpha=1\%$,5% 和 10%)，若 $F>F_\alpha(q, n-k-1)$，则应该在相应显著性水平 α 上拒绝原假设，即产品评论的文本信息对产品销量的影响在显著性水平 α 上不显著；反之，则不能拒绝原假设。

6.3.4　多元回归模型的参数估计结果

1. 回归分析工具

回归分析的核心是模型构建、数据收集、模型估计、模型检验和模型运用等。目前可以进行回归分析的软件工具很多，包括 Eviews、Excel、SPSS、SAS 和 STATA 等。Eviews 具有数据处理、作图、统计分析、建模分析、预测和模拟等多种功能，既是经济、金融、保险、管理、商务等领域中各类研究的必备工具，还能在自然科学、社会科学、人文科学等各个领域中进行定量研究。Eviews 是专业的计量经济学软件，线性回归的输出结果较其他软件更为完整，输出形式也比较整齐和美观。因此，本章选择 Eviews 软件作为回归分析的工具。

2. 样本数据收集与统计

(1) 样本数据的来源

本章仍然以亚马逊网站(http://www.amazon.cn/product-reviews/)为样本数据的来源。选择亚马逊网站的主要原因有：第一，亚马逊网站为全球知名的电子商务网站，其知名度和口碑都得到大众的一致认可；第二，亚马逊网站从1995 年就开始为消费者提供发表产品评论的功能；第三，亚马逊网站上的产品评论相对较长，信息量相对较为丰富；第四，亚马逊网站针对每条评论提供有用性评价；第五，亚马逊网站还提供实时的产品销量排行榜。

(2) 样本数据的收集

本实验仍然以手机、数码相机与笔记本电脑三类产品为研究对象，从亚马逊网站上自动地爬取这三类产品的评论数据与产品销售信息，形成面板数据集。主要采用两种方式来获取样本数据，分别是利用网络爬虫程序获取产品评论信息，以及利用亚马逊网络服务(Amazon Web Services, AWS)提供的 API 接口自动提取产品的相关信息，包括产品价格、销量排名和发布时间等。

网络爬虫通过网页的链接地址来寻找网页(详见附录 A)。它首先从亚马逊网站的某一个评论页面开始，读取页面中的内容，依次找到在网页中的其他链接地址；然后通过这些链接地址寻找下一个评论网页；如此循环往复，直到将起始网页所在网站的所有网页都抓取完毕为止。获取的评论数据包括产品 ID、产品评论、星级评分、评论标题、评论时间、评论有用性评价等，如图 6－5 所示。

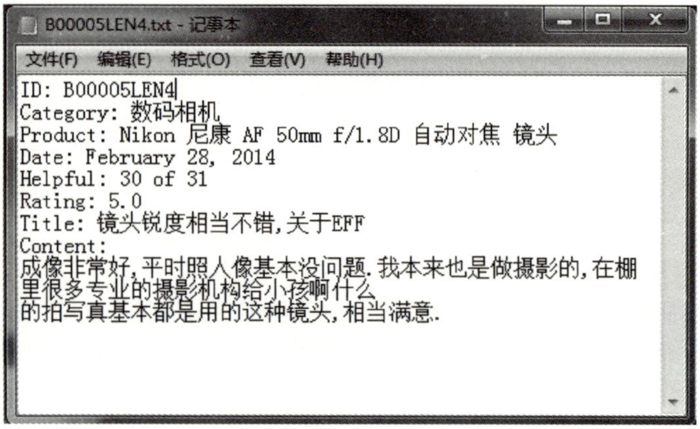

图 6－5　网络爬虫获取的评论数据(示例)

3. 样本数据的处理

(1) 产品评论的文本信息

利用细粒度情感分析技术对手机、数码相机和笔记本电脑在一定时段内收集的评论进行挖掘，并且将挖掘结果转换为产品评价矩阵(详见 6.2.2 节)。也就是说，将评论以产品评价矩阵的形式代入销量的回归模型中。

以手机评论为例："外观时尚，屏幕大而清晰，就是体积有点小，携带不方便"，对产品评论的处理过程如图 6-6 所示。

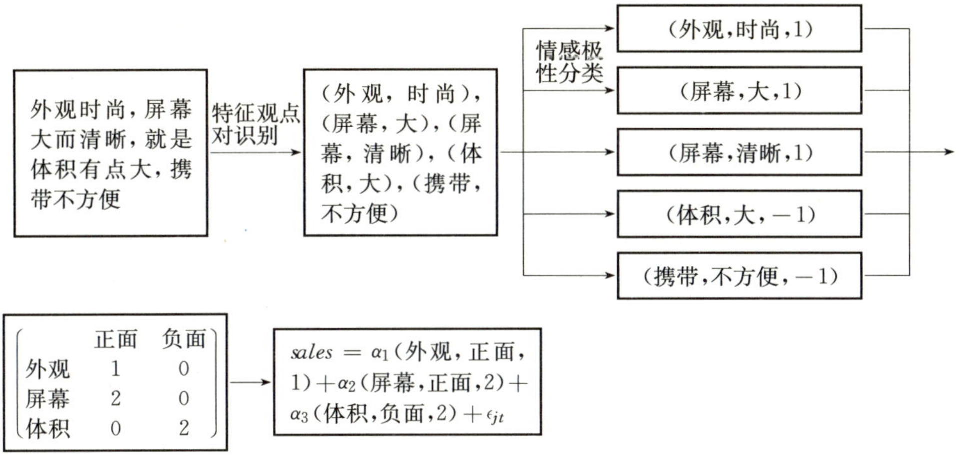

图 6-6 产品评论的处理过程

(2) 产品销量与产品评论的数值信息

① 销量：因为亚马逊没有公开产品的具体销售量，所以本书无法直接获取产品的销量数据。然而，亚马逊提供了产品销售排行榜，列出了近 24 小时内前 100 个产品的销量排名，这些排名间接地反映了其销售量。现有不少相关研究都利用销量排名替代实际的销量数据[112,116,193,195]。例如，Li 和 Hitt[116] 的研究发现，在销量和销量排名分别取自然对数之后，二者呈线性相关，所以对销量排名进行线性变换后得到销量的近似值。Chevalier 和 Goolsbee[195] 进一步探讨了销量和销量排名之间的线性关系，并指出排名数据服从帕累托分布。因此，本书也用产品的销量排名替代其实际销售额。

② 星级评分：消费者在亚马逊上发布产品评论的时候，首先被要求对该产品进行星级评分(范围从 1 星到 5 星，5 星为最高评分)，然后再撰写具体的文字评论。从这个角度看，产品的星级评分在一定程度上反映了产品评论的整体情感极性，进而影响不同产品属性的评价。

③ 评论数量：亚马逊网站会实时地统计每一个产品获得的评论总数。由于每个产品在不同时期获得的评论数量较大，所以需要对评论数量取自然对数，以控制变量的取值范围。

④ 评论平均长度：以字数来衡量评论的长度，手机和数码相机评论的平均长度比较接近，约为 100 字/条，而笔记本电脑评论的平均长度约为 300 字/条。因此将评论长度除以 100，以控制该变量的取值大小。

⑤ 有用评论的数量：亚马逊网站为每条评论提供有用性评价。首先以认为该评论有用的人数占总人数的比例来衡量评论的有用性；然后通过计算每个时段内的评论有用性均值，将大于均值的评论作为有用评论；最后统计出有用评论的数量。

⑥ 产品年龄：根据现有相关研究的处理方式[191]，本实验从亚马逊上自动提取产品的发布时间，以此计算产品年龄。

⑦ 受欢迎程度：以产品在亚马逊提供的热门排行榜中的排名来衡量。

4. 样本数据的统计结果

本实验的面板数据在横截面上包含三种产品类别，分别是手机、数码相机和笔记本电脑，并且每个产品类别的产品数量分别为：90、77 和 85；在时间序列上，以月为单位进行观测，包括 2013 年 4 月到 2014 年 3 月，共 12 个月。

对于手机、数码相机和笔记本电脑，提取到的产品属性数目分别为：k_{opt}（手机）= 15、k_{opt}（数码相机）= 11 和 k_{opt}（笔记本电脑）= 10（产品属性数目的确定方法详见 6.2.2 节）。通过对产品评论的相关数据进行处理，三类产品的所有样本数据统计结果如表 6-2 至表 6-4 所列。

表 6-2　手机的样本数据统计量

变　量	均　值	标准差	最小值	最大值
ln(销售排名)	2.26	1.67	0	4.6
ln(价格)	7.473	0.621	6.551	8.699
星级评分	3.097	1.699	1	5
ln(评论数量)	3.20	1.03	0	4.732
评论平均长度/100	1.069	2.557	0.31	1.771
ln(有用评论数量)	1.463	1.268	0	3.912
ln(产品年龄)	5.277	0.878	0	6.04

续　表

变　　量	均　值	标准差	最小值	最大值
ln(受欢迎程度)	5.42	0.62	0	6.635
(手机,正面)	112.58	111.43	4	725
(手机,负面)	147.59	108.25	7	876
(屏幕,正面)	29.144	50.478	0	347
(屏幕,负面)	1.039	1.73	0	9
(外观,正面)	4.34	12.444	0	96
(外观,负面)	1.122	1.578	0	6
(电池,正面)	3.979	7.191	0	47
(电池,负面)	7.197	7.389	0	35
(功能,正面)	2.71	3.16	0	19
(功能,负面)	18.332	41.216	0	384
(性能,正面)	1.118	1.647	0	10
(性能,负面)	4.201	10.96	0	96
(系统,正面)	1.91	3.076	0	19
(系统,负面)	13.903	45.18	0	384
(配件,正面)	1.969	2.471	0	10
(配件,负面)	10.572	18.646	0	96
(操作,正面)	1.99	3.089	0	17
(操作,负面)	14.312	39.14	0	311
(外壳,正面)	4.914	5.688	0	22
(外壳,负面)	59.828	106.13	0	508
(手感,正面)	2.22	3.035	0	12
(手感,负面)	15.01	29.87	0	138
(主板,正面)	2.99	3.137	0	14
(主板,负面)	19.97	32.201	0	216
(声音,正面)	2.621	3.45	0	18
(声音,负面)	19.86	50.086	0	347

续 表

变　量	均　值	标准差	最小值	最大值
(网络信号,正面)	7.74	8.908	0	37
(网络信号,负面)	2.754	2.685	0	13
(体积,正面)	15.648	23.299	0	188
(体积,负面)	1.38	2.53	0	10

表 6－3　数码相机的样本数据统计量

变　量	均　值	标准差	最小值	最大值
ln(销售排名)	2.03	1.51	0	4.15
ln(价格)	8.594	0.7142	7.534	10.004
星级评分	2.478	1.36	1	5
ln(评论数量)	3.52	1.133	0	5.205
评论平均长度/100	0.928	1.637	0.401	1.519
ln(有用评论数量)	1.682	1.458	0	4.51
ln(产品年龄)	5.488	0.91	0	6.282
ln(受欢迎程度)	4.878	0.558	0	6.319
(相机,正面)	123.51	97.62	4	679
(相机,负面)	117.79	103.72	6	735
(液晶屏,正面)	8.83	22.96	0	96
(液晶屏,负面)	5.14	5.356	0	22
(电池,正面)	58.33	94.242	0	508
(电池,负面)	3.06	3.979	0	15
(操作,正面)	26.793	51.239	0	246
(操作,负面)	7.448	7.825	0	31
(成像效果,正面)	1.397	2.395	0	9
(成像效果,负面)	8.151	18.522	0	96
(体积,正面)	176.27	101.69	0	386
(体积,负面)	0.959	1.384	0	5

续　表

变　　量	均　值	标准差	最小值	最大值
（镜头，正面）	3.249	7.01	0	33
（镜头，负面）	1.66	2.49	0	10
（性能，正面）	10.26	25.97	0	111
（性能，负面）	1.359	2.168	0	12
（传感器，正面）	7.512	23.24	0	180
（传感器，负面）	1.93	2.87	0	11
（快门，正面）	13.69	31.566	0	132
（快门，负面）	3.164	3.441	0	14
（机身，正面）	24.865	42.142	0	235
（机身，负面）	4.105	5.34	0	20

表 6－4　笔记本电脑的样本数据统计量

变　　量	均　值	标准差	最小值	最大值
ln（销售排名）	2.13	1.59	0	4.36
ln（价格）	7.735	0.64	6.781	9.004
星级评分	1.98	1.09	1	5
ln（评论数量）	3.344	1.076	0	4.945
评论平均长度/100	2.84	3.069	1.416	4.385
ln（有用评论数量）	1.934	1.677	0	4.248
ln（产品年龄）	5.323	0.883	0	6.094
ln（受欢迎程度）	4.39	0.502	0	5.687
（笔记本，正面）	131.02	101.86	3	639
（笔记本，负面）	117.79	100.79	2	568
（硬盘，正面）	0.982	1.12	0	3
（硬盘，负面）	2.529	3.824	0	14
（电池，正面）	51.833	107.22	0	445
（电池，负面）	1.215	1.822	0	8
（显示器，正面）	5.499	14.758	0	74

续 表

变　量	均　值	标准差	最小值	最大值
(显示器,负面)	1.606	2.25	0	8
(体积,正面)	8.72	18.83	0	74
(体积,负面)	1.564	1.98	0	11
(重量,正面)	7.276	18.595	0	132
(重量,负面)	4.068	5.399	0	31
(键盘,正面)	33.21	58.658	0	385
(键盘,负面)	1.03	1.504	0	7
(系统,正面)	3.664	8.551	0	49
(系统,负面)	1.776	2.75	0	13
(外壳,正面)	11.81	32.98	0	172
(外壳,负面)	1.608	2.309	0	11
(主板,正面)	8.783	20.69	0	125
(主板,负面)	1.96	2.975	0	13

3. 模型的参数估计结果统计

使用两阶段最小二乘法(TSLS),对产品评论的文本信息与产品销量的关系进行回归分析，并且估计多元回归模型的参数值。此外,还采用 F 检验方法,验证产品评论的文本信息是否对产品销量具有显著的影响。结果如表 6-5 至表 6-7 所列。

表 6-5　手机销量模型的参数估计结果

回归变量	系　数	标准差	系　数	标准差
Δln(价格)	0.024 9	0.050 3	0.135 8***	0.066 3
Δ平均评分	−0.031 1	0.068 2	0.052 6	0.079 4
Δ评分方差	−1.024	0.467 7	−0.871	−0.444 1
Δln(评论数量)	−0.277	0.124 2	−0.200 5	0.165 2
Δ评论平均长度/100	−0.122***	0.081 5	−0.101***	0.073 5
Δln(有用评论数量)	−1.536***	0.208 0	−2.209***	0.206 9

续　表

回归变量	系　数	标准差	系　数	标准差
Δln(产品年龄)	0.005 1***	0.001 4	0.004 4***	0.001 4
Δln(受欢迎程度)	−1.068 5***	0.318	−1.011 3***	0.319 8
Δ(手机,正面)			−0.050 4	0.092 4
Δ(手机,负面)			0.415 8***	0.127 3
Δ(屏幕,正面)			−0.464 6***	0.121 2
Δ(屏幕,正面)^2			−0.271	0.151 6
Δ(屏幕,负面)			1.627 2	0.236 9
Δ(屏幕,负面)^2			0.372 3***	0.056 8
Δ(外观,正面)			−0.279 6***	0.082 3
Δ(外观,正面)^2			**0.037**	0.051 4
Δ(外观,负面)			0.041 1	0.087 5
Δ(外观,负面)^2			0.014 4	0.205 9
Δ(电池,正面)			−0.116 9	0.048 8
Δ(电池,正面)^2			−0.032 5	0.053
Δ(电池,负面)			0.159***	0.091 2
Δ(电池,负面)^2			−0.028 1	0.029 3
Δ(功能,正面)			**0.492 1*****	0.201
Δ(功能,正面)^2			**0.109 4**	0.050 8
Δ(功能,负面)			0.120 5	0.185 1
Δ(功能,负面)^2			0.062 8	0.049 5
Δ(性能,正面)			−0.063 2	0.105
Δ(性能,正面)^2			−0.006	0.221 5
Δ(性能,负面)			0.054 8	0.146 7
Δ(性能,负面)^2			0.014 2	0.027 9
Δ(系统,正面)			**0.184 4**	0.132 2
Δ(系统,负面)			0.335 7***	0.111 1
Δ(系统,负面)^2			0.180 5	0.128 7

续 表

回归变量	系　数	标准差	系　数	标准差
Δ(配件,正面)			0.163 7	0.149 3
Δ(配件,负面)			0.230 7***	0.071 1
Δ(操作,正面)			−0.013	0.079 7
$\Delta(\text{操作,正面})^2$			−1.020 5***	0.312 2
Δ(操作,负面)			−0.079 2	0.162 8
Δ(外壳,正面)			−0.425 8***	0.191 2
Δ(外壳,负面)			0.17	0.151 3
$\Delta(\text{外壳,负面})^2$			0.042 6	0.031 8
Δ(手感,正面)			−0.229 7***	0.094 9
$\Delta(\text{手感,正面})^2$			−0.108 9	0.205 9
Δ(手感,负面)			0.135 8	0.066 3
Δ(主板,正面)			−0.071	0.051 6
Δ(主板,负面)			**−0.052 6**	0.079 4
Δ(声音,正面)			−0.547***	0.080 3
Δ(声音,负面)			0.004 4***	0.001 4
Δ(网络信号,正面)			−0.101 3	0.032
Δ(网络信号,负面)			0.073 2	0.097 3
Δ(体积,正面)			**0.001 7**	0.051 4
Δ(体积,负面)			0.229 0	0.206 9
$\Delta(\text{体积,负面})^2$			0.133 6	0.104 7
R^2	无文本信息	0.226 0	有文本信息	**0.358 9**

*** 表示显著性水平为 1%

表 6-6　数码相机销量模型的参数估计结果

回归变量	系　数	标准差	系　数	标准差
Δln(价格)	0.172 5***	0.042 3	0.112 2***	0.042 7
Δ平均评分	−0.281 3***	0.052 5	−0.263 6	0.058 4
Δ评分方差	−0.172 2***	0.046 4	−0.031 1	0.164 0

续　表

回归变量	系　数	标准差	系　数	标准差
Δln(评论数量)	−0.178 5***	0.068 5	−0.044 6	0.095 7
Δ评论平均长度/100	**0.097 6**	0.149 6	−0.048 6	0.061 6
Δln(有用评论数量)	−0.206***	0.018	−0.161 5***	0.070 1
Δln(产品年龄)	0.004 5***	0.000 9	0.002	0.000 9
Δln(受欢迎程度)	−0.087 6	0.131 3	−0.084 5	0.124 2
Δ(相机,正面)			−0.144 4***	0.074 9
$Δ(相机,正面)^2$			−0.005 9	0.010 2
Δ(相机,负面)			0.112 8***	0.074 9
$Δ(相机,负面)^2$			0.010 8	0.006 1
Δ(液晶屏,正面)			**0.182 9**	0.078 3
$Δ(液晶屏,正面)^2$			−0.010 5	0.008 7
Δ(液晶屏,负面)			**−0.551 1*****	0.066 5
$Δ(液晶屏,负面)^2$			**−0.015**	0.009 2
Δ(电池,正面)			**0.146 4*****	0.074 8
$Δ(电池,正面)^2$			**0.028 8*****	0.016 6
Δ(电池,负面)			0.213 8***	0.069 7
$Δ(电池,负面)^2$			0.006 1	0.008 1
Δ(操作,正面)			−0.007 6	0.038 3
Δ(操作,负面)			0.313 6***	0.050 7
$Δ(操作,负面)^2$			0.139 4***	0.003 4
Δ(成像效果,正面)			−0.240 8***	0.077
$Δ(成像效果,正面)^2$			**0.021 9**	0.010 2
Δ(成像效果,负面)			0.233***	0.093 1
$Δ(成像效果,负面)^2$			0.042 5***	0.015 5
Δ(体积,正面)			−0.253 3***	0.059 4
$Δ(体积,正面)^2$			−0.023 8***	0.006 7
Δ(体积,负面)			0.163 8***	0.061
$Δ(体积,负面)^2$			**−0.003 1**	0.005 6

续　表

回归变量	系　数	标准差	系　数	标准差
Δ(镜头,正面)			−0.047 6	0.054 4
Δ(镜头,正面)^2			**0.001 3**	0.003 7
Δ(镜头,负面)			0.253 7***	0.041 5
Δ(性能,正面)			−0.009 4	0.029 8
Δ(性能,负面)			0.003 3***	0.000 9
Δ(传感器,正面)			−0.019 4	0.031 5
Δ(传感器,负面)			0.038 1	0.090 6
Δ(传感器,负面)^2			0.001 8	0.007 4
Δ(快门,正面)			−0.053 6***	0.019 9
Δ(快门,负面)			0.077 1	0.054 6
Δ(机身,正面)			−0.009 8	0.027 4
Δ(机身,负面)			0.272 2***	0.037 5
R^2	无文本信息	0.233 7	有文本信息	**0.420 6**

*** 表示显著性水平为 1%

表 6-7　笔记本电脑销量模型的参数估计结果

回归变量	系　数	标准差	系　数	标准差
Δln(价格)	0.284 4***	0.026 2	0.284 1***	0.029 4
Δ平均评分	**0.039 5**	0.036 4	−1.410 8	0.245 6
Δ平均评分^2			**0.205 5**	0.035 4
Δ评分方差	−0.094 7	0.038 1	−0.024	0.040 2
Δ评分方差^2			−0.048 3	0.147 9
Δln(评论数量)	−0.227 4***	0.054 4	−0.049 2	0.073 8
Δ评论平均长度/100	−0.039 7	0.056 9	−0.044 8	0.033
Δln(有用评论数量)	−0.025 4	0.031	**0.039 2**	0.014 4
Δln(产品年龄)	0.000 2	0.001 1	0.000 4	0.001 1
Δln(受欢迎程度)	−0.076 3	0.136 5	−0.142 7***	0.153 6

续 表

回归变量	系 数	标准差	系 数	标准差
Δ(笔记本,正面)			−0.430 8***	0.085 2
Δ(笔记本,负面)			0.811 5***	0.257 1
Δ(硬盘,正面)			**0.150 9**	0.081 4
Δ(硬盘,负面)			−**0.287 2*****	0.059 5
Δ(电池,正面)			−0.492***	0.090 9
Δ(电池,负面)			0.118 5	0.110 1
Δ(显示器,正面)			−0.204 9	0.128
Δ(显示器,负面)			0.236 4	0.134 1
Δ(体积,正面)			−0.456 5	0.202 2
Δ(体积,负面)			0.321***	0.092 5
Δ(重量,正面)			−0.302 3***	0.155
Δ(重量,负面)			0.023 2	0.044 1
Δ(键盘,正面)			−0.104 8***	0.032 9
Δ(键盘,负面)			0.131 4	0.023 6
Δ(系统,正面)			−0.021 7	0.018 4
Δ(系统,负面)			0.007	0.047 9
Δ(外壳,正面)			**0.054 3**	0.079 6
Δ(外壳,负面)			0.219 3	0.038 3
Δ(主板,正面)			−0.023 6	0.011 6
Δ(主板,负面)			0.248 7	0.153 6
R^2	无文本信息	0.115 1	有文本信息	0.147 3

*** 表示显著性水平为1%

根据表6-5和表6-6的结果,不难看出对于手机和数码相机这两类产品,评论的文本信息中存在二次项,使得它们与被解释变量之间存在非线性关系。因此,对于这两类产品,通过求解二次项在各个时期的均值,对其进行偏效应分析[124],结果如表6-8和表6-9所列。

表 6-8　手机销量模型的偏效应分析结果

回归变量	均　值	偏效应	标准差
Δ(手机,正面)	3.705 9	−0.175 5**	0.028 3
Δ(手机,负面)	1.190 3	0.364 9***	0.048 4
Δ(屏幕,正面)	1.012 9	−0.295 3	0.061 9
Δ(屏幕,负面)	6.098 9	0.063 2***	0.024 5
Δ(外观,正面)	2.042 4	−0.026 4	0.041 5
Δ(外观,负面)	0.842 2	0.259	0.061 6
Δ(功能,正面)	1.509 7	**0.208 6**	0.048 7
Δ(功能,负面)	1.534 7	0.123 2**	0.042 2
Δ(性能,正面)	1.889 3	−0.093 1*	0.034
Δ(性能,负面)	3.874 1	0.010 9***	0.026 9
Δ(系统,负面)	1.735 8	0.234 7**	0.039 7
Δ(外壳,负面)	2.529 1	0.012 9	0.034 6
Δ(手感,正面)	2.130 3	−0.035	0.041 5
Δ(体积,负面)	1.034 2	0.086 9	0.072 1

*,**,*** 分别表示显著性水平为 10%、5%和 1%

表 6-9　数码相机销量模型的偏效应分析结果

回归变量	均　值	偏效应	标准差
Δ(相机,正面)	1.801 5	−0.144 6***	0.051 8
Δ(相机,负面)	0.974 4	0.202 4***	0.051 8
Δ(液晶屏,正面)	0.631 8	0.048*	0.089 7
Δ(液晶屏,负面)	5.522 6	**−0.382 1*****	0.027
Δ(电池,正面)	1.757 9	**0.119 4****	0.042 2
Δ(电池,负面)	0.672 7	0.152 5***	0.064 7
Δ(操作,负面)	1.088	0.376 2***	0.052 1
Δ(成像效果,正面)	1.322	−0.197 3*	0.052 4
Δ(成像效果,负面)	0.723 9	0.171 4**	0.074 9

续　表

回归变量	均　值	偏效应	标准差
Δ(体积,正面)	1.991	−0.158 6***	0.040 7
Δ(体积,负面)	2.130 3	0.042 1	0.042 3
Δ(摄像头,正面)	5.139 1	−0.023 9	0.024
Δ(传感器,负面)	1.251 3	0.065 5***	0.070 4

*,**,*** 分别表示显著性水平为 10%、5%和 1%

产品销量越高,其销售排名越靠前,排名的数值也就越小。所以在回归模型中,带有负值系数的解释变量与产品销量正相关,而带有正值系数的解释变量与产品销量负相关。

此外,由于模型中加入了很多控制变量,所以可能会产生多重共线性问题。因此,本书对相关变量采用中心化的方法进行处理,以消除潜在的多重共线性,并且还同时计算了方差膨胀因子。所有的 VIF 值都在 5 以下,表明该模型的多重共线性被控制在可接受的范围内。

6.3.5　多元回归模型的显著性分析

1. 产品评论的文本信息对产品销量影响的显著性分析

根据表 6-5—6-7 的 F 检验结果,在 1%的显著性水平上不能拒绝原假设 H_0,即产品评论的文本信息显著地影响产品销量。尤其是对手机和数码相机的销量模型而言,在将不同产品属性的正、负面评价作为解释变量代入回归模型后,该模型的拟合优度 R^2 值都得到了明显的提高(分别从 0.22 上升到 0.35 以及从 0.23 增加到 0.42)。这说明产品评论的文本信息能够增强回归模型对产品销量的解释程度。

值得说明的是,虽然本书回归模型的拟合优度小于 0.5,但是在现有关于产品评论对销量影响的研究中,大多数计量模型的拟合优度甚至更低。例如,在龚诗阳等人的实证研究中[109],书评与销量关系模型的拟合优度仅约为 0.2;Archak 等人构建的 PDA 销量模型的拟合优度也只约为 0.15[124]。相对而言,本书构建的计量模型在一定程度上提高了对产品销量的解释能力。

此外,根据表 6-8 和表 6-9 的偏效应分析结果,解释变量的二次项对产品销量也具有显著的影响,尤其是数码相机的评论对销量的影响在 1%水平上显著。

2. 不同产品属性及其正、负面评价对产品销量影响的显著性分析

根据表 6-5 至表 6-7 的回归系数估计以及表 6-8 和表 6-9 的偏效应分析结果，不同产品属性的正面评价和负面评价对产品销量影响的方向和程度都不相同。具体表现在以下几个方面：

(1) 从总体上来看，在三类产品的销量回归模型中，不同产品属性的正面评价对销量具有积极的影响，而不同产品属性的负面评价则对销量产生消极的影响。此外，在模型的回归系数估计结果中还存在特殊的情况。根据表 6-5 至表 6-7 中标记为粗体的数据显示，一些产品属性的正面评价为销量带来消极的影响，而另一些产品属性的负面评价却为销量带来积极的影响。具体表现为以下几种情况：

① 在表 6-5 和表 6-8 中，(功能，正面)的系数都为正数，说明手机功能的正面评价与销量负相关；而在表 6-5 中(主板，负面)的系数为负数，说明手机主板的负面评价与销量正相关。

② 在表 6-6 和表 6-9 中，(电池，正面)的系数都是正数，说明数码相机电池的正面评价为销量带来消极的影响，并且该影响在 1%的水平上显著；(液晶屏，负面)的系数都是负数，说明数码相机液晶屏的负面评价为销量带来积极的影响，并且该影响在 1%的水平上显著。

③ 在表 6-7 中，(外壳，正面)的系数为正数，说明笔记本电脑外壳的正面评价与销量负相关，而(硬盘，负面)的系数为负数，说明笔记本电脑硬盘的负面评价与销量正相关。

(2) 根据表 6-5 的回归系数估计和表 6-8 的偏效应分析，手机的外观、操作、外壳和声音的正面评价，对销量有较大的积极影响；屏幕和系统的负面评价，对销量有较大的消极影响；相对而言，操作的正面评价对销量的影响最大。

(3) 根据表 6-6 的回归系数估计和表 6-9 的偏效应分析结果，数码相机成像效果和体积的正面评价，对销量有较大的积极影响；操作和电池的负面评价，对销量有较大的消极影响；相对而言，操作的负面评价对数码相机销量的影响最大。

(4) 根据表 6-7 的回归系数估计，笔记本电脑整体、电池、体积和重量的正面评价，对销量有较大的积极影响；笔记本电脑整体、显示器、体积和主板的负面评价，对销量有较大的消极影响；相对而言，笔记本电脑整体的负面评价对销量的影响最大。

3. 控制变量对产品销量影响的显著性分析

根据表 6－5 至表 6－7 的回归系数估计，控制变量与产品销量的关系分析如下：

（1）价格的系数反映了价格对产品销量的消极影响。根据表 6－5 至表 6－7 的数据显示，价格对三类产品销量的消极影响几乎都在 1%的水平上显著，并且价格越高产品销量越低。

（2）星级评分的均值和方差的系数都反映了星级评分对产品销量的积极影响。根据表 6－6 的数据显示，在不包含产品评论文本信息的回归模型中，星级评分对数码相机销量的积极影响在 1%的水平上显著。并且用户对数码相机的评分越高，销量也越高。换句话说，星级评分起到说服作用，有助于改变消费者的态度。然而，在引入产品评论的文本信息后，星级评分对数码相机销量的积极影响变为不显著。

（3）评论数量的系数反映了评论数量对产品销量的积极影响。根据表 6－6 和表 6－7 的数据显示，评论数量对数码相机和笔记本电脑销量的积极影响都在 1%的水平上显著。一段时间内用户发表的评论越多，越容易引起消费者对产品的重视，从而提高产品的销量。换句话说，评论数量起到知晓作用，有助于引起消费者的关注。然而，在引入产品评论的文本信息后，评论数量对数码相机和笔记本电脑销量的积极影响也都变为不显著。

（4）评论平均长度的系数反映了评论长度对产品销量的积极影响。根据表 6－5 的数据显示，评论的平均长度对手机销量的积极影响在 1%的水平上显著。消费者认为评论越长，其可读性和可信性越高，越有助于支持购买决策，在一定程度上促进手机的销售。

（5）有用评论数量的系数反映了有用评论对产品销量的积极影响。根据表 6－5 和表 6－6 的数据显示，有用评论数量对手机和数码相机销量的积极影响都在 1%的水平上显著。与产品数量的影响同理，有用评论的数量越多，越容易激发消费者的兴趣，从而对销量起到促进作用。

（6）产品年龄的系数反映了产品年龄对销量的消极影响。根据表 6－5 和表 6－6 的数据显示，产品年龄对手机和数码相机销量的消极影响都在 1%的水平上显著。产品在市场上的销售时间越长，销量越低。然而，在引入产品评论的文本信息后，产品年龄对数码相机销量的消极影响变为不显著。

（7）产品受欢迎程度的系数反映了受欢迎程度对产品销量的积极影响。根据表 6－5 的数据显示，产品受欢迎程度对手机销量的积极影响在 1%的水平上显著,但该变量对其他两类产品销量的影响却几乎都不显著。

6.4 中文产品评论对销量影响的讨论

6.4.1 产品评论的文本信息对销量的影响

从整体上看,F 检验的结果表明产品评论的文本信息对销量有显著的影响。在手机、数码相机和笔记本电脑这三类产品中,产品评论的文本信息对数码相机销量的影响最为显著。此外,对手机和数码相机的销量模型而言,在将不同产品属性的正、负面评价作为解释变量代入回归模型后,该模型的拟合优度 R^2 值都得到了明显的提高。这说明产品评论的文本信息明显地提高了回归模型对产品销量的解释能力。

从产品评论中的正、负面评价上看,正面评价与负面评价对销量的影响是不对称的,其中负面评价对销量的损害远大于正面评价对销量的促进。此外,总体而言,正面评价大多与销量正相关,负面评价大多与销量负相关。但是除此之外,还存在特殊的现象,即部分产品属性的正面评价与销量负相关,而部分产品属性的负面评价与销量正相关(详见本章 6.3.5)。例如,手机功能的正面评价对销量产生消极影响,而数码相机液晶屏的负面评价却为销量带来积极的影响。

根据 6.2.4 节的结论,消费者对特定产品属性的评价与期望的差值决定了该属性对销量的影响方向(详见式(6-16))。由于消费者对手机的功能、数码相机的电池以及笔记本电脑的外壳,可能具有过高的期望,并且它们的正面评价可能无法达到消费者的预期,从而导致产品销量的下降。相反地,消费者对手机的主板、数码相机的液晶屏和笔记本电脑的硬盘具有相对较低的期望,所以它们的负面评价并不会使销量下降。这一特殊现象还在一定程度上反映了本模型将消费者对产品的预期考虑在内,更符合现实情况。

此外,不同产品属性正、负面评价的回归系数还可以用于衡量特定属性及其评价在产品评论中的权重,以及对产品评论口碑效应的解释能力。例如,根据表 6-5 至表 6-7 的回归系数估计与 F 检验结果,对于手机而言,操作的正面评价能够产生相对最大的正面口碑效应;对于数码相机而言,操作的负面评价能够产生相对最大的负面评论效应;对于笔记本电脑,整体的负面评价能够产生相对最大的负面评论效应。

6.4.2　产品评论的数值信息对销量的影响

根据回归分析的 F 检验结果，在不包含产品评论文本信息的回归模型中，产品评论的星级评分对数码相机销量的影响在 1% 水平上显著，这一结论与其他相关研究的结论基本相同[105-108]。但是在引入产品评论的文本信息后，星级评分对数码相机销量的影响却变为不显著。与之类似，在不包含产品评论文本信息的回归模型中，产品评论数量对数码相机和笔记本电脑销量的影响在 1% 水平上显著，也与其他相关研究得出的结论基本相符[109-112]。但是在将产品评论的文本信息代入回归模型后，其影响也变为不显著。这些结果都说明，在手机、数码相机和笔记本电脑等电子产品市场上，口碑对产品销量的影响主要来自产品评论的文本信息，而非数值信息。

产生以上结果的原因可能有以下两点：

(1) 产品评论的星级评分是一个内生性变量，它与产品评论中不同产品属性的正、负面评价相关。消费者在亚马逊网站上发表评论时，先被要求对该产品进行星级评分，再撰写文字评论。所以当回归模型遗漏了产品评论的文本信息时，便产生了内生性问题。产品评论文本信息对销量的解释力就会反映到评论的星级评分中，从而高估星级评分对销量的影响力。换句话说，星级评分的高低实际上反映了消费者对不同产品属性的评价。

(2) 产品评论数量也是一个内生性变量，它也与产品评论的文本信息相关。相关研究指出评论数量能引起消费者的关注[109]，但是关注度的提高是否能转化为实际的购买行为是不确定的。如果产品评论口碑效应的接受者认为相对于评论数量，评论的文字描述能够更好地反映信息发出者们对该产品的积极或消极态度，那么评论数量就很可能失去对销量的影响力。

此外，手机评论的平均长度和有用评论的数量对其销量的影响都较为显著，说明消费者重视产品评论的质量。所以关于产品评论的可信性和有用性的研究也越来越受到学者们的关注[118]。

6.4.3　非产品评论的其他控制变量对销量的影响

对于手机、数码相机和笔记本电脑，产品年龄对销量的影响程度都很小(回归系数都小于 0.005)。这可能是因为电子产品的更新换代速度较快，销量排名靠前的产品大多都是当年的新款，其产品年龄都比较小。在手机、数码相机和笔记本电脑评论的样本数据统计结果中(表 6-2 至表 6-4)，产品年龄的标准差都比较小,也说明了样本中的产品年龄差异不大。

对于手机而言,受欢迎程度对销量的影响较为显著。然而,受欢迎程度对数码相机和笔记本电脑销量的影响却并不显著。这说明与手机的购买决策相比,消费者在购买数码相机和笔记本电脑时较为理智和冷静,并不盲目地跟随潮流,而是更多地从自身需求的角度出发,做出期望效用最高的选择。

6.5 管理启示

产品评论的文本信息具有传播迅速以及不易消逝的特点。对于负面评论,如果商家能够给予及时回复,那么不仅能够有效地降低负面评论对产品的长期负面影响,还可以帮助企业塑造良好形象。而且负面评论除极端的批评和抱怨外,还可能包含一些消费者的合理建议。这些看似对商家投诉或不满的信息,也可能成为商家改善经营、提高竞争能力的绝佳机会。同时,正面评论无疑是商家最好的宣传,商家不应该忽视其广告作用,应该积极地采取一些手段和措施,以鼓励和促进正面评论在更大范围内迅速传播。

根据实证研究的结果,产品评论的文本信息对销量具有显著的影响,不同产品属性的正、负面评论对于销量具有不同程度的影响力,尤其是负面评论对销量的损害远大于正面评论对销量的促进。因此,通过产品评论的细粒度情感分析,有助于商家对网络口碑效应进行有效的管理和引导,从而增加商家的销售业绩。

对于商家的口碑营销,本书提供了以下一些管理建议:

(1) 根据不同产品属性及其正、负面评价在产品评论中的权重,商家可以合理利用产品的网络口碑,有针对性地为产品进行广告宣传和促销活动等。以手机为例,外观和操作的正面评价能够产生较大的正面口碑效应,而屏幕和系统的负面评价能够产生较大的负面口碑效应。所以手机生产商和零售商可以通过细粒度情感分析获取关于外观和操作的正面评价详细信息,以及关于屏幕和系统的负面评价详细信息。在此基础上,针对外观、操作、屏幕和系统制定相应的广告和促销策略,进一步发挥正面口碑效应对销量的促进作用,并且同时减小负面评论效应对销量的损害。

(2) 通过产品评论的细粒度情感分析,商家能够获得更加详细的用户反馈信息,便于了解产品市场的需求。依据不同产品属性及其正、负面评价,对产品进行 SWOT 分析(即优势、劣势、机遇和威胁分析),以此辅助商家进行产品改进、新产品开发以及目标市场定位等战略规划。

(3) 结合产品评论的细粒度情感分析，以及产品评论对销量的实证研究结果，帮助商家理解产品评论如何影响销售业绩，并且定位影响销量的关键因素，从而促使商家提高产品质量或者研发更满足市场需求的新产品。

(4) 第三方电子商务网站还可以利用不同产品属性的正、负面评价来衡量产品评论的口碑效应，以此分析产品评论对消费者购买决策以及产品销量的影响路径，从而为商家提供产品口碑的统计报表以及管理咨询报告等。此外，细粒度情感分析结果还有助于第三方电子商务平台制定产品评论的管理策略和设计合适的评论发布区，以方便消费者阅读产品评论，获得一定的统计信息，并且进一步引导与激励消费者发布产品评论。

6.6　本 章 小 结

本章以产品评论的细粒度情感分析为基础，通过分析产品评论的文本信息为消费者购买决策带来的边际效用，研究产品评论对销量的影响。首先，利用消费者购买决策的多属性离散选择模型，研究产品各个属性的平均效用对消费者决策行为的影响，从而构建产品销量的计量模型；然后，以产品评论的细粒度情感分析结果为样本数据，对销量模型进行多元回归分析，并且采用面板数据的固定效应模型和工具变量法处理内生性问题；最后，根据回归分析的结果，量化产品评论中的不同产品属性及其正、负面评价对销量的影响，并且为商家利用产品评论的正、负面口碑提供管理建议。

实证研究的结果表明产品评论的文本信息显著地影响产品销量。相对于产品评论的数值信息(如星级评分和评论数量等)，不同产品属性的正、负面评价能够更好地解释和衡量产品评论的口碑效应。从评论的整体上看，正面评价大多与销量正相关，负面评价大多与销量负相关，尤其是负面评价对销量的损害远大于正面评价对销量的促进；从评论的细节上看，不同产品属性及其对应的正、负面评价对于产品销量具有不同程度的影响力。

结合产品评论的细粒度情感分析结果，以及不同产品属性及其正、负面评价在产品评论中的权重，能够帮助商家合理地利用产品的网络口碑，有针对性地进行广告宣传和促销活动等；能够获得更加详细的用户反馈信息，便于商家了解消费者的需求，从而辅助商家进行产品改进、新产品开发以及目标市场定位等战略规划；能够帮助商家理解产品评论如何影响其销售业绩，并且定位影响销量的关键因素，从而促使商家提高产品质量或者研发更满足市场需求的新产品；还能够有助于第三方电子商务网站为商家提供产品口碑的统计报表以及管理咨询报告等，以及制定产品评论的管理策略和设计合适的评论发布区，进一步引导与激励消费者发布产品评论。

本书在一定程度上量化了产品评论的口碑效应，揭示了产品评论对销量的影响路径，促进了产品评论口碑效应理论的发展，而且还探索了互联网上用户生成内容的经济价值。

第7章 全书总结及展望

7.1 全书总结

本书结合设计科学和计量经济两种研究范式，对“中文产品评论的细粒度情感分析”进行了系统的研究，从而实现对产品评论的挖掘与应用。在计算机科学层面上，以设计科学研究方法论为指导，按照“算法设计→算法实现→算法评价”的研究路线，设计细粒度情感分析算法；在经济学层面上，建立基于多属性离散选择的产品销量模型，以此分析产品评论对销量的影响。主要研究内容如下：

1. 细粒度情感分析研究综述

对本书涉及的相关领域的研究工作进行综述。主要包括产品评论的特征词识别、观点词识别、特征词与观点词配对、特征观点对的情感强度计算与情感极性分类、产品评论对销量影响等方面。

(1) 特征词是在评论中描述产品属性的词语。现有特征词识别研究大致可以分为基于统计自然语言处理的方法和基于语义分析的方法两类。基于统计自然语言处理的方法将特征词限定在名词或名词短语的范围内，使用词频、关联规则、条件随机场和隐马尔科夫模型等统计方法识别特征词。基于语义分析的方法先对语料进行词性标注与句法分析，再根据预先制定的规则识别特征词。

(2) 观点词是表达用户情感的、用于评价特征词的词语。现有观点词识别的方法大致可以分为基于统计自然语言处理的方法和基于情感词典的方法。基于统计自然语言处理的方法将观点词限定在形容词的范围内，先对大量评论语料进行文本预处理，再标记出一部分种子观点词，最后利用词语之间的共现模式识别更多的观点词。基于情感词典的方法主要计算评论中的词语和词典中的词语之间的语义倾向相似度，以此识别观点词。

(3) 现有的特征词和观点词配对方法主要可以分为两类：基于统计自然语言处理的方法和基于语义分析的方法。基于统计自然语言处理的方法主要采用邻近原则和序列标注等方法，对特征词和观点词进行配对。基于语义分析的方法先对语料进行词性标注，再根据预先制定的规则，对特征词和观点词进行配对。

(4) 情感强度计算与极性分类的方法大致可以分为基于语料的方法和基于情感词典的方法两类。基于语料的方法主要通过对评论语料进行词性标注与情感标注，根据语料中词与词之间的共现信息或者句法模式，计算词语的情感强度，并且基于此判断词语的情感极性。基于情感词典的方法主要使用情感词典中的信息，计算观点词与已知情感极性的种子词之间的相似度，以此量化观点词的情感强度和极性。

(5) 现有关于产品评论影响产品销量的研究主要从口碑效应这一角度着手，分析产品评论口碑效应的不同度量指标对产品销量的影响。已有研究通常使用以下几个指标量化产品评论的口碑效应：评论数量、情感极性、情感极性的混杂度、扩散度等。其中，评论数量和情感极性是主要考察的两个维度。

2. 基于 LDA 主题模型的特征词与观点词识别

针对现有特征词与观点词配对研究中存在的问题，从统计自然语言处理的角度出发，提出了基于 LDA 主题模型的中文产品评论特征词与观点词识别算法。该方法利用 LDA 主题模型的学习性，自动模拟产品评论的生成过程。从而减少人工干预的成分，提高特征词与观点词识别的查准率和查全率，并且具有较好的领域可移植性。此外，SA - LDA 主题模型对词语的聚类效果明显优于关联规则与语法规则，适用于挖掘口语化严重和语法不规范的中文产品评论。

在实验评价阶段，构建了涵盖手机、数码相机和笔记本电脑三类产品的实验语料库。并且对训练语料和测试语料进行人工标注，标注结果的 Kappa 值在可以接受的范围之内，保证了语料标注的一致性与有效性。由于我国的情感分析实验语料库构建处在起步阶段，尤其缺乏针对细粒度情感分析的大规模情感资源的支撑，所以本书根据国外语料库建设在收集语料、制定标注规范和质量监控等方面的经验，通过“网络爬虫自动下载评论＋人工标注评论”的方式，构建面向细粒度情感分析的实验语料库。其作用一方面是训练 SA - LDA 主题模型，为模型中关键参数的初始化工作提供支持；另一方面是将算法标注结果与人工标注结果进行对比，从而验证本书提出算法的有效性。

在此基础上，本书还分别以基于统计自然语言处理和基于语义分析的代表性方法为基线方法，设计对比实验。实验结果验证了基于 LDA 主题模型的特征词与观点词识别算法的有效性和领域可移植性，以及在现有研究基础上的改进。

3. 基于领域本体的特征词与观点词配对

针对现有特征词与观点词配对研究中存在的问题，从语义分析的角度出发，提出基于领域本体的中文产品评论特征词与观点词配对算法。该方法自动构建领域本体，利用本体描述的概念与概念之间的抽象关系，识别特征词与观点词之间潜在的语义关系，从而避免因语法不规范而造成的词语相距较远、语义关系模糊等问题。此外，该方法还能识别因主语缺失而产生的隐式特征词。

在实验评价阶段，使用实验语料库中的测试语料作为实验语料。分别以基于统计自然语言处理和基于语义分析的代表性方法为基线方法，设计对比实验。实验结果验证了基于领域本体的特征词与观点词配对算法的有效性和领域可移植性，以及对现有研究方法的提高。

4. 面向"特征观点对"的情感强度计算与情感极性分类

针对已有的情感分析研究中存在的问题，本书将特征词与观点词视作一个整体，提出基于上下文语义计算的特征观点对情感分析方法。该算法的基本思路：先计算特征观点对的情感强度，再确定情感强度的临界值，最后进行情感极性分类。该算法不仅量化上下文语境对观点词情感强度与极性的影响，还计算与判断产品评论中口语观点词的情感强度和极性。

在实验评价阶段，使用实验语料库中的测试语料作为实验语料。以基于语料和基于情感词典的代表性方法为基线方法，分别设计情感强度计算与情感极性分类的对比实验。实验结果验证了基于上下文语义计算的特征观点对情感分析方法的有效性和领域可移植性，以及在现有研究基础上的改进。尤其是在三类产品的测试语料上，特征观点对情感强度计算和情感极性分类的准确率都比基线方法提高了约 10 个百分点。

为了保证情感极性分类的准确率，还对情感强度的临界值设置进行了实验。结果表明在三类产品的测试语料上，$T=0$ 时都能取得较高的情感极性分类准确率，并且正面、负面和总体情感分类准确率比较平均，说明该临界值下的情感极性分类效果比较良好和稳定。

此外，还设计了实验，以互联网上评出的两款热门手机为实验对象，分别抽取一定数量的评论，进行细粒度情感分析。在此基础上，对产品进行对比评测，初步探讨了产品评论细粒度情感分析的商业价值。

5. 细粒度情感分析的应用——产品评论对商家销量的影响

针对现有关于产品评论与销量关系的研究中存在的不足，本文以产品评论的细粒度情感分析为基础，通过分析产品评论的文本信息为消费者购买决策带来的边际效用，研究产品评论对销量的影响。

实证研究的结果表明产品评论的文本信息对商家销量具有显著的影响。相对于产品评论的数值信息(如星级评分和评论数量等)，不同产品属性的正、负面评价能够更好地解释和衡量产品评论的口碑效应。从评论的整体上看，正面评价大多与销量正相关，负面评价大多与销量负相关，尤其是负面评价对销量的损害远大于正面评价对销量的促进；从评论的细节上看，不同产品属性及其对应的正、负面评价对于产品销量具有不同程度的影响力。

结合产品评论的细粒度情感分析结果，以及不同产品属性及其正、负面评价在产品评论中的权重，能够帮助商家合理地利用产品的网络口碑，有针对性地进行广告宣传和促销活动等；能够获得更加详细的用户反馈信息，便于商家了解消费者的需求，从而辅助商家进行产品改进、新产品开发以及目标市场定位等战略规划；能够帮助商家理解产品评论如何影响其销售业绩，并且定位影响销量的关键因素，从而促使商家提高产品质量或者研发更满足市场需求的新产品；还能够有助于第三方电子商务网站为商家提供产品口碑的统计报表以及管理咨询报告等，以及进一步引导与激励消费者发布产品评论。

7.2 进一步的研究展望

通过以上的总结发现，本书还存在一些有待改进的地方，需要继续展开深入的研究。主要包括以下几个方面：

1. 面向细粒度情感分析的实验语料库构建

现有的情感分析大多都采用手机、数码相机、数码摄像机、笔记本电脑和MP3等产品的评论作为实验对象。为了便于和相关研究中的代表性方法进行对比实验，验证本书提出的算法的有效性，本书构建了涵盖手机、数码相机和笔记本电脑的实验语料库。但是随着电子商务的飞速发展，各种点评网站如雨后春笋，层出不穷，评论的主题范围也正在不断扩大，已经涉及影视、旅游、餐馆和酒店等领域。因此，在未来的研究中，可以收集更多类型的产品评论，以进一步验证本书提出的细粒度情感分析方法的鲁棒性。

此外，在线产品评论通常具有口语化色彩比较强烈、书写随意性较大、句式结构相对混乱等特点，从而增加了语料标注的复杂度。因此，还需要从语言学角度分析语言规律，在标注方法和标注体系上做进一步的改进和探讨，以完善实验语料库的标注工作。

幸运的是，我国的学者已经逐渐认识到实验语料库标注工作的重要性，中文情感极性分析评测工作也在陆续展开[199]，相信该类标注工作会进一步促进情感分析实验语料库的构建，并为情感分析的发展奠定良好的基础。

2. 特征观点对的情感分析

在情感分类研究中，有部分学者在正面和负面两类情感基础上，引入了"中立"这一类情感，认为对于产品某一方面既褒又贬的评价表达了中性的情感，例如评论句"手机声音虽小，但是音质不错"的情感可以被判定为"中立"。但是在细粒度情感极性分类中，用户的情感被细分，以上这句评论包含了两对特征观点对："声音，小"和"音质，不错"，并且分别带有负面情感和正面情感，二者共同组合在一起才表达了用户对手机声音的"中立"态度。因此，本书认为特征观点对的情感分类中并不包括中性这一情感。此外，观点词为评论中用户表达主观意见的词语，所以产品评论中的特征观点对并不包括客观的叙述。但是现有一些研究者依然试图将"中立"加入情感极性中，以提高分类的全面性和有效性。因此，在下一步的研究中，将通过对网络用户进行调研等理论与实践相结合的方式，对情感极性的分类做进一步的探讨。

此外，在"特征观点对"情感强度计算的实验中，对于计算结果的准确性判断允许存在一定的误差，并且根据已有研究的经验数据设定可接受的误差系数。这样的做法虽然能够有效地检验情感强度计算的准确率，但是为了保证实证研究结果的可靠性和可信度，第六章在分析产品评论对销量的影响时，只采用特征观点对的情感极性分类结果作为样本数据。因此，在以后的研究中，需要设计一种更加客观的实验评价方法，从而进一步检验情感强度计算的准确性。

3. 产品销量模型的理论基础

本书以描述消费者购买决策行为的多属性离散选择为理论基础，建立产品评论对销量影响的计量模型。这一理论的假设前提是：产品各个属性独立地影响消费者的购买概率，以及不同消费者对产品的各个属性具有相同的偏好。但是在现实生活中，不同消费者对产品的偏好并不相同。在进行购买决策时，他们根据自身的偏好，综合地考虑不同产品属性的质量与性能，再决定是否购买该产品。此外，消费者的购买决策还会受到同类型替代品的影响。因此，产品销量的计量模型还需要以更加先进的、更能准确地描述消费者购买决策行为的理论为基础，比如经典的 BPL 需求模型(Berry, Levinsohn 和 Pakes 模型)，并且尽量收集消费者的个人背景特征(Demographics)。

此外，本书在对产品销量模型进行回归分析时，加入控制变量以消除内生性问题。但是一些控制变量却因为无法获得实际的数据而设置了相应的替代变量，例如用销量排名来代替实际的销量数据，这在一定程度上影响了计量模型的准确性，进而影响参数估计的有效性。因此，还需要设法收集实际的样本数据来支持未来的实证研究。

4. 产品评论的有用性和可信性分析

本书并未针对评论的质量展开研究，即用户感知的产品评论的有用性和可信性。随着社交媒体的高速发展，越来越多的商家开始重视产品评论的商业价值，并且尝试通过评论引导来进行产品的营销。但是其中一部分商家为了诱导舆论，试图操纵评论，导致产品评论的有用性和可信性下降，从而影响消费者对评论的采纳行为。

因此，产品评论的质量将影响评论挖掘结果的实用价值。在未来的研究中，需要从评论有用性和可信性角度出发，建立实证研究模型，探讨评论质量的量化机制，以及其对消费者采纳行为的影响。

5. 细粒度情感分析的其他应用领域

伴随着情感分析技术的完善，细粒度情感分析的应用领域并不局限于电子商务，而是有更广阔的应用空间。因此，下一步的研究工作可以通过细粒度情感分析，挖掘在线评论在医疗健康、企业系统、金融风险等其他领域的价值。

具体来说，通过对在线医疗社区中患者发表的帖子进行细粒度情感分析，识别疾病的病因与症状，在此基础上推断疾病的类型与治疗方案，从而便于患者选择医院和医生，便于医生在线查询治疗手段，还便于医院了解自身管理或医疗方面的现状，进而实现以病人为中心的医疗系统。企业系统的有效性依赖于智能和自动化的水平，所以以细粒度情感分析为基础的商业智能能够在一系列的应用和服务上支持企业系统。通过对股评进行挖掘，识别评论中的关键词，并且分析投资者的情绪，以预测股票的涨跌，甚至是整个股票市场的走势。

参考文献

[1] Dave K, Lawrence S, Pennock D M. Mining the peanut gallery: opinion extraction and semantic classification of product reviews[C]//Proceedings of the 12th International World Wide Web Conference. Budapest, Hungary, 2003: 519 - 528.

[2] Gamon M, Aue A. Automatic identification of sentiment vocabulary: exploiting low association with known sentiment terms[C]//Proceedings of the ACL - 2005 Workshop on Feature Engineering for Machine Learning in NLP. Michigan, USA, 2005: 57 - 64.

[3] Liu B, Hu M, Cheng J. Opinion observer: analyzing and comparing opinions on the Web[C]//Proceedings of the 14th international conference on World Wide Web. New York, USA, 2005: 342 - 351.

[4] 解国栋,宗成庆,徐波. 面向中间语义表示格式的汉语口语解析方法[J]. 中文信息学报, 2003,17(1): 1 - 6.

[5] Liu B. Web Data Mining[M]. 俞勇,薛贵荣,韩定一,译. 北京: 清华大学出版社,2009.

[6] Hu M, Liu B. Mining opinion features in customer reviews[C]//Proceedings of the 19th National Conference on Artificial Intelligence. San Jose: AAAI Press, 2004: 755 - 760.

[7] Popescu A M, Etzioni O. Extracting product features and opinion from reviews[C]//Proceedings of the Conference on Human Language Technology and Empirical Methods in Natural Language Processing. Stroudsburg, PA, USA, 2005: 339 - 346.

[8] Blair-Goldensohn S, Neylon T, Hannan K. Building a sentiment summarizer for local service reviews[C]//World Wide Web Workshop on NLP in the Information Explosion Era (NLPIX), 2008: 514 - 522.

[9] Xu R, Xia Y, Wong K, et al. Opinion annotation in online Chinese product reviews [C]//Proceedings of International Conference on Language Resources and Evaluation. 2008: 1625 - 1632.

[10] Zhang S, Jia W J, Xia Y J, et al. Opinion analysis of product reviews[C]//Proceedings of the 6th International Conference on Fuzzy Systems and Knowledge Discovery.

Tianjin, China, 2009: 591-595.

[11] 徐冰,赵铁军,王山雨,等. 基于浅层句法特征的评价对象抽取研究[J]. 自动化学报,2011,37(10): 1241-1247.

[12] 倪茂树,林鸿飞. 基于关联规则和极性分析的商品评论挖掘[C]. 第三届全国信息检索与内容安全学术会议. 苏州,2007: 635-642.

[13] Xu B, Zhao T, Zheng D, et al. Product features mining based on conditional random fields model[C]//International Conference of Machine Learning and Cybernetics. IEEE, 2010: 3353-3357.

[14] Yi J, Niblack W. Sentiment mining in WebFountain[C]//Proceedings of the 21st International Conference on Data Engineering. Washington: IEEE Computer Society Press, 2005: 1073-1083.

[15] Titov I, Mcdonald R. Modeling online reviews with multi-grain topic models[C]//Proceedings of the 17th International Conference on World Wide Web. Beijing, China, 2008: 111-120.

[16] Titov I, Mcdonald R. A joint model of text and aspect ratings for sentiment summarization [C]//Proceedings of Annual Meeting of the Association for Computational Linguistics: Human Language Technology. Columbus, Ohio, USA, 2008: 308-316.

[17] Brody S, Elhadad N. An unsupervised aspect-sentiment model for online reviews[C]//Proceedings of the 2010 Annual Conference of the North American Chapter of the Association for Computational Linguistics: Human Language Technologies. Los Angeles, California, USA. 2010: 804-812.

[18] JO Y, OH A H. Aspect and sentiment unification model for online review analysis [C]//Proceedings of the 4th ACM International Conference on Web Search and Data Mining. Hong Kong, China, 2011: 815-824.

[19] Xu R, Wong K, Lu Q, et al. Learning knowledge from relevant webpage for opinion analysis[C]//Proceedings of 2008 IEEE/WIC/ACM International Conference on Web Intelligence. Austria, 2008: 307-313.

[20] Yi J, Nasukawa T, Bunescu R, et al. Sentiment analyzer: extracting sentiments about a given topic using natural language processing techniques[C]//Proceedings of the 3rd IEEE International Conference on Data Mining. IEEE, 2003: 427-434.

[21] 刘鸿宇,赵妍妍,秦兵,等. 评价对象抽取及其倾向性分析[J]. 中文信息学报,2010,24(1): 84-88.

[22] 赵妍妍,秦兵,刘挺. 文本情感分析综述[J]. 软件学报,2010,21(8): 1834-1848.

[23] Etzioni O, Cafarella M, Downey D, et al. Web-scale information extraction in knowitall [C]//Proceeding of the 13th International Conference on World Wide Web. New York,

USA, 2004: 100 - 110.

[24] Thelen M, Riloff E. A bootstrapping method for learning semantic lexicons using extraction pattern contexts[C]//Proceedings of the Association for Computational Linguistics Conference on Empirical Methods in Natural Language Processing: Association for Computational Linguistics. Stroudsburg, PA, USA, 2002: 214 - 221.

[25] 顾正甲,姚天昉.评价对象及其倾向性的抽取和判别[J].中文信息学报,2012,4: 91 - 97.

[26] Yang X F, Su J. Coreference resolution using semantic relatcdness information from automatically discovered patterns[C]//Proceedings of the 45th Annual Meeting of the Association of Computational Linguistics. Prague, Czech, 2007: 528 - 535.

[27] 郎君,忻舟,秦兵,等.集成多种背景语义知识的共指消解[J].中文信息学报,2009, 23(3): 3 - 9.

[28] Rao D, Ravichandran D. Semi-supervised polarity lexicon induction[C]//Proceedings of the 12th Conference of the European Chapter of the Association for Computational Linguistics. Stroudsburg PA, USA, 2009: 675 - 682.

[29] Xia Y, Wong K, Li W. Constructing a Chinese chat language corpus with a two-stage incremental annotation approach[C]//Proceedings of the 5th International Conference on Language Resources and Evaluation (European Language Resources Association). Genoa, Italy, 2006: 1422 - 1427.

[30] Wiebe J. Learning subjective adjectives from corpora[C]//Proceedings of the 17th National Conference on Artificial Intelligence and 12th Conference on Innovative Applications of Artificial Intelligence. 2000: 735 - 740.

[31] Riloff E, Wiebe J. Learning Extraction Patterns for Subjective Expressions[C]// Proceedings of the 2003 conference on Empirical methods in natural language processing. Stroudsburg: Association for Computational Linguistics, 2003: 105 - 112.

[32] Mei Q, Ling X, Wondra M, et al. Topic sentiment mixture: modeling facets and opinions in weblogs[C]//Proceedings of the 16th International Conference on World Wide Web. Banff, Alberta, Canada, 2007: 171 - 180.

[33] Lin C, He Y. Joint sentiment/topic model for sentiment analysis[C]//Proceedings of the 18th ACM Conference on Information and Knowledge Management. Hong Kong, China, 2009: 375 - 384.

[34] Esuli A, Sebastiani F. Determining the semantic orientation of terms through gloss analysis[C]//Proceedings of the 14th ACM international conference on Information and knowledge management. York: ACM, 2005: 617 - 624.

[35] Esuli A, Sebastiani F. Determining term subjectivity and term orientation for opinion mining[C]//Proceedings of the European Chapter of the Association for Computational

linguistics. *Trento*: Association for Computational linguistics, 2006: 193 - 200.

[36] Su F, Markert K. Subjectivity recognition on word senses via semi-supervised mincuts [C]//Proceedings of Human Language Technologies: The 2009 Annual Conference of the North American Chapter of the Association for Computational Linguistics. Stroudsburg: Association for Computational Linguistics, 2009: 1 - 9.

[37] Kim S M, Hovy E. Identifying and analyzing judgment opinions[C]//Proceedings of the main conference on Human Language Technology Conference of the North American Chapter of the Association of Computational Linguistics. Stroudsburg, PA, USA, 2006: 200 - 207.

[38] 李纯,乔保军,曹元大,等. 基于语义分析的词汇倾向识别研究[J]. 模式识别与人工智能,2008,21(4): 482 - 487.

[39] 朱嫣岚,闵锦,周雅倩,等. 基于 HowNet 的词汇语义倾向计算[J]. 中文信息学报,2006,20(1): 14 - 20.

[40] 杜伟夫,谭松波,云晓春,等. 一种新的情感词汇语义倾向计算方法[J]. 计算机研究与发展,2009,46(10): 1713 - 1720.

[41] Hu M, Liu B. Mining and summarizing customer reviews[C]//Proceedings of the 10th ACM SIGKDD International Conference on Knowledge Discovery and Data Mining. New York, USA, 2004: 168 - 177.

[42] 朱圣代. 评价对象、短语、搭配关系抽取及倾向性判断[J]. 电脑知识与技术,2013,9: 136 - 142.

[43] Liu J, Wu G, Yao J. Opinion searching in multi-product reviews[C]//Proceeding of the 6th IEEE International Conference on Computer and Information Technology. Seoul, Korea, 2006: 25 - 30.

[44] Scaffidi C, Bierhoff K, Chang E. Red opal: product-feature scoring from reviews[C]//Proceedings of the 8th ACM Conference on Electronic Commerce. 2007: 182 - 191.

[45] Kim S, Hovy E. Determining the sentiment of opinions. In: Proceedings of the 20th International Conference on Computational Linguistics. Stroudsburg, PA, USA, 2004: 1367 - 1374.

[46] Su Q, Xu X, Guo H, et al. Hidden sentiment association in Chinese web opinion mining [C]//Proceedings of the 17th International Conference on World Wide Web. New York, USA, 2008: 959 - 968.

[47] 王素格,杨安娜. 基于混合语言信息的词语搭配倾向判别方法[J]. 中文信息学,2010,24(3): 69 - 74.

[48] Choi Y, Cardie C. Hierarchical sequential learning for extracting opinions and their attributes[C]//Proceedings of the 2010 Association for Computational Linguistics

Conference Short Papers. Stroudsburg, PA, USA, 2010: 269 - 274.
[49] Breck E, Choi Y. Identifying expressions of opinion in context[C]//Proceedings of the 20th International Joint Conference on Artifical intelligence. San Francisco: Morgan Kaufmann Publishers Inc, 2007: 2683 - 2688.
[50] Johansson R, Moschitti A. Syntactic and semantic structure for opinion expression detection[C]//Proceedings of the 14th Conference on Computational Natural Language Learning. Uppsala, Sweden, 2010: 67 - 76.
[51] Johansson R, Moschitti A. Extracting opinion expressions and their polarities-exploration of pipelines and joint models[C]//Proceedings of the 49th Annual Meeting of the Association for Computational Linguistics: Human Language Technologies. Portland, OR, USA, 2011: 101 - 106.
[52] Zhang S, Jia W, Xia Y, et al. Extracting product features and sentiments from Chinese customer reviews[C]//Proceedings of the 7th International Conference on Language Resources and Evaluation. 2010: 1142 - 1145.
[53] Zhang C, Wang K, Zhu M, et al. NEUOM: Identifying opinionated sentences in Chinese and English text[C]//Proceedings of NTCIR - 7 Workshop Meeting. Tokyo, Japan, 2008: 314 - 317.
[54] Meng X, Wang H. Detecting opinionated sentences by extracting context information [C]//Proceedings of NTCIR - 7 Workshop Meeting. Tokyo, Japan, 2008: 268 - 271.
[55] Wu Y, Zhang Q, Huang X, Wu L. Structural opinion mining for graph-based sentiment representation[C]//Proceedings of the Conference on Empirical Methods in Natural Language Processing. Stroudsburg, PA, USA, 2011: 1332 - 1341.
[56] Kobayashi N, Inui K, Matsumoto Y, et al. Collecting Evaluative Expressions for Opinion Extraction[C]//Proceedings of the International Joint Conference on Natural Language Processing. Hainan Island, China, 2004: 596 - 605.
[57] Popescu A M, Etzioni O. Extracting product features and opinion from reviews[C]// Proceedings of the Conference on Human Language Technology and Empirical Methods in Natural Language Processing. Stroudsburg, PA, USA, 2005: 339 - 346.
[58] Bloom K, Garg N, Argamon S. Extracting appraisal expressions[C]//Proceedings of Human Language Technologies/North American Association of Computational Linguists. Rochester, NY, USA, 2007: 308 - 315.
[59] Bloom K, Argamon S. Automated learning of appraisal extraction patterns [J]. Language and Computers, 2010, 71 (1): 249 - 260.
[60] Yao T F, Nie Q Y, Li J C, et al. An opinion mining system for Chinese automobile reviews[C]//Proceeding of the Frontiers of Chinese Information Processing. Beijing,

China，2006：260－281.

[61] Miao Q，Li Q，Zeng D. Fine-grained opinion mining by integrating multiple review sources[J]. Journal of the American Society for Information Science and Technology，2010，61(11)：2288－2299.

[62] Vu T T，Pham H T，Luu C T，et al. A feature-based opinion mining model on product reviews in Vietnamese[J]. Studies in Computational Intelligence，2011，381：23－33.

[63] 赵妍研，秦兵，车万翔，等. 基于句法路径的情感评价单元识别[J]. 软件学报，2011：887－898.

[64] Wu Y B，Zhang Q，Huang X J，et al. Phrase Dependency parsing for opinion mining [C]//Proceedings of the 2009 Conference on Empirical Methods in Natural Language Processing. Stroudsburg，PA，USA，2009：1533－1541.

[65] Qiu G，Liu B，Bu J，et al. Expanding domain sentiment lexicon through double propagation[C]//Proceedings of the 21st international joint conference on Artificial intelligence. San Francisco，CA，USA，2009：1199－1204.

[66] Qiu G，Liu B，Bu J，et al. Opinion word expansion and target extraction through double propagation[J]. Computational Linguistics，2011，37(1)：9－27.

[67] Bethard S，Yu H，Jurafsky D. Automatic extraction of opinion propositions and their holders[C]//Proceedings of the AAAI Spring Symposium on Exploring Attitude and Affect in Text：Theories and Applications. 2004：22－24.

[68] Xu R，Wong K，Xia Y. Opinmine-opinion analysis system by CUHK for NTCIR－6 pilot task[C]//Proceedings of the 6th NTCIR Workshop. 2007：350－357.

[69] 姚天昉，聂青阳，李建超，等. 一个用于汉语汽车评论的意见挖掘系统[C]. 中国中文信息学会成立二十五周年学术年会论文集. 北京，2006：260－281.

[70] Zhao L，Li C. Ontology based opinion mining for movie reviews[C]//Knowledge Science，Engineering and Management，Lecture Notes in Computer Science volume 5914. Berlin，Germany，2009：204－214.

[71] Wei W，Gula G A. Sentiment learning on product reviews via sentiment ontology tree [C]//Proceedings of the 48th Annual Meeting of the Association for Computational Linguistics. Stroudsburg，PA，USA，2010：404－413.

[72] Shi B，Chang K. Mining Chinese Reviews[C]//Proceedings of the 6th IEEE International Conference on Data Mining. Hong Kong，China，2006：585－589.

[73] Somprasertsri G，Lalitrojwong P. Mining feature-opinion in online customer reviews for opinion summarization[J]. Journal of Universal Computer Science，2010，16(6)：938－955.

[74] Lau R，Liao S，Li C. Learning fuzzy product ontologies for aspect-oriented sentiment

analysis. Decision Support Systems.

[75] Lau R, Lai C, Ma J, et al. Automatic Domain Ontology Extraction for Context-Sensitive Opinion Mining [C]//Proceedings of 30th International Conference on Information Systems. Phoenix, AZ, USA, 2009: 1605 - 1608.

[76] Turney P D, Littman M L. Measuring praise and criticism: inference of semantic orientation from association[J]. ACM Transactions on Information Systems, 2003, 21(4): 315 - 346.

[77] Yi J, Niblack W. Sentiment mining in Web Fountain [C]//Proceedings of the 21st International Conference on Data Engineering. Washington, NY, USA, 2005: 1073 - 1083.

[78] Hatzivassiloglou V, McKeown K. Predicting the semantic orientation of adjectives [C]//Proceedings of the 35th Annual Meeting of the Association for Computational Linguistics and Eighth Conference of the European Chapter of the Association for Computational Linguistics. Stroudsburg, PA, USA, 1997: 174 - 181.

[79] 姚天昉,娄德成. 汉语情感词语义倾向判别的研究[C]. 第七届中文信息处理国际会议. 武汉,2007: 222 - 225.

[80] Kim S M, Hovy E. Automatic detection of opinion bearing words and sentences[C]// Companion Volume to the Proceedings of IJCNLP-05, the Second International Joint Conference on Natural Language Processing. Jeju Island, Korea, 2005: 61 - 66.

[81] Zhao J, Liu K, Wang G. Adding redundant features for CRFs-based sentence sentiment classification[C]//Proceedings of the Conference on Empirical Methods in Natural Language Processing. Stroudsburg, PA, USA, 2008: 117 - 126.

[82] Kobayashi N, Inui N, Inui K. Dictionary-based acquisition of the lexical knowledge for p/n Analysis[J]. Japanese Society for Artificial Intelligence, 2001, 33: 45 - 50.

[83] Hassan A, Radev D. Identifying text polarity using random walks[C]//Proceedings of the 48th Annual Meeting of the Association for Computational Linguistics. Stroudsburg, PA, USA, 2010: 395 - 403.

[84] Du W, Tan S, Cheng X, et al. Adapting information bottleneck method for automatic construction of domain-oriented sentiment lexicon[C]//Proceedings of the 3rd ACM International Conference on Web Search and Data Mining. New York, USA, 2010: 111 -120.

[85] 闻彬,何婷婷,罗乐,等. 基于语义理解的文本情感分类方法研究[J]. 计算机科学,2010,(6): 261 - 264.

[86] Kamps J, Marx M, Mokken R J, et al. Using WordNet to measure semantic orientation of adjectives [C]//Proceedings of the 4th International Conference on Language Resources and Evaluation. Lisbon, PT, 2004: 1115 - 1118.

[87] Andreevskaia A, Bergler S. Mining WordNet for a fuzzy sentiment: Sentiment tag extraction from WordNet glosses[C]//Proceedings of 2006 European Association for Computational Linguistics. Trento, Italy, 2006: 209 - 216.

[88] Esuli A, Sebastiani F. SentiWordNet: A publicly available lexical resource for opinion mining[C]//Proceedings of the 5th conference on Language Resources and Rvaluation, Genova, Italy, 2006: 417 - 422.

[89] Ku L W, Liang Y T, Chen H H. Opinion extraction, summarization and tracking in news and blog corpora[C]//Proceedings of the 2006 International Workshop on Research Issues in Digital Libraries. Standford, CA, USA, 2006: 100 - 107.

[90] Ding X W, Liu B, Yu P S. A holistic lexicon-based approach to opinion mining[C]//Proceedings of the 2008 International Conference on Web Search and Data Mining. New York, USA, 2008: 231 - 240.

[91] Wilson T, Wiebe J, Hoffmann P. Recognizing contextual polarity: An exploration of features for phrase-level sentiment analysis[J]. Journal of Computational Linguistics, 2009, 35(3): 399 - 433.

[92] Agarwal A, Biadsy F, Mckeown F. Contextual Phrase-Level Polarity Analysis Using Lexical Affect Scoring and Syntactic N-Grams[C]//Proceedings of the 12th Conference of the European Chapter of the Association for Computational Linguistics. Athens, Greece, 2009: 24 - 32.

[93] Devitt A, Ahmad K. Sentiment Polarity Identification in Financial News: A Cohesion-based Approach[C]//Proceedings of the 45th Annual Meeting of the Association of Computational Linguistics. Prague, Czech, 2007: 984 - 991.

[94] Denecke K. Using SentiWordNet for Multilingual Sentiment Analysis[C]//Proceedings of the IEEE 24th International Conference on Data Engineering Workshop. Cancun, Mexico, 2008: 507 - 512.

[95] Fahrni A, Klenner M. Old Wine or Warm Beer: Target-Specific Sentiment Analysis of Adjectives[C]//Proceedings of the AISB 2008 Symposium on Affective Language in Human and Machine. Aberdeen, Scotland, 2008: 60 - 63.

[96] Somasundaran S, Namata G, Wiebe J, et al. Supervised and unsupervised methods in employing discourse relations for improving opinion polarity classification[C]//Proceedings of the Conference on Empirical Methods in Natural Language Processing. Stroudsburg, PA, USA, 2009: 170 - 179.

[97] Zirn C, Niepert M, Stuckenschmidt H, et al. Fine-grained sentiment analysis with structural features[C]//Proceedings of 5th International Joint Conference on Natural Language Processing, 2011: 336 - 344.

[98] Asher N, Benamara F, Mathieu Y Y. Appraisal opinion expressions in discourse[J]. special issue of linguistic investigations, 2009, 32 (2): 279 - 292.

[99] Miao Q, Li Q, Zeng D. Fine-grained opinion mining by integrating multiple review Sources[J]. Journal of the American Society for Information Science and Technology, 2010, 61(11): 2288 - 2299.

[100] Turney P D, Thumbs up or thumbs down? Semantic orientation applied to unsupervised classification of reviews[C]//Proceedings of the 40th Annual Meeting of the Association for Computational Linguistics. Stroudsburg, PA, USA, 2002: 417 - 424.

[101] Trusov M, Bucklin R E, Pauwels K. Effects of word-of-mouth versus traditional marketing: Findings from an internet social networking site[J]. Journal of Marketing, 2009, 73: 90 - 102.

[102] Hennig-Thurau T, Gwinner K P, Walsh G, et al. Electronic Word-of-Mouth via consumer-opinion platforms: what motivates consumers to articulate themselves on the Internet? [J]. Journal of Interactive Marketing, 2004, 18(1): 38 - 52.

[103] Zhang Z, Guo C, Goes P. Product comparison networks for competitive analysis of online word-of-mouth[J]. ACM Transaction on Management Information Systems, 2013, 3(4): 1 - 22.

[104] Ye Q, Law R, Gu B. The impact of online user reviews on hotel room sales[J]. International Journal of Hospitality Management, 2009, 28(1): 180 - 182.

[105] Godes D, Mayzlin D. Using online conversations to study word of mouth communication[J]. Marketing Science, 2004, 23(4): 545 - 560.

[106] Dellarocas C, Zhang X, Awad N F. Exploring the value of online product ratings in revenue forecasting: the case of motion pictures[J]. Journal of Interactive Marketing, 2007, 21(4): 23 - 45.

[107] Chen P Y, Wu S Y, Yoon J. The impact of online recommendations and consumer feedbacks on sales [C]//Proceedings of International Conference on Information Systems (ICIS). Washington, D. C, NY, USA, 2004: 711 - 724.

[108] Liu Y. Word of mouth for movies: its dynamics and impact on box office revenue[J]. Journal of Marketing, 2006, 70(3): 74 - 89.

[109] 龚诗阳,刘霞,刘洋,等. 网络口碑决定产品命运吗——对线上图书评论的实证分析[J]. 南开管理评论,2012,15(4): 118 - 128.

[110] Duan W, Gu B, Whinston A B. Do online reviews matter? — an empirical investigation of panel data[J]. Decision Support Systems, 2008, 45(4): 1007 - 1016.

[111] Duan W J, Gu B, Whinston A B. The dynamics of online word-of-mouth and product

sales—An empirical investigation of the movie industry[J]. Journal of Retailing, 2008, 84(2): 233 - 242.

[112] Chevalier J A, Mayzlin D. The effect of word of mouth on sales: online book reviews [J]. Journal of Marketing Research, 2006, 43(3): 345 - 354.

[113] Clemons E K, Gao G, Hitt L M. When online reviews meet hyperdifferentiation: astudy of the craft beer industry[J]. Journal of Management Information Systems, 2006, 23(2): 149 - 171.

[114] Zhu F, Zhang X Q. Impact of online consumer reviews on sales: the moderating role of product and consumer characteristics [J]. Journal of Marketing, 2010, 74 (2): 133 - 148.

[115] 郝媛媛,邹鹏,李一军,等.基于电影面板数据的在线评论情感倾向对销售收入影响的实证研究[J].市场营销,2009,21(10): 95 - 103.

[116] Li X, Hitt L. Self-selection and information role of online product reviews [J]. Information Systems Research, 2008, 19(4): 456 - 474.

[117] Ghose A, Ipeirotis P G. Designing novel review ranking systems: predicting usefulness and impact of reviews[C]//Proceedings of the International Conference on Electronic Commerce, Minneapolis, Minnesota, USA, 2007: 303 - 310.

[118] Ghose A, Ipeirotis P G. Estimating the helpfulness and economic impact of product reviews: mining text and reviewer characteristics [J]. IEEE Transactions on Knowledge Data Engineering, 2011, 23(10): 1498 - 1512.

[119] Antweiler W, Frank M Z. Is all that talk just noise? The information content of Internet stock message boards[J]. Journal of Finance, 2004, 59(3): 1259 - 1294.

[120] Mishne G, Glance N. Predicting movie sales from blogger sentiment[C]//Proceedings of AAAI Symposium on Computational Approaches to Analyzing Weblogs (AAAI/CAAW). 2006: 155 - 158.

[121] Das S R, Chen M Y. Yahoo! for Amazon: sentiment extraction from small talk on the web[J]. Management Science, 2007, 53(9): 1375 - 1388.

[122] Liu Y, Huang X, An A, et al. ARSA: a sentiment-aware model for predicting sales performance using blogs [C]//Proceedings of the ACM Special Interest Group on Information Retrieval (SIGIR). 2007: 607 - 614.

[123] Ye Q, Gu B, Chen W, et al. Measuring the value of managerial responses to online reviews-a natural experiment of two online travel agencies [C]//Proceedings of the International Conference on Information Systems (ICIS). Paris, France, 2008: 690 - 697.

[124] Archak N, Ghose A, Ipeirotis P G. Deriving the pricing power of product features by

mining consumer reviews[J]. Management Science, 2011, 57(8): 1185 - 1509.
[125] Archak N, Ghose A, Ipeirotis P G. Show me the money! Deriving the pricing power of product features by mining consumer reviews[C]//Proceedings of the ACM SIGKDD International Conference on Knowledge Discovery and Data Mining. San Jose, CA, USA, 2007: 56 - 65.
[126] 卢向华,冯越. 网络口碑的价值——基于在线餐馆点评的实证研究[J]. 管理世界, 2009,(7): 126 - 132.
[127] Forman C, Ghose A, Wiesenfeld B. Examining the relationship between reviews and sales: the sole of reviewer identity disclosure in electronic markets[J]. Information Systems Research, 2008, 19(3): 291 - 313.
[128] Lee J, Lee J N. The EWOM impact on sales distributions in markets with different product evaluation standards [C]//Proceedings of Pacific Asia Conference on Information Systems. Hyderabad, India, 2009: 43 - 56.
[129] Blei D M, Ng A Y, Jordan M I. Latent Dirichlet Allocation[J]. Journal of Machine Learning Research, 2003, 3: 993 - 1022.
[130] 刘海旭. 基于 PCA 和 LDA 的文本分类系统设计与实现[D]. 北京: 北京邮电大学,2013.
[131] David M. Blei, Jon D. McAuliffe. Supervised topic models[C]//Proceedings of the 2007 Conference of Advances in Neural Information Processing Systems. Vancouver, BC, Canada, 2009: 127 - 135.
[132] Griffiths T L, Steyvers M. Finding scientific topics[C]//Proceedings of the National Academy of Sciences of the United States of America. 2004, 101: 5228 - 5235.
[133] Ramage D, Hall D, Nallapati R, et al. Labeled LDA: a supervised topic model for credit attribution in multi-labeled corpora[C]//Proceedings of the 2009 Conference on Empirical Methods in Natural Language Processing. Singapore, 2009: 248 - 256.
[134] Ramage D, Manning C D, Dumais S. Partially Labeled Topic Models for Interpretable Text Mining [C]//Proceedings of the ACM SIGKDD International Conference on Knowledge Discovery and Data Mining. San Diego, CA, USA, 2011: 457 - 465.
[135] 郭珊珊. 基于 LDA 算法的旅游企业微博营销研究[D]. 哈尔滨: 哈尔滨工业大学,2013.
[136] Gamon M, Aue A, Ringger E. Pulse: Mining customer opinions from free text[C]//Proceedings of the International Symposium on Intelligent Data Analysis, Lecture Notes in Computer Science. Heidelberg, Berlin, Germany, 2005: 121 - 132.
[137] Jijkoun V, Rijke M D, Weerkamp W. Generating focused topic-specific sentiment lexicons [C]//Proceedings of the 48th Annual Meeting of the Association for

Computational Linguistics. Stroudsburg, PA, USA, 2010: 585 - 594.
[138] Yu H, Hatzivassiloglou V. Towards answering opinion questions: separating facts from opinions and identifying the polarity of opinion sentences[C]//Proceedings of the 8th Conference on Empirical Methods in Natural Language Processing. Stroudsburg, PA, USA, 2003: 129 - 136.
[139] Raymond Y K Lau, Chunping Li, Stephen S Y Liao. Social analytics: Learning fuzzy product ontologies for aspect-oriented sentiment analysis [J]. Decision Support Systems, 2014, 65: 80 - 94.
[140] Lau R, Song D, Li Y, et al. Towards A fuzzy domain ontology extraction method for adaptive e-learning[J]. IEEE Transactions on Knowledge and Data Engineering. 2009, 21(6): 800 - 813.
[141] Perrin P, Petry F. Extraction and representation of contextual information for knowledge discovery in texts[J]. Information Sciences, 2003, 151: 125 - 152.
[142] 王素格,杨安娜,李德玉. 基于汉语情感词表的句子情感倾向分类研究[J]. 计算机工程与应用,2009,(24): 153 - 155.
[143] 朱善宗. 面向情感分析的特征抽取技术研究[D]. 哈尔滨: 哈尔滨工业大学,2009.
[144] 王勇,吕学强,姬连春,等. 基于极性词典的中文微博客情感分类[J]. 计算机应用与软件,2014,31(1): 34 - 39.
[145] 宋施恩,樊兴华. 基于词共现和词上下文的领域观点词抽取方法[J]. 计算机工程与设计,2013,34(11): 4013 - 4016.
[146] 魏韡,向阳. 一种新的中文词语情感极性判别方法[J]. 微电子学与计算机,2013,30(5): 84 - 91.
[147] 韩凌波. K-均值算法中聚类个数优化问题研究[J]. 四川理工学院学报(自然科学版), 2012,25(2): 77 - 80.
[148] 周世兵,徐振源,唐旭清. 新的 K-均值算法最佳聚类数确定方法[J]. 计算机工程与应用,2010,46(16): 27 - 31.
[149] Dimitriadou E, Dolnicar S, Weingessel A. An examination of indexes for determining the number of duster in binary data sets. 2002, 67(1): 137 - 159.
[150] Kapp A V, Tibshirani R. Are clusters found in one dataset present in another dataset? [J]. Biostat, 2007, 8(1): 9 - 31.
[151] Dudoit S, Fridlyand J A. Prediction-based resampling method for estimating the number of clusters in a dataset[J]. Genome Biology, 2002, 3(7): 1 - 22.
[152] Carenini G, Ng R T, Zwart E. Extracting knowledge from evaluative text [C]// Proceedings of the 3rd international conference on Knowledge capture. New York, NJ, USA, 2005: 11 - 18.

[153] Yang B, Cardie C. Joint inference for fine-grained opinion extraction[C]//Proceedings of the 51st Annual Meeting of the Association for Computational Linguistics (Volume 1: Long Papers). Sofia, Bulgaria, 2013: 1640 - 1649.

[154] Wu Y, Zhang Q, Huang X, et al. Structural opinion mining for graph-based sentiment representation[C]//Proceedings of the Conference on Empirical Methods in Natural Language Processing. Stroudsburg, PA, USA, 2011: 1332 - 1341.

[155] 宗成庆. 统计自然语言处理[M]. 北京：清华大学出版社，2008.

[156] Cohen J. A coefficient of agreement for nominal scales [J]. Educational and Psychological Measurement, 1960, 20(1): 18.

[157] Neches R, Fikes R, Finin T, et al. Enabling technology for knowledge sharing[J]. AI Magazine, 1991, 12(3): 36 - 56.

[158] Gruber T. A translation approach to portable ontology specifications [M]. San Francisco: Knowledge Systems Laboratory of Stanford University, 1993.

[159] Dong Z D, Dong Q. Hownet and the Computation of Meaning[M]. Singapore: World Scientific Publishing Co. Pte. Ltd., 2006.

[160] Perez A G, Benjamins V R. Overview of knowledge sharing and re-use components: ontologies and problem solving methods[C]//Proceedings of the International Joint Conference on Artificial Intelligence: Workshop on Ontologies and Problem Solving Methods, 1999: 1 - 15.

[161] Lau R. Fuzzy domain ontology discovery for business knowledge management[J]. IEEE Intelligent Informatics Bulletin, 2007, 8(1): 29 - 41.

[162] 张玉峰，何超. 基于领域本体的语义文本挖掘研究[J]. 情报学报，2011，30(8)：832 - 839.

[163] Lau R, Liao S, Li C. Learning fuzzy product ontologies for aspect-oriented sentiment analysis[J]. Decision Support Systems, 2014.

[164] Lau R, Lai C. Ma J, et al. Automatic Domain Ontology Extraction for Context-Sensitive Opinion Mining [C]//Proceedings of the International Conference on Information Systems. Phoenix, Arizona, USA, 2009: 35 - 53.

[165] Lau R, Bruza P D, Song D. Towards a belief revision based adaptive and context sensitive information retrieval system[J]. ACM Transactions on Information Systems, 2008, 26(2): 1 - 38.

[166] Rocchio J. Relevance feedback in information retrieval[J]. The SMART Retrieval System: Experiments in Automatic Document Processing. 1971: 313 - 323.

[167] 尹裴，王洪伟，郭恺强. 中文产品评论的“特征观点对”识别：基于领域本体的建模方法[J]. 系统工程，2013，01：68 - 77.

[168] Yin P, Wang H, Guo K. Feature-opinion pair identification of product reviews in Chinese: a domain ontology modelling method[J]. New Review of Hypermedia and Multimedia, 2013, 19(1): 3-24.

[169] 林丽,薛方,任仲晟. 一种改进的基于《知网》的词语相似度计算方法[J]. 计算机应用, 2009,29(1): 217-220.

[170] 张晓李,王西锋. 基于知网和知识图的汉语词语语义相似度算法[J]. 计算机与数字工程,2011,(10): 72-76.

[171] Zhao Y Y, Qin B, Che W X, et al. Appraisal expression recognition with syntactic path for sentence sentiment classification[J]. International Journal of Computer Processing of Oriental Languages, 2010, 23(1): 21-37.

[172] Read J, Carroll J. Annotating expressions of appraisal in English[J]. Language Resources and Evaluation, 2012, 46(3): 421-447.

[173] Stone P J, Dumphy D C, Smith M S, et al. The General Inquirer: a computer approach to content analysis. MIT Studies in comparative politics[M]. Cambridge M. A.: MIT Press, 1966.

[174] Wilson T, Wiebe J, Hwa R. Just how mad are you? Finding strong and weak opinion clauses[C]//Proceedings of the 19th National Conference on Artificial Intelligence. San Jose, CA, USA, 2004: 761-767.

[175] Wilson T, Wiebe J. Annotating opinions in the world press[C]//Proceedings of the 4th ACL SIGdial workshop on Discourse and Dialogue. 2003: 13-22.

[176] 王力. 中国现代汉语语法[M]. 北京: 商务印书馆,1985.

[177] 张桂宾. 相对程度副词与绝对程度副词[J]. 华东师范大学学报(哲学社会科学版), 1997(2): 92-96.

[178] 蔺璜. 程度副词的特点范围与分类[J]. 山西大学学报,2003,(2): 33-36.

[179] 马真. 程度副词在表示程度比较的句式中的分布情况考察. 1988,(2): 81-86.

[180] 陈颖. 简论程度副词的程度等级[J]. 牡丹江师范学院学报(哲学社会科学版),2008,(1): 59-62.

[181] 王洪伟,郑丽娟,尹裴,等. 基于句子级情感分析的中文网络评论的情感极性分类[J]. 管理科学学报,2013,16(9): 64-74.

[182] Saur R, A factuality profiler for eventualities in text[D]. Brandeis University, Waltham, MA, 2008.

[183] Kullback S, Leibler R A. On information and sufficiency[J]. The Annals of Mathematical Statistics, 1951, 22(1): 79-86.

[184] Kindo T, Yoshida H, Morimoto T, et al. Adaptive personal information filtering system that organizes personal profiles automatically[C]//Proceedings of the 15th

International Joint Conference on Artificial Intelligence. 1997: 716 - 721.

[185] Godes D, Mayzlin D, Chen Y, et al. The firm's management of social interactions[J]. Marketing Letters, 2005, 16(3): 415 - 428.

[186] CIC 网络口碑研究咨询公司. 洞察网络口碑主题一：网络口碑在购买决策中扮演的角色[R]. 网络口碑白皮书系列，2009：4 - 13.

[187] Roberts H J, Urban L G. Modeling multi-attribute utility, risk, and belief dynamics for new consumer durable brand[J]. Management Science, 1988, 34(2): 167 - 185.

[188] Wooldridge J M. Econometric analysis of cross section and panel data [M]. Cambridge, Mass: The MIT Press, 2002.

[189] Greene W H. Econometric analysis[M]. New York, NJ: Prentice Hall Upper Saddle River, 2003.

[190] Oberholzer-Gee F, Strumpf K. The effect of file sharing on record sales: an empirical analysis[J]. Journal of Political Economy, 2007, 115(1): 1 - 42.

[191] Basuroy S, Chatterjee S, Ravid S A. How critical are critical reviews? The box office effects of film critics, star power, and budgets[J]. Journal of Marketing, 2003, 67(4): 103 - 117.

[192] Chintagunta P K, Gopinath S, Venkataraman S. The effects of online user reviews on movie box office performance: accounting for sequential rollout and aggregation across local markets[J]. Marketing Science, 2010, 29(5): 944 - 957.

[193] Chevalier J, Goolsbee A. Measuring prices and price competition online: Amazon. com and BarnesandNoble. com[J]. Quantitative Marketing and Economics, 2003, 1(2): 203 - 222.

[194] Ghose A, Ipeirotis P G, Li B. Designing ranking systems for hotels on travel search engines by mining user-generated and crowd-sourced content[J]. Marketing Science, 2012, 31(3): 493 - 520.

[195] Chen C C, Tseng Y D. Quality evaluation of product reviews using an information Quality framework[J]. Decision Support Systems, 2011, 50(4): 755 - 768.

[196] 史伟，王洪伟，何绍义. 基于微博平台的公众情感分析[J]. 情报学报，2012，31(11)：1171 - 1178.

[197] Wooldridge J M. Econometric analysis of cross section and panel data [M]. Cambridge, MA: The MIT Press, 2002.

[198] 龚诗阳，刘霞，刘洋，等. 线上消费者评论如何影响产品销量？——基于在线图书评论的实证研究[J]. 中国软科学，2013，6：171 - 183.

[199] 廖祥文，许洪波，孙乐，等. 第三届中文倾向性分析评测(COAE2011)语料的构建与分析[J]. 中文信息学报，2013，27(1)：56 - 63.

后 记

本书根据笔者博士论文修改而成。

十年前，刚刚经历完高考的我，离开了生活十八年的故乡，走进了同济大学。没有父母的相送，也没有同乡相伴，我独自一人拎着行李，报道注册。并非孤独，也无关寂寞。只是自从初中便开始住校，早已养成独立生活能力的我，期待着长大成人，期待着闯出一片天地。一个懵懵懂懂的孩子，一步跨进了心目中期盼已久的、历史悠久的学堂，心中除了喜悦、激动和好奇之外，恐怕更多的还是那种诚惶诚恐、惴惴不安和对家乡父母的无限思念。

十年磨一剑。一晃十年过去了，我在本、硕、博的道路上一步步走来。十年的时间，仿佛在一瞬间就走到了尽头。十年之间的种种，就随着深夜中键盘敲击的声音，不断地重现在我的眼前。这十年，有快乐，也有忧伤；有辛勤，也有迷茫；有拼搏，也有放弃；有收获，也有遗憾。敢问十年前的我曾经预想到我将会经历的这些么？这可能是当年那个懵懂的孩子从未料想到的吧，即使是在梦中。我把自己最宝贵的青春播种在同济，也从这片沃土上收获了太多太多。

真正是“十年一梦，一梦十年”。

十年来，我遇到了很多热心帮助我的师长和同学。在这里，我向他们致以最真诚的谢意。

感谢我的导师王洪伟教授。自 2008 年，本科大三以来，王老师一直以导师的身份对我耐心教导，包容有加，指引着我在学术的道路上不断前进。他以其严谨的治学态度和渊博的学识，在我的学习和科研上，给予了悉心的指导；以其开明的管理方式，为我营造了一个宽松的环境。在相识七年的时间里，王老师为我提供的大量学习、交流甚至教学的机会，不仅锻炼我独立自主地进行科研的能力，还为我今后治学、工作奠定了坚实的基础。我从一个不成熟的傻妞一步一步成长起来，与王老师的谆谆教诲密不可分，此生难忘！

感谢University of Texas in Austin，McCombs商学院的Andrew Whinstion教授。在我获得国家留学基金委资助，到美国做联合培养博士生期间，承蒙Whinston教授的指导和帮助，让我更好地融入了当地的科研、学习和生活环境，使我领略到了紧张的学术氛围和高涨的科研热情。这段海外留学经历是我人生中的一笔宝贵的财富，令我不仅在学术思维上获得了较大的锻炼，而且在科研能力上得到了较大的提高。

感谢张建同老师、朱茂然老师、徐德华老师、刘义理老师、吴冰老师、郭磊老师和苏涛永老师，这五年来在学习和科研项目上给予我的关心和指导，为我提供了很多宝贵的学习锻炼机会。另外，还要感谢兀云波老师、唐海燕老师、王松涛老师和王昭东老师对我学习、生活和就业上的关怀、照顾和鼓励。老师们对科研、对学术、对工作的严谨态度和一丝不苟的精神，都令我深深敬佩！

感谢我的大师姐郑丽娟博士。从硕博连读开始，我一直和师姐一起上课、一起学习、一起科研、一起生活。在过去的五年时间里，与我朝夕与共，同甘共苦，唯她一人。非常感谢师姐对我在学术上的指导和帮助，在生活上的关心与包容。此外，师姐在科研中的努力和耐心，在生活中的坚韧和沉稳，都给我留下了深刻的印象。

感谢曾经与我一起战斗过的同门们。感谢史伟、刘勰和楼一孺等师兄对我的指导。感谢周曼、魏翌和刘宇等同门之间的互相帮助和照应。感谢宋媛、张巍、王伟、高松和盛小宝等师弟师妹对我的支持。相同的经历和相似的环境，让我们学会了团队合作，学会了互相关心和照顾。有你们一路相伴，我的学习和生活从不缺乏欢声笑语。此外，还要感谢我的本科班、硕士班及博士班的同学们。十年寒窗苦读的路一个人很难走下来，因为有你们的陪伴，让这条道路洒满了灿烂的阳光。也祝福你们能够在未来的生活中幸福快乐！

最后，我要感谢我的家人。感谢我的父母，赐给了我健康的体魄，聪慧的头脑；感谢我的父母，含辛茹苦的抚养，培育了我正直、忠诚和艰苦奋斗的品质；感谢我的父母，能够在我成功时一起分享我的喜悦，在我受到挫折时给我无微不至的关怀和鼓励。感谢我的爱人，给予了我一个温暖的家；感谢我的爱人，对我的充分理解和无条件的支持；感谢我的爱人，为我默默奉献和牺牲。在这里，我想要说：我的家人们，你们是我最温暖的被窝、最坚实的后盾、最安定的港湾，我爱你们！

尹 裴